Abismo

Abismo

Carol Shaben

Traducción de Carlos Milla e Isabel Ferrer

Rocaeditorial

Título original: *Into the Abyss*

Copyright © Carol Shaben, 2012
En acuerdo con Westwood Creative Artists.

Primera edición: septiembre de 2013

© de la traducción: Carlos Milla e Isabel Ferrer
© de esta edición: Roca Editorial de Libros, S. L.
Av. Marquès de l'Argentera 17, pral.
08003 Barcelona
info@rocaeditorial.com
www.rocaeditorial.com

Impreso por RODESA
Villatuerta (Navarra)

ISBN: 978-84-9918-653-5
Depósito legal: B-16.804-2013
Código IBIC: BTP

Para Riyad

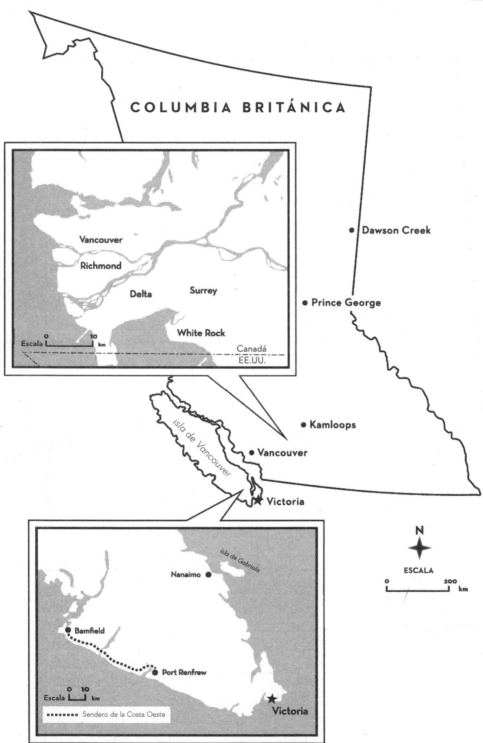

COLUMBIA BRITÁNICA

Dawson Creek

Prince George

Vancouver

Richmond

Delta

Surrey

White Rock

Escala
0   10
         km

Canadá
EE.UU.

isla de Vancouver

Kamloops

Vancouver

Victoria

N

ESCALA
0   200
         km

isla de Gabriola

Nanaimo

Bamfield

Port Renfrew

Escala
0   10
     km

Victoria

•••••• Sendero de la Costa Oeste

RUTA DEL RESCATE POR TIERRA Y LUGAR DEL ACCIDENTE

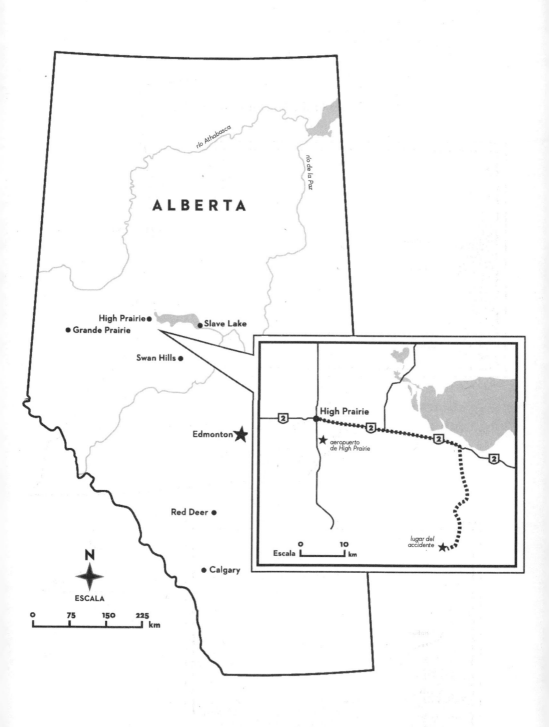

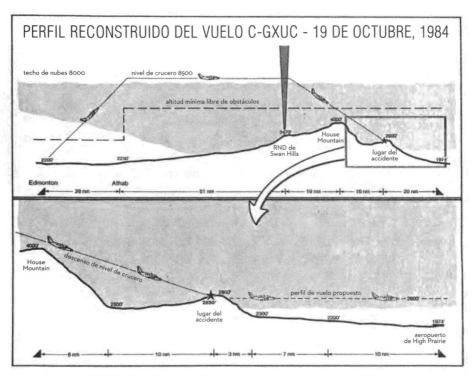

Ruta del vuelo basada en un original, copyright © 1984 Library and Archives Canada. Informe de incidencia de aviación civil de la Comisión de Seguridad Aérea Canadiense, Piper Navajo Chieftain PA-31-350 C-GXUC de Wapiti Aviation Ltd. High Prairie, Alberta, 35 km SE, 19 de octubre, 1984. Informe número 84-H40006, apéndice B.

Es al caer en el abismo cuando
recuperamos los tesoros de la vida.
Cuando tropiezas, ahí está tu tesoro.

JOSEPH CAMPBELL

Índice

Introducción

$\mathcal{M}$e enteré del accidente sufrido por el avión en que viajaba mi padre gracias al *Jerusalem Post*. Por entonces yo tenía veintidós años y trabajaba como periodista en Oriente Próximo. El accidente se produjo el 19 de octubre de 1984, pero no conocí la noticia hasta pasados dos días. Estaba sentada ante mi viejo escritorio metálico con una infusión de menta y el periódico de la mañana. Ese día no fue un conflicto regional o un acontecimiento político lo que captó mi atención, sino el titular de un pequeño artículo enterrado al pie de una página interior: MUERE EN ALBERTA EL DIRIGENTE DE UN PARTIDO POLÍTICO EN ACCIDENTE AÉREO.

Era una nota muy breve —menos de cincuenta palabras—, pero su impacto fue demoledor: «Grant Notley, líder del Nuevo Partido Demócrata de Alberta, y otras cinco personas murieron al estrellarse su bimotor», informaba Associated Press en la frase inicial. Seguí leyendo con incredulidad. Cuatro supervivientes habían pasado la noche y gran parte del día siguiente acurrucados en nieve profunda, con temperaturas bajo cero, antes de ser rescatados. Entre ellos se encontraba el ministro provincial para la vivienda, Larry Shaben: mi padre.

Solté el periódico, agarré el teléfono. Descolgó mi hermano James.

—Papá está bien —me aseguró, pero por alguna razón no le creí.

—Dile a mamá que se ponga —insté casi a gritos.

—Está perfectamente —me dijo mi madre—. Íbamos a

llamarte, pero ha sido todo una locura y…, bueno, no queríamos que te preocuparas.

Yo estaba llorando, sintiéndome muy lejos.

—Vuelvo a casa —anuncié.

Era Navidad cuando conseguí tomarme unos días libres en el trabajo para regresar a Canadá. Habían pasado dos meses, y mi padre ya se había recuperado de las heridas físicas. Sin embargo, dentro de él se había alterado algo esencial. Estaba apagado, sumido en una callada angustia, como nunca antes lo había visto. Esa noche había perdido a un colega muy cercano y había visto morir a otros vecinos de su pueblo y de las comunidades próximas.

Mi familia había vivido el suceso de primera mano y había asimilado sus extraordinarios detalles. Los supervivientes —un piloto novato, un delincuente detenido, el policía que llevaba en custodia a este para ponerlo a disposición judicial y mi padre, un destacado político— habían subido a bordo del avión sin conocerse de nada. Hombres de extracciones muy distintas se ayudaron mutuamente a sobrevivir durante una larga y cruda noche en las montañas canadienses. La historia tenía connotaciones míticas que ponían a prueba los confines de la realidad.

La distancia, el impacto del accidente en mi padre y la inverosímil amistad que surgió entre los supervivientes contribuyeron a que el suceso quedara grabado indeleblemente en mi mente. ¿Quiénes eran esos hombres? ¿Qué habían experimentado durante esa noche entre la nieve y la niebla mientras luchaban juntos por burlar la muerte? ¿Cómo los había alterado esa vivencia? Si yo algún día tuviera que afrontar una experiencia cercana a la muerte parecida a esa, ¿me cambiaría? ¿Seguiría viviendo como antes?

Sentí una curiosidad insaciable. Pese a que asaeteé a mi padre a preguntas, sus respuestas eran decepcionantemente vagas o ni siquiera contestaba. El accidente le había causado un profundo efecto, pero cuál era ese efecto seguía siendo un misterio que en gran medida se guardaba para sí. Rehusaba hablar de las personas que habían muerto y de las circunstancias compartidas con los hombres que habían sobrevivido.

«Fue una noche larga y fría —informaba el *Edmonton Journal*, reproduciendo textualmente sus palabras—. Hablamos de cosas, cosas privadas que preferiría no comentar.»

«Tiene pesadillas», era lo único que decía mi madre.

En los meses y años posteriores al accidente, mi padre forjó extraordinarios lazos con los otros supervivientes, en particular con Paul Archambault, el delincuente de veintisiete años que viajaba en el avión. De vez en cuando, ese desaliñado vagabundo se presentaba sin previo aviso. Mi padre, por apretada que fuera su agenda, siempre tenía tiempo para su amigo, y hacía referencia a esas reuniones con satisfacción y evidente afecto. Para él esa relación era importante de un modo que nunca llegué a comprender del todo. Le preocupaba profundamente cómo le iba la vida a Paul y le inquietaban sus largas ausencias, como le ocurriría a un padre con un hijo pródigo. Después de una de esas visitas, mi padre habló con entusiasmo de una manoseada pila de hojas que Paul le había llevado, un manuscrito en curso sobre su experiencia de aquella noche.

Mi padre también permaneció en contacto con Erik Vogel, el joven piloto al mando del avión. Cada año, en el aniversario del accidente, mi padre lo llamaba para hablar de la suerte que tenían de estar vivos. Cuando se produjo el accidente, Erik tenía solo veinticuatro años, dos más que yo por aquel entonces. Años después, en una época en que yo hacía malabarismos para conciliar las exigencias de la maternidad y mi propia actividad profesional, sentí el impulso de buscarlo. Lo encontré en una ciudad cercana, donde trabajaba de bombero y vivía con su familia en una apacible finca a menos de una hora en coche de mi casa.

Quedé con Erik en su granja. Las primeras palabras que me dirigió fueron: «Hacía años que te esperaba». Mientras tomábamos un café en su cocina, me hizo partícipe de su historia ante una sólida mesa de madera maciza prestada por Scott Deschamps, el cuarto superviviente del siniestro. Pese a que habían transcurrido veinte años desde aquel angustioso episodio, lloró mientras relataba lo que había pasado esa noche. No se le había borrado de la memoria. Ni eso ni el peso de la culpa por la muerte de seis pasajeros. Cuando me mar-

17

ché al cabo de unas horas, me llevé su polvorienta bolsa de vuelo, del tamaño de una maleta pequeña, de cuero y asa larga. En ella había guardado su diario de navegación, años de cartas de rechazo de compañías aéreas, documentos judiciales, fotografías y todos los recortes de periódico que había encontrado sobre la tragedia y los implicados. Cribar el contenido de la bolsa de vuelo de Erik fue como abrir la puerta de un mundo perdido. De repente un suceso que hasta entonces se me antojaba irreal cobró forma ante mí nítida y dramáticamente. Mi padre, resultó, no fue el único que había experimentado una transformación tras lo ocurrido aquella noche lejana.

Joseph Campbell, el mitólogo estadounidense que acuñó la frase «persigue tu felicidad», escribió mucho sobre la búsqueda de sentido por parte del ser humano. Según él, todo viaje heroico, desde la Antigüedad hasta el presente, empieza con una llamada a la aventura: un desafío o una oportunidad para enfrentarse a lo desconocido y conseguir algo de valor físico o espiritual. A menudo esta llamada se presenta en forma de crisis transformadora, un suceso que sacude los cimientos de nuestra autocomplacencia y nos induce a plantearnos las preguntas universales de la existencia: ¿por qué he nacido? ¿Qué pasará cuando muera? ¿Cómo puedo superar mis miedos y flaquezas, y ser feliz?

Pocos de nosotros nos enfrentaremos a un trauma a vida o muerte como el que experimentaron los hombres de esta historia. Su calvario los obligó a hacer frente al carácter precioso y limitado de su existencia en la Tierra. En palabras de Campbell, se adentraron en el bosque, «en el lugar más oscuro donde no hay sendero». La manera en que estos cuatro hombres encontraron el camino para seguir adelante esa noche y en los años siguientes es extraordinaria e inspiradora.

Scott Deschamps —el agente novato de la Real Policía Montada de Canadá que se había subido a bordo del avión esposado a Paul Archambault— no fue una excepción. No obstante, a diferencia de lo que me pasó con Erik, tardé tres años en convencerlo para que se dejara entrevistar. Quizá más que ninguno de los supervivientes, había reconstruido su vida concienzuda y meticulosamente a raíz de su experiencia. La reticencia a compartir su historia, me explicó, nacía del carácter profundamente personal de los hechos. Había dedicado más de una década a intentar comprender qué le había sucedido la noche del accidente. Al final, accedió a dejarse entrevistar solo por el vínculo de mi familia con el episodio.

Investigar la vida de Paul Archambault fue mucho más complicado. ¿Cómo puede uno desenterrar los detalles de un vagabundo que había errado de aquí para allá desde los quince años? Pese a que las posibilidades eran mínimas, puse anuncios en periódicos a ambos lados del país: uno en la ciudad donde Paul vivía en el momento del accidente; el otro en el pueblo donde se había criado, a unos tres mil ochocientos kilómetros de allí. Para mi asombro, mi teléfono empezó a sonar casi de inmediato. Las personas que llamaron no solo recordaban a Paul, sino que además este había dejado una huella duradera en ellas. Si bien los padres de Paul habían muerto, una tía residente en su localidad natal, Aylmer, en Quebec, se puso en contacto conmigo. Cuando nos vimos, no tardé en darme cuenta de que ella y su marido no habían mantenido una relación estrecha con Paul desde su infancia. Tampoco estaban en contacto con otros miembros de la familia, a excepción hecha de un hermano menor que había estado recluido en distintas instituciones durante la mayor parte de la primera etapa de su vida. No conocían el paradero actual de dicho hermano, pero me dijeron que telefoneaba de vez en cuando.

—Cuando llame, ¿puede darle mi número? —pregunté sin grandes esperanzas.

Al cabo de unos meses, me telefoneó el hermano de Paul. Milagrosamente tenía en su poder el ajado manuscrito de sesenta páginas del que me había hablado mi padre hacía un cuarto de siglo.

Llegados a ese punto, la historia me había atrapado. Contenía una verdad apasionante y peligrosa sobre el sector del aerotaxi. En todo el planeta, apenas pasa una semana sin que se conozca la noticia del accidente de un avión pequeño. Contra la opinión generalizada, las compañías de aerotaxis representan el mayor sector de la aviación comercial en América del Norte, y quizás en el mundo, y abarcan más de la mitad de todos los vuelos domésticos. En Canadá, un país caracterizado por su escasa población, su escabroso terreno y las grandes distancias, los aviones pequeños son una cuerda de salvamento para los habitantes de las comunidades aisladas del norte, como el pueblo de Alberta donde yo me crie. Los vuelos en aerotaxi son un medio de transporte popular que comunica a miles de personas con centros demográficos mayores y proporcionan una fuente vital de suministros y asistencia médica.

El *bush flying*, o «vuelos a parajes inhóspitos», como todavía se llama en el norte de Canadá, siempre ha sido una actividad peligrosa: una profesión de extremo esfuerzo y alto riesgo considerada una de las que causan más víctimas mortales en América del Norte. Con frecuencia los pilotos son jóvenes e idealistas, impulsados por un deseo de libertad y aventura. Con contadas excepciones, intentan abrirse camino con su trabajo hacia carreras en grandes aerolíneas. Pero antes deben pagar el peaje consiguiendo horas de vuelo al servicio de compañías aéreas menores. Algunos pagan con la vida. En su maltrecha bolsa de vuelo, Erik había incluido una gruesa carpeta con artículos sobre docenas de accidentes de aviones pequeños ocurridos en los años posteriores a su tragedia. «Resulta frustrante ver que sucede una y otra vez», me dijo.

Mi horror fue a más conforme leía sobre el sector del aerotaxi, o me enteraba de nuevos accidentes de aviones pequeños. Un destacado informe elaborado a partir de la investigación de incidentes aéreos en Canadá entre 2000 y 2005 —antes de que el Gobierno federal restringiera el acceso público a sus informes sobre percances en aviación— señalaba que durante ese periodo de cinco años se produjeron literalmente miles de incidentes declarados con peligro o potencial peligro para los pasajeros de los aparatos. ¿Cómo era posible que los usuarios no pusieran el grito en el cielo?

Por lo general, la gente solo da importancia a los accidentes de grandes aviones. Indignada por el recuento de cadáveres, exige investigaciones oficiales y garantías rigurosas de que se obliga a la compañía aérea culpable a solventar sus deficiencias de seguridad. Entre tanto, los aviones pequeños de pasajeros siguen estrellándose con una regularidad aterradora. Pero, aparte de los seres queridos de las víctimas mortales, son pocos quienes dan la voz de alarma. Cuando lo hacen, es solo una débil queja en el desierto, algo que pasa inadvertido. Aún son menos quienes se acuerdan de los pilotos —a menudo jóvenes y con frecuencia asustados— que se enfrentan a diario a la fatiga, las dificultades del terreno, la meteorología y los fallos mecánicos.

Como lamentablemente sucede siempre que uno busca al culpable de los caprichos del destino y las circunstancias, yo acabé viendo a Dale Wells, el propietario de la compañía aérea implicada en el accidente de mi padre, como el villano de esta tragedia. Tardé años en reunir el valor para hablar con él. Al final, nuestro encuentro en un restaurante de Edmonton me llevó a cambiar radicalmente de opinión. Dale era a la vez humilde y franco. Al igual que Erik, mantenía minuciosos archivos. Después de nuestra reunión, me acompañó a su coche en el aparcamiento y me entregó una enorme caja llena de carpetas y documentos.

«Saluda a tu padre de mi parte —dijo cuando nos despedíamos—. Siempre he pensado que era un hombre extraordinario.»

Mi padre no vivió lo suficiente para ver acabado este libro. En abril de 2008 se le diagnosticó un cáncer. Murió menos de cinco meses después. Cuando me disponía a tomar el vuelo con destino a Alberta para permanecer junto a su lecho, le pregunté si quería que le llevara algo.

«Tu manuscrito», dijo.

Yo solo había escrito el borrador de unos cuantos capítulos, pero daba igual. Él insistió.

Pasé dos días en el hospital. Y durante esos dos días le leí. Fue la última vez que estuvimos juntos.

Este libro es mi homenaje a mi padre, Larry Shaben, y a Erik Vogel, Scott Deschamps y Paul Archambault. Su fuerza, valor y dignidad son un ejemplo inspirador de cómo los individuos pueden viajar de las profundidades de la tragedia y la pérdida a la plenitud de unas vidas que empiezan de nuevo.

PRIMERA PARTE

El destino rige los asuntos de la humanidad
sin un orden reconocible.

Lucio Anneo Séneca

La salida

Viernes, 19 de octubre de 1984

*E*rik Vogel se sentía desbordado y no sabía cómo salir de esa situación. Había media docena de razones por las que a aquel piloto, un novato de veinticuatro años, no le hacía ninguna gracia la idea de volar esa noche, pero con su empleo en Wapiti Aviation en la cuerda floja —o esa impresión tenía él— ninguna de ellas contaba. Erik había estado entrando y saliendo de las nubes durante la mayor parte de su vuelo de ida desde la pequeña ciudad de Grande Prairie, Alberta, en el norte de Canadá, y había visto caer nieve blanda sin cesar. Las ruedas de su avión de diez plazas habían tocado tierra en el aeropuerto municipal de Edmonton, la capital de provincia más septentrional de Canadá, justo cuando la luz del día abandonaba aquel cielo turbio. Iba con retraso y hacía todo lo posible por recuperar el tiempo perdido. Con su metro ochenta y siete de estatura, cálidos ojos castaños y una mata de pelo oscuro y ondulado, esbelto y de complexión atlética, Erik tenía todo el aspecto de un aviador joven, atractivo y seguro de sí mismo. Sin embargo, en su fuero interno, estaba asustado.

Después de hacer bajar al pasaje y el equipaje, había cruzado la pista hacia la terminal para descargar a los pasajeros salientes. Consultó el reloj: las 18.40. Eso significaba que solo disponía de veinte minutos para hacer el control de billetes y llevar a cabo la facturación, el repostaje y la subida a bordo del equipaje y los pasajeros antes del vuelo de regreso al norte. Le sería imposible despegar a la hora de salida prevista: las 19.00 horas.

Su única esperanza era que esa noche el vuelo fuera una repetición del de la noche anterior y no hubiera pasajeros con destino a las pequeñas comunidades de High Prairie y Fairview, que tenían aeropuertos minúsculos sin control de tráfico aéreo. También rezó para que, por algún milagro, hubiera un copiloto disponible. Cuando se acercaba al mostrador de facturación, Erik se alegró mucho al ver que Linda Gayle, la agente de Wapiti en Fort McMurray, ya había empezado a vender los billetes. Wapiti tenía contratada a Linda a tiempo parcial para los vuelos desde Fort McMurray y no estaba obligada a ayudar a los pilotos que realizaban otras rutas, pero esa noche había decidido hacerle ese favor.

—¿Qué tenemos?

—Vuelo completo —contestó ella.

—¿No hay posibilidades de copiloto, pues?

Linda negó con la cabeza. Se había vendido el asiento para dar cabida a otro pasajero.

Erik, con el estómago revuelto, formuló la pregunta que lo atormentaba desde su conversación con el piloto del turno de la mañana.

—¿Algún pasajero con destino a High Prairie?

—Cuatro —respondió Linda—. Más otros dos en lista de espera.

High Prairie, un pueblo de unos dos mil quinientos habitantes a trescientos sesenta y cinco kilómetros al noroeste de Edmonton, estaba al otro lado de una alta sierra, escabrosa y densamente poblada de bosque, llamada Swan Hills. Como el aeropuerto no tenía torre de control, la normativa obligaba a los pilotos a acceder a High Prairie solo en condiciones de visibilidad; es decir, cuando el cielo estaba despejado. El piloto del turno de la mañana había advertido a Erik sobre la presencia de abundante nieve en la pista y acerca de las dificultades para realizar el despegue.

Mientras Erik se preguntaba cómo demonios iba a apañárselas en ese vuelo, se acercaron dos hombres. Uno, de un metro setenta y cinco, amplio pecho, cabello muy corto y erizado de color rojizo, vestía informal. Dejó caer pesadamente sobre el mostrador la mano izquierda, con la anilla de unas esposas en la muñeca. El otro hombre iba esposado a él. De estatura similar, era de complexión robusta, tenía una descuidada mata de cabello castaño rizado, y sus ojos, muy azules, suavizaban los marcados ángulos del rostro. A ambos lados de sus pómulos descendían unas patillas como alfombras de lana, y un generoso bigote formaba un arco por encima del labio superior y de unos dientes pequeños y regulares.

—¿Dónde quiere que me siente? —preguntó el primer hombre. Observando con atención a Erik con sus ojos verdes, que destacaban bajo una prominente frente, le explicó que era agente de la Policía Montada y llevaba a un detenido a Grande Prairie para que lo juzgaran.

Erik tragó saliva. Recordó la historia de un detenido que consiguió liberarse en un vuelo chárter salido de Vancouver e intentó agredir al piloto.

—Al fondo de todo —contestó, mirando al detenido con recelo. Aquel hombre destilaba energía nerviosa, como un circuito eléctrico, y vestía solo vaqueros, una cazadora vaquera forrada de lana y una camisa con el cuello desabrochado: prendas no muy apropiadas para el tiempo que hacía.

—Me gustaría subirlo a bordo antes que accedan los demás —dijo el policía.

Erik asintió. Luego le pidió a Linda que acabara de vender los billetes mientras se acercaba al despacho de meteorología cercano para ver si Luella Wood, la directora del aeropuerto de High Prairie, había facilitado su acostumbrado parte del tiempo de las seis de la tarde. Lo había hecho, y las noticias no eran buenas: la capa de nubes cubría más de la mitad del cielo a quinientos pies, y totalmente a novecientos. Una aproximación visual exigía un techo de mil pies y tres millas de visibilidad.

Cuando Erik volvió al mostrador, examinó a los otros pasajeros en la sala de embarque: cuatro hombres y dos mujeres de vuelta a casa un viernes por la noche. Se situó detrás del mostrador y cogió el micrófono del sistema de megafonía.

—Atención, pasajeros del vuelo 402 de Wapiti —anunció—. No sé si podremos aterrizar en High Prairie a causa de lo bajo que está el techo de nubes. Si no es posible, tendremos

27

que seguir hasta Peace River, porque allí hay control aéreo en el aeropuerto. Si algún pasajero con destino a High Prairie no desea coger el vuelo, le ruego que me lo comunique.

Erik escrutó los rostros de los pasajeros que tenía ante sí. Fuera cual fuese el tiempo, esperaban que los llevara a casa. No iban a librarlo del trance. Se frotó la frente con gesto cansino, intentando eliminar la tensión acumulada. Había hecho lo que había podido. Al menos ahora, si pasaba de largo por encima de High Prairie, nadie se sorprendería.

Mientras salía para cargar el equipaje, un viento gélido azotó la pista y unos copos blandos le humedecieron la cara. El aeropuerto —un triángulo de tierra oscuro arrancado a la despoblada llanura septentrional— se extendía bajo un manto de niebla, y más allá de su desdibujado límite sudoriental las luces de la ciudad proyectaban un débil resplandor violeta. Varios edificios de baja altura flanqueaban el perímetro sudoccidental del aeropuerto y, junto a ellos, se recortaban las siluetas de los aviones, suspendidos como aves paralizadas, sus alas desplegadas como si ya hubieran emprendido el vuelo.

Erik tomó aire con una inhalación profunda y trémula para serenarse e intentó concentrarse en los aspectos positivos. Había prevenido al pasaje acerca de las dificultades del vuelo, por lo que nadie podría quejarse si acababa llevando a Peace River a los pasajeros con destino a High Prairie. Linda se había ocupado de los billetes, así que él había podido consultar el parte meteorológico, lujo que rara vez podía permitirse. Incluso había medio cenado: se había comido la mitad intacta de un sándwich que había dejado allí un piloto de Wapiti que no había tenido tiempo de terminárselo.

Erik no perseveró en sus esfuerzos para animarse. Cuando volvió al avión, el servicio de repostaje aún no había llegado y tuvo que pelearse para que le llenaran los depósitos. Para cuando acabaron, ya iba con retraso. Apresuradamente amontonó parte del equipaje en el compartimento del morro del avión y luego metió el resto en la bodega de carga situada detrás de los asientos. Aunque la normativa le exigía calcular y equilibrar el peso, no se tomó la molestia. ¿Qué más daba? No se sentía capaz de dejar en tierra a ningún pasajero o su equipaje, y en condiciones invernales como las de esa noche sería un disparate escatimar en combustible cuando no sabía si podría tomar tierra en los aeropuertos sin torre de control de la ruta. Calculó que el avión con todo su combustible y nueve pasajeros excedería el peso reglamentario en unos doscientos kilos, y no podía hacer nada al respecto. Su sensación de malestar en el estómago aumentó cuando regresó a la terminal para acompañar al policía y su reo.

Cuando llegaron al aparato, observó con inquietud al agente mientras este soltaba de su muñeca la manilla de las esposas y se la colocaba al detenido en la mano libre. Erik abrió la compuerta y dio el visto bueno para subir a bordo.

Detrás de las puertas de la terminal, Larry Shaben, con los ojos entornados tras las gruesas lentes de sus gafas de montura metálica, contemplaba la nieve que caía y se acumulaba sobre la pista formando ondas blancas. Tenía cuarenta y nueve años, la frente ancha y amplias entradas, piel aceitunada y enormes ojos castaños. Vestía un impecable traje azul marino y un abrigo de ante sintético. Canadiense de segunda generación, descendiente de árabes, Larry era miembro electo de la Asamblea Legislativa de Alberta y el primer musulmán que ocupó un cargo ministerial en el país. Su ayudante ejecutivo lo había llevado al aeropuerto directamente desde su despacho en la Asamblea Legislativa de Alberta justo a tiempo de coger el vuelo de regreso a casa para el fin de semana. Ahora aguardaba impacientemente el momento de subir a bordo.

Las puertas se abrieron y el piloto entró, acompañado de una ráfaga de aire helado. El viento agitó los ralos mechones de cabello oscuro y rizado en la coronilla de Larry, que se los atusó de inmediato. El político había observado al piloto mientras este se afanaba frenéticamente por prepararlo todo para el vuelo. Era joven y se lo veía crispado. Larry había percibido tensión en su voz al anunciar que tal vez no fuera posible aterrizar en High Prairie, y enseguida había telefoneado a su mujer, Alma, para comunicárselo.

«Te diré lo que haremos… Si no podemos aterrizar y tienes que venir a recogerme a Peace River, te invito a cenar.»

29

Aunque no le gustaba nada la idea de que Alma saliera a la carretera en esas condiciones, no quedaba más remedio. Y eran solo 130 kilómetros. Larry conduciría en el camino de vuelta a casa después de cenar y la dejaría dormir en el coche.

Había sido una semana agotadora en la «Ledge», que era como sus colegas y él solían llamar a la Asamblea Legislativa de Alberta. Esa mañana se habían iniciado las sesiones de otoño. Durante las seis semanas siguientes, Larry pasaría el día en su escaño debatiendo y votando leyes y mociones. En previsión del tiempo que estaría ausente de su oficina, durante la última semana había trabajado de doce a catorce horas diarias para adelantar la montaña de papeleo a la que tenía que hacer frente como ministro de Vivienda y Servicios Públicos.

Como acostumbraba hacer todos los lunes por la mañana, había viajado en avión desde su casa en High Prairie hasta Edmonton, en el sur, donde tenía alquilado un apartamento situado a cinco minutos a pie de la Asamblea Legislativa. El viernes estaba tan cansado que no concebía la posibilidad de conducir él mismo durante veinte minutos para atravesar la ciudad hasta el aeropuerto municipal, y menos aún durante cuatro horas en dirección norte hasta High Prairie. Ahora que había empeorado el tiempo, la idea le resultaba aún menos apetecible.

Al salir rápidamente para subir al coche de su ayudante, sintió el peso gélido de la humedad en el aire, algo anormal para Edmonton, donde el frío era más bien seco y los cielos solían estar despejados. Una capa de nieve nueva y blanda cubría las calles de la ciudad; el tráfico del viernes por la noche era lento.

Al llegar a la terminal, le quedaba poca energía para charlar, pero entre el grupo de pasajeros ante el mostrador de facturación había algunos a quienes conocía bien. Uno de ellos, Gordon Peever, el vecino de la casa contigua, cuyos hijos se habían criado con los de Larry, era director financiero en una escuela de formación profesional próxima a High Prairie. Viajaba a menudo a Edmonton por razones de trabajo, y esa mañana había ido en coche a la ciudad con un amigo para asistir a una reunión. Inicialmente Gordon tenía previsto volver a casa en autobús, esa misma tarde, pero por algún motivo había decidido ir en taxi al aeropuerto con la esperanza de encontrar un vuelo. Le preocupaba la posibilidad de quedarse en lista de espera, le contó a Larry, pero por suerte había encontrado un asiento gracias a la cancelación de otro pasajero. Larry también saludó a otro habitante del pueblo, Christopher Vince. El joven, de origen británico, se había trasladado recientemente desde Calgary, ciudad situada más al sur, en las estribaciones de las Montañas Rocosas, a tres horas en coche de Edmonton, para aceptar un empleo público en la formación de asistentes sociales. Su mujer, Francis, maestra, había empezado a dar clases en el instituto de enseñanza media local, y los dos parecían adaptarse bien a la vida de pueblo. Larry no reconoció a los otros pasajeros presentes en la sala de embarque, dos hombres y dos mujeres, pero los saludó. Como prominente servidor público electo, la gente solía reconocerlo, y él se enorgullecía de mostrarse cordial y simpático, incluso en momentos de cansancio extremo como ese. Por suerte, esa noche los pasajeros tenían la atención puesta en otra cosa. Todo eran chismorreos sobre el granuja esposado que acababa de embarcar.

31

Scott Deschamps montaba guardia, muy rígido, junto al Piper Navajo Chieftain de diez plazas, el único avión a punto de salir en la pista desierta. La nieve había espesado la noche, y el agente se estremecía a causa del viento helado. Salvo el piloto y un pasajero, todos estaban ya a bordo, incluido el detenido. Scott observó a un hombre trajeado y esbelto, de unos cuarenta y cinco años, cruzar apresuradamente la pista, maletín en mano, y subir a la cabina por la corta escalera. Cuando desapareció en el interior, el piloto hizo una seña a Scott para que lo siguiera. Este, agachándose, entró por la puerta abierta y se quedó de pie junto al último asiento contiguo al pasillo, cerca de la salida. El piloto apareció poco después y, casi doblándose por la cintura de tan alto como era, tiró de la compuerta para cerrarla. Giró el tirador y miró a Scott por encima del hombro.

—Fíjese —dijo el piloto casi en un susurro a la vez que insertaba el pasador de seguridad—. Conviene que sepa cómo abrir esta puerta en caso de emergencia.

Dale Wells desaconsejaba a sus pilotos dar instrucciones de seguridad a los pasajeros, porque tenía la sensación de que eso los asustaba, pero Erik no quería correr riesgos.

Scott se inclinó hacia él para mirar y escuchar. Si de algo estaba seguro era de su capacidad para arreglárselas en una emergencia. Dirigió un gesto de asentimiento al piloto cuando este acabó; a continuación lo observó avanzar por el pasillo y acomodarse en la cabina de mando al lado del pasajero bien vestido que había llegado tarde. Scott se dejó caer en el asiento vacío, se abrochó el cinturón y miró al detenido. Este mantenía en alto ante sí las muñecas esposadas.

—¿No puede quitármelas?

Scott examinó al hombre sentado junto a él. El agente no sabía qué esperar cuando esa mañana había llegado a la ciudad de Kamloops, en el interior meridional de Columbia Británica, para recoger a Paul Richard Archambault, que tenía un largo historial de allanamientos de morada y robos desde 1976. Sin embargo, a lo largo del día, había descubierto con sorpresa que disfrutaba de la compañía del detenido, quien había resultado ser un hombre perspicaz y simpático, con un sentido del humor ágil aunque un poco subido de tono.

Scott había estado con Paul desde primera hora de la mañana y consideraba que lo tenía ya bastante calado. Difícilmente representaría un peligro. Acarició la llave en el bolsillo de su chaqueta. El reglamento de la Policía Montada prohibía retirar las esposas a un detenido, pero en ese caso le pareció un riesgo asumible. Dirigió una severa mirada a Paul.

—De acuerdo —dijo—, pero que quede clara una cosa: si crea algún problema, la Policía Montada se le echará encima con toda su fuerza.

Paul asintió solemnemente, pero enseguida una sonrisa iluminó sus duras facciones.

Scott introdujo la llave en la cerradura de las esposas, las desprendió y las guardó en el maletín que llevaba a sus pies. Se volvió para mirar por la ventanilla junto a la que iba sentado Paul. La nevada y un velo de nubosidad empañaban las luces de la ciudad. Más allá de ese resplandor, el mundo se desdibujaba en la oscuridad. Scott exhaló un profundo suspiro. Había sido un día agotador. Hacía ya diez horas que había recogido su cargamento humano. Desde ese momento habían saltado sin mayor ceremonia de avión en avión. Scott tenía una reserva confirmada para su detenido y él en el vuelo que salía de Kamloops esa mañana. Sin embargo, al llegar al destacamento de la Policía Montada, se encontró con que el personal no había llevado a cabo el trámite para la recogida de Paul, y habían perdido el vuelo.

Ahora por fin estaban en el último tramo. Scott había conseguido hacerse con dos plazas en uno de los pocos vuelos de esa noche rumbo al norte, desde Edmonton a Grande Prairie. El avión hacía un recorrido de rutina con tres escalas, lo que significaba que tardaría otro par de horas en llegar a Grande Prairie. Scott estaba harto de despegues, aterrizajes y el exiguo espacio de las cabinas de los aviones. Reclinó la cabeza en el respaldo y notó que se le hincaba en la nuca algo que sobresalía de la bodega trasera, situada justo detrás de su asiento. Se volvió para reacomodar los bultos a fin de estar más cómodo. Por encima de su cabeza vio maletines, maletas pequeñas y un monitor de ordenador apilados precariamente en un ángulo de cuarenta y cinco grados respecto al techo de la cabina. El reducido compartimento de equipaje estaba lleno a rebosar y, al parecer, nada separaba a Scott de la carga allí amontonada. Tras localizar su portatrajes, Scott lo sacó de un tirón y, enrollándolo, improvisó una almohada. La tela le raspaba en la nuca, pero al menos era mullida. Deseaba cerrar los ojos y dormir. Pero dormir no era una opción. Todavía no.

Ya dormiría cuando llegara a casa. Al pensarlo, lo invadió cierta melancolía. Sin Mary allí, ya no sentía que Grande Prairie fuera su casa. Dos meses antes su mujer había regresado a la costa oeste para aceptar un empleo. Scott suponía que no podía echárselo en cara. Al fin y al cabo tenían un acuerdo. Ella había prometido conceder a Grande Prairie tres años. Se había quedado allí casi cinco.

En comparación con la impresionante franja de costa meridional de Columbia Británica donde Scott se había criado, Grande Prairie, en las llanuras del norte, era una ciudad

33

bronca que atraía a no pocos nómadas y alborotadores. Justo al norte del paralelo 55, era el mayor núcleo urbano, y el último, entre Edmonton, en Alberta, y Fairbanks, en Alaska. La ciudad hacía las veces de parada de aprovisionamiento para quienes viajaban al norte, además de ser el centro de los dos principales motores de la economía de la región: la agricultura por un lado, y el petróleo y el gas por otro. En medio del *boom* petrolero, Grande Prairie había sido también una de las ciudades canadienses de crecimiento más rápido: su población había pasado de trece mil habitantes en 1971 a los veinticinco mil, casi el doble.

El lugar poseía su propia belleza. Las vistas despejadas y los cielos luminosos representaban un asombroso contraste con el clima costero de Columbia Británica, a menudo gris y lluvioso. Los veranos de Grande Prairie eran agradablemente cálidos, y los días, lánguidamente largos. Bear Creek, un cinturón verde de arbolados parques, dividía la ciudad de norte a sur. Más allá de los límites urbanos, el paisaje, aunque relativamente llano, no carecía de interés. Al norte se extendían onduladas tierras de labranza; al este y al oeste, un mosaico dorado de campos de cebada, trigo, colza y avena. Al sur, una amplia taiga llegaba hasta las estribaciones de las Rocosas canadienses.

Ese primer destino había sido bueno para Scott en muchos sentidos. Entusiasta de la vida al aire libre, le encantaba la posibilidad de adentrarse en el monte para cazar y pescar. También valoraba el ingreso fijo y la posición que su empleo le confería en una ciudad pequeña donde los habitantes lo trataban como si fuera de la familia, y con el paso del tiempo se había forjado un círculo de amigos.

Los inviernos, no obstante, representaban todo un reto. Los días eran cortos y crudamente fríos, con temperaturas que a menudo caían hasta los veinte grados bajo cero. A veces un viento de una ferocidad insoportable barría la llanura, produciendo una sensación térmica de cincuenta grados bajo cero. A esa temperatura, la piel expuesta se congelaba casi al instante, y los lugareños se apresuraban a conectar los calentadores del bloque motor de sus vehículos para mantener la temperatura del aceite a fin de que los coches arrancaran. Las primeras nevadas solían llegar a finales de octubre y duraban hasta mayo. Ese año habían empezado incluso antes. El día anterior la primera ventisca, acompañada de fuertes nevadas, había azotado la región. Pero Scott no lo había visto porque no estaba en Grande Prairie. A principios de esa semana, el jefe de su destacamento había pedido un voluntario para viajar a Kamloops y escoltar a un delincuente detenido sobre el que pesaba una orden de arresto. Scott había aprovechado la oportunidad de inmediato, con la esperanza de hacer un breve alto en Vancouver para visitar a Mary.

Había sido maravilloso verla, y aun así tenía la sensación de que quedaban muchas cosas por resolver. Scott había solicitado el traslado a la costa para poder estar junto a ella, pero era imposible saber cuándo se lo concederían, si es que lo hacían. Por si eso fuera poco, recientemente Mary había empezado a hablar de la posibilidad de formar una familia. Scott no sabía si estaba preparado para eso. Tenía solo veintiocho años y justo empezaba a abrirse paso en la policía. Después de cinco años ganaba un sueldo decente. En los últimos tiempos había ahorrado lo suficiente para comprarse un BMW, la envidia de todo el destacamento. Ya habría tiempo para tener hijos. A la vez que pensaba esto, su seguridad en sí mismo se tambaleaba. En ese terreno se sentía totalmente fuera de su elemento.

Erik llevaba ya media hora de retraso y tendría que recuperar el tiempo como fuera. Se abrochó el cinturón y lanzó una mirada de inquietud al pasajero que ocupaba el asiento del copiloto, llegado en el último momento. Lo saludó secamente, preguntándose, nervioso, si aquel hombre con aspecto de funcionario que estaba sentado junto a él podía ser un inspector de seguridad aérea. El Departamento de Transporte de Canadá a veces introducía a inspectores anónimamente en los vuelos para comprobar si las compañías aéreas cumplían la normativa, y de un tiempo a esa parte daba la impresión de que Wapiti Aviation había sido sometida a más controles de los que le correspondían.

Erik intentó apartar a aquel hombre de su pensamiento y

tendió la mano para coger los auriculares. Se lo impidió el mecanismo retractor de la correa del hombro, que estaba averiado. Ese era uno más de los pequeños problemas de mantenimiento que lo irritaban. Se retiró la inútil correa del hombro, se puso los auriculares y solicitó permiso para despegar por la radio. El control de salidas de Edmonton lo autorizó, y Erik rodó hacia la pista 34. El cielo estaba negro. La nieve blanda golpeaba el parabrisas, y en medio del rugido de los motores Erik sintió que sus latidos marcaban el compás. Consultó el reloj: 19.13.

—Wapiti 402 —chirrió una voz por los auriculares—. Pista tres cuatro despejada.

—Cuatro cero dos rodando, tres cuatro —contestó Erik.

En cuestión de minutos habían alzado el vuelo y ascendían hacia una espesa masa de nubes.

Mientras el avión volaba en dirección norte desde Edmonton, Erik caviló. Necesitaba plantearse bien qué iba a hacer. Había presentado un plan de vuelo por instrumentos en Peace River, un aeropuerto a trecientos ochenta y cinco kilómetros al noroeste de Edmonton que disponía de aproximación instrumental. Eso significaba que aunque solo pudiera ver a unos cientos de metros por delante de él, podía tomar tierra sin peligro. Pero antes tenía que entrar y salir del aeropuerto de High Prairie. Allí la pista, una franja de asfalto corta y mal iluminada, disponía de una única radiobaliza no direccional, un sencillo radiotransmisor terrestre que a Erik apenas le servía más que para distinguir el aeropuerto en medio de una vasta extensión de terreno nevado. La única manera de tomar tierra era descender por debajo de las nubes e intentar una aproximación visual, tarea nada fácil teniendo en cuenta que el cielo estaba muy cubierto a quinientos pies y totalmente cubierto a novecientos.

Erik se encontraba en la insostenible situación de tener que obedecer a dos superiores. El primero era Dale Wells, su jefe en Wapiti Aviation. Erik se sentía obligado a llegar a su destino aunque eso implicara forzar las cosas en condiciones meteorológicas adversas, por más que Dale nunca lo hubiera dicho a las claras. Muchos pilotos de aerotaxi se enfrentaban a esa misma presión por parte de la dirección: «Haced lo que

36

sea necesario para completar el trabajo, y si dependéis del tiempo para aterrizar, que nadie se entere».

El segundo superior de Erik era el Ministerio de Transporte, cuya normativa estipulaba que una aproximación visual no era siquiera legal en una noche como aquella. En pocas palabras, debía atenerse a unas normas sin pillarse los dedos por transgredir otras.

Se sentía como un hombre condenado. Si no conseguía llegar, podía perder el empleo. Si lo lograba, podía perder la licencia. Nervioso, lanzó otra mirada al hombre que estaba sentado junto a él.

La trayectoria de vuelo del Piper Navajo era Alpha 7, un pasillo aéreo controlado de bajo nivel justo al este de High Prairie. El plan de Erik consistía en permanecer en el pasillo aéreo, volando por instrumentos, hasta dejar atrás el terreno elevado de Swan Hills. Luego modificaría el rumbo ligeramente al oeste, entraría en espacio aéreo no controlado cerca de High Prairie y descendería para ver si podía localizar el aeropuerto.

Volar por instrumentos —también llamado RVI o reglas de vuelo instrumental— es comparable a volar sin ver el mundo exterior más allá de las ventanas de la cabina. Técnica mucho más compleja que volar visualmente, resulta vital para pilotos que vuelan de noche o con mal tiempo, ya que exige navegar sin más referencias que los instrumentos de la cabina de mando.

Abajo la tierra era invisible, oculta por un manto de nubes y oscuridad. Erik se irguió en el asiento y buscó alguna luz, pero no se veía ni el menor asomo de tierra. Como estaba extremadamente preocupado, no había prestado atención al parabrisas. Ahora advirtió un amago de escarcha en el contorno. Lo último que necesitaba era hielo. Siguió subiendo, atento al lento avance de la escarcha. Alcanzó su altitud autorizada: ocho mil pies. El avión seguía entre las nubes, mientras la escarcha se cerraba como una cortina de encaje sobre el parabrisas. Encendió las luces de aterrizaje para poder ver mejor las alas. Una fina costra de hielo había empezado a formarse en el borde de ataque de cada una de ellas. Pulsó el interruptor para activar la protección antihielo y aguzó la vista para ver el movimiento de los dispositivos antihielo; unas membranas de goma cubrían las alas y se expandían para romper el hielo. No pasó nada. Las manos le resbalaban en la palanca de mando a causa del sudor. Necesitaba elevarse por encima de las nubes, y deprisa.

—Salida 402 —dijo Erik por la radio al control aéreo de salidas de Edmonton—. Nivel ocho, solicitando diez mil.

—Wapiti 402, autorizado a diez mil.

Erik orientó el morro del avión hacia el cielo y, a ocho mil quinientos pies, dejó atrás las nubes. Exhaló un suspiro. Manteniendo la altitud, volvió a concentrar la atención en lo que tenía por delante.

En primer lugar, debía recuperar el tiempo perdido. Eran ya las 19.30 horas y tenía que llegar a High Prairie a las 20.00. Empujó la palanca del gas y aumentó la velocidad de vuelo a ciento setenta y cinco nudos. Ahora necesitaba orientarse. El equipo de medición de distancia de Edmonton abarcaba solo un radio de 120 kilómetros desde el aeropuerto. Sin una lectura de la distancia, Erik se veía obligado a navegar por estima, método que, como piloto de aerotaxi, había aprendido pero que no había perfeccionado ni mucho menos. Sintonizó su radiogoniómetro con un transmisor terrestre próximo a la localidad de Whitecourt, que estaba justo en su trayectoria de vuelo a High Prairie. El radiogoniómetro automático es un sencillo instrumento de navegación cuya aguja direccional, al sintonizarlo con la frecuencia de radio de una radiobaliza terrestre fija, apunta hacia ella. El piloto ajusta el rumbo de modo que la aguja señale hacia el morro del avión, lo que indica que el aparato enfila directamente hacia la radiobaliza. El problema con este rudimentario sistema de navegación es que no informa al piloto de la distancia entre el avión y la radiobaliza.

Normalmente Erik habría utilizado un segundo radiogoniómetro para determinar dicha distancia, sintonizándolo con una radiobaliza no direccional situada en el terreno montañoso que se hallaba más adelante en su trayectoria de vuelo a High Prairie. Al pasar el avión junto a esa radiobaliza, la aguja del segundo radiogoniómetro daría un giro de noventa grados y señalaría hacia la punta del avión, lo cual le propor-

38

cionaría una marcación cruzada o punto de intersección. Luego, usando la navegación por estima —una compleja serie de cálculos en los que intervenían la velocidad, el tiempo transcurrido y el curso—, podía deducir la distancia hasta su destino.

Por desgracia, solo funcionaba uno de los dos radiogoniómetros del avión. Eso significaba que tendría que alternar el único radiogoniómetro operativo entre las frecuencias de los dos transmisores terrestres. Viéndose ante la perspectiva de tener que hacer eso para establecer su posición, y encima ocuparse de todo lo demás sin la ayuda de un copiloto, Erik fue presa de un tenso temor.

Al cabo de un momento localizó la radiobaliza de Whitecourt y ajustó el rumbo para que la aguja del radiogoniómetro girara hasta señalar el morro del avión.

«Bien», pensó. Al menos iba en la dirección correcta.

Pasó el tiempo. Le dolía la cabeza por la fuerza con que su corazón bombeaba la sangre. De pronto vio que la aguja del radiogoniómetro giró ciento ochenta grados y señaló hacia la cola, indicando que había dejado atrás la radiobaliza de Whitecourt. Erik volvió a sintonizar el instrumento, esta vez con la frecuencia de la radiobaliza de High Prairie. De nuevo ajustó el rumbo para que la aguja de la brújula señalara hacia el morro del avión. Ahora necesitaba localizar la radiobaliza de Swan Hills, aproximadamente a dos tercios de la distancia a High Prairie.

Después de haber recorrido esa ruta menos de una docena de veces con tiempo despejado, tenía la impresión de que la radiobaliza de Swan Hills estaba en el punto más alto de la zona. Eso significaba que cuando la aguja girara hasta señalar directamente la punta de su ala izquierda, estaría en ángulo recto respecto a la cota de tierra más alta en su trayectoria de vuelo, y podría iniciar sin peligro el descenso hacia High Prairie.

Pero en realidad el terreno no descendía después de la radiobaliza de Swan Hills, sino que continuaba ascendiendo a lo largo de treinta kilómetros hasta la cima de House Mountain, a cuatro mil pies. Solo allí empezaba el descenso, aunque no de manera uniforme. A treinta y dos kilómetros al sudeste

39

del aeropuerto de High Prairie volvía a elevarse hasta los dos mil novecientos pies en un monte muy boscoso.

En la cabina de mando, el sonoro zumbido del motor vibraba en los oídos de Erik. Se sentía totalmente aislado del mundo cuando, entre crepitaciones, una voz dijo en sus auriculares:

—Wapiti 402, si recibe a Edmonton, establezca contacto ahora con centro, uno tres dos coma cero cinco.

Hasta ese momento había estado en la frecuencia de tráfico de Salidas de Edmonton, 119,5, y ahora le pedían que pasara a 132,05, el Centro de Control de Tráfico Aéreo de Edmonton.

Erik ajustó la radio.

—Wapiti 402.

—Wapiti 402, buenas noches —saludó una voz—. Ha sido identificado por radar… ¿Cuál es ahora su altitud?

—Ocho, cinco, cero, cero. Nos han dado una franja de entre ocho y diez —informó Erik—. Ah, esto…, oiga, como no me… No me han dicho que contactara con centro.

—Puede permanecer en esta frecuencia —dijo la voz.

Erik pensaba más deprisa ahora que tenía al Control de Tráfico Aéreo en la radio. Necesitaba darles a conocer sus planes.

—Parece que vamos a tener que ir a High Prairie —anunció Erik—, así que, probablemente, en algún momento, a eso de las 19.45 o 19.50, solicitaré un descenso a AMR y luego la salida del espacio aéreo controlado.

El aeropuerto de High Prairie se encontraba bajo una banda de espacio aéreo no controlado de casi dos kilómetros de anchura entre dos trayectorias de vuelo supervisadas por Control de Tráfico Aéreo: Alpha 7 —por la que volaba Erik— y Bravo 3, una trayectoria en dirección oeste. Eso permitía a Erik aprovechar una fisura en el sistema. Había pedido un descenso a AMR, o altitud mínima en ruta, en este caso, siete mil pies por encima del nivel del mar. Sin embargo, después de dejar atrás Swan Hills empezaría a virar al oeste para salir del espacio aéreo controlado. Luego descendería por debajo de esa altitud para ver si era posible la aproximación visual al aeropuerto de High Prairie. Control de Tráfico Aéreo sabía que eso no era legal, pero cuando algo ocurría fuera de su espacio aéreo controlado hacían la vista gorda.

Erik había visto por primera vez esa técnica —conocida entre los pilotos como «aproximación de mierda»— cuando volaba en el Ártico, pero no sabía muy bien cuál debía ser su plan para High Prairie. Solo había accedido al pueblo con malas condiciones meteorológicas en una ocasión, como copiloto en una comprobación de ruta un mes después de incorporarse a Wapiti. En ese vuelo, el avión había atravesado la capa de nubes dos mil pies por encima del aeropuerto. La idea de intentar una aproximación así esa noche le inquietaba, pero creía que debía probarlo. Si no avistaba la pista, ascendería y entraría de nuevo en el espacio aéreo controlado. Entonces volvería a establecer contacto por radio con Control de Tráfico Aéreo de Edmonton para notificar que había sobrevolado High Prairie y seguiría directamente hasta Peace River.

—Wapiti 402, tomo nota de que aterrizará en High Prairie.

«Bien», se dijo Erik. Pero ¿cuánto debía descender antes de renunciar al aterrizaje? Se detuvo a pensarlo por un momento y optó por los dos mil ochocientos pies. El aeropuerto de High Prairie se hallaba a una altitud de 1 974 pies. Eso dejaría a Erik un margen de seguridad de ochocientos pies, el mínimo al que se atrevía a intentar una «aproximación de mierda» en una noche como aquella. En caso de no aterrizar, Erik temía que Dale le preguntara a qué altitud lo había intentado. Así, podría decir a su jefe que lo había probado a ochocientos pies. Entonces ni siquiera Dale le echaría nada en cara.

—Wapiti 402, proceda desde la presente posición directo a High Prairie.

—Recibido —contestó Erik—. La señal no es muy fuerte; puede que la pierda en algún momento. Seguiremos en la aerovía, y, después de pasar a través de Swan Hills, solicitaré descenso.

—Wapiti 402. Entendido.

Erik se había cubierto las espaldas. Observó sus instrumentos. La velocidad sobre tierra era de ciento ochenta y nueve nudos; mantenía una altitud de ocho mil quinientos

pies. Al cabo de unos momentos, la aguja de su radiogoniómetro giró y señaló hacia el ala izquierda, indicando que el
avión había dejado atrás Swan Hills. Erik volvió a sintonizar
el radiogoniómetro con la frecuencia de High Prairie y
ajustó el rumbo varios grados hacia el oeste hasta que la
aguja señalaba otra vez el morro del avión. Entonces empezó
a descender.

El Navajo volvió a entrar en la masa de nubes a ocho mil
pies, descendiendo a un ritmo uniforme de trescientos pies
por minuto. Era el ritmo de descenso que había calculado teniendo en cuenta el tiempo, la distancia, el rumbo y la velocidad de desplazamiento. Comprobó el hielo en el parabrisas.
Volvía a avanzar por los márgenes, pero no de manera alarmante. No veía en cambio las costras de hielo que se formaban en los bordes de ataque de las alas. Lo que no tuvo en
cuenta en sus cálculos para la navegación por estima fue que,
debido al hielo y la sobrecarga del avión, había recorrido menor distancia de la que creía: unas veinte millas náuticas
menos, casi cuarenta kilómetros.

Erik observaba la aguja del altímetro, que seguía girando
contra las agujas del reloj: siete mil pies, seis mil quinientos,
seis mil y luego cinco mil seiscientos, que era el límite mínimo libre de obstáculos. Calculaba que se encontraba a no
más de diez minutos del aeropuerto de High Prairie. Se mantendría a cinco mil seiscientos pies hasta haber sobrevolado la
radiobaliza del aeropuerto, momento en que la aguja de su
radiogoniómetro giraría y señalaría hacia atrás, indicando
que había pasado por encima de la pista. En aviación a esto se
lo llama «paso sobre la estación». Luego descendería en círculo a dos mil ochocientos pies para ver si era posible realizar
una aproximación. Sabía que con aquel tiempo la pequeña
pista de aterrizaje nevada sería difícil de ver, si no imposible,
pero, si conseguía colocarse por debajo de las nubes y locali-
zarla, lograría tomar tierra.

Entre tanto, decidió hablar por radio con el aeropuerto y
recibir un informe meteorológico actualizado. Luella Wood,
la única empleada del aeropuerto, tenía que estar disponible a
las horas en que estaban previstas las llegadas de los vuelos
de Wapiti. Sin embargo, no pudo ponerse en contacto con ella

por radio, y eso lo inquietó. Si Luella le decía que el techo de nubes estaba por debajo de ochocientos pies, ni siquiera intentaría aterrizar.

De pronto, abajo, en la negrura, Erik vio un destello anaranjado: el penacho de llamas en lo alto de la torre de un pozo petrolífero. Durante unos segundos iluminó los árboles como un soplete. Aunque todavía no veía las luces del pueblo, daba la impresión de que el techo de nubes quizá se hallara a una altura superior a la prevista en el pronóstico. Erik llegó a pensar que, después de todo, sí podría aterrizar en High Prairie. Consultó el reloj: 19.55 horas. Según sus cálculos, debía pasar por encima de la radiobaliza de High Prairie de un momento a otro. «Empezaré a bajar poco a poco», pensó.

Larry albergaba la esperanza de que no tuvieran que ir hasta Peace River, y ahora parecía que su deseo se hacía realidad. El piloto acababa de pedir a los pasajeros que apagaran todas las luces de cabina y se abrocharan los cinturones. Dentro estaba a oscuras salvo por el cálido resplandor ámbar de los rótulos luminosos que indicaban: «Abróchense los cinturones / Prohibido fumar». Larry se sentía impaciente por llegar a casa. El estómago le hacía ruidos y anhelaba uno de los suculentos guisos libaneses de Alma. Se moría de ganas de fumar y esperaba con ilusión el momento de tenderse a ver la televisión en el cómodo sofá de la sala de estar después de la cena. Por lo general, no tardaba en dormirse, y Alma lo despertaba con una delicada sacudida, instándolo a subir a acostarse en la cama.

Notó que el avión descendía y consultó la hora en su reloj. Pasaban apenas unos minutos de las ocho. Aunque habían salido con retraso, por lo visto llegarían con bastante puntualidad. Larry había sido uno de los primeros pasajeros en subir a bordo y había advertido la presencia del agente de policía, de pie junto a la puerta, y del detenido, ya instalado junto a la ventanilla del lado derecho en la última fila de asientos. Larry recorrió el estrecho pasillo y, al llegar a la parte delantera de la cabina, apoyó la mano en el asiento del copiloto. En ese momento vaciló. Normalmente, ese era su asiento preferido,

43

desde donde disfrutaba de la vista y charlaba con el piloto. Pero esa noche no tenía ganas de conversación, y solo deseaba reclinar la cabeza y descansar. Se quitó el abrigo y ocupó el asiento justo detrás del piloto. Gordon se sentó en la misma fila al otro lado del pasillo. Al cabo de un rato, Larry oyó avanzar unos pasos apresurados por el pasillo y le sorprendió ver a Grant Notley deslizarse junto a él y acomodarse en el asiento del copiloto. El dirigente del Nuevo Partido Demócrata, la oposición oficial de Alberta, había planeado volver a su casa de Fairview en coche esa tarde con su mujer, Sandra, pero se había quedado en Edmonton para una reunión. Pensó que tendría que quedarse a dormir, pero la reunión había terminado antes de lo previsto.

—Acaban de comunicarme que Wapiti tenía una plaza para mí —le dijo a Larry.

Se alegró por Grant. Larry no le deseaba a nadie el largo viaje en coche hacia el norte en una noche como aquella, y menos a él. Dos meses antes, en la autovía, había arrollado un alce. En la colisión, el automóvil quedó totalmente destrozado, y Grant tuvo que salir a rastras por el parabrisas roto para abandonar el vehículo.

«Tengo suerte de estar vivo», había dicho Notley al día siguiente.

Mientras el avión continuaba su descenso, Larry miró por la ventanilla. Las palpitantes luces de las alas horadaban aquella turbia noche de visibilidad nula. Alargó el cuello para mirar por encima del asiento del piloto y vio que la indicación del altímetro descendía gradualmente: primero cuatro mil trescientos pies, al cabo de un minuto cuatro mil. De pronto oyó un golpe contra el costado del avión, un reverberante ruido metálico; luego otro.

—¿Qué ha sido eso? —preguntó.

—Hielo —contestó el piloto con cierto tono de alarma—. Debe de estar desprendiéndose de las hélices.

Larry escudriñó la noche con los ojos entornados, pero no vio más que la densa nubosidad. Oyó al piloto hablar por su micrófono:

—Asesoramiento de tráfico de High Prairie. Vuelo cuatro cero dos de Wapiti procedente del sudeste descendiendo en rumbo de acercamiento.

Larry echó otro vistazo al altímetro: tres mil pies. Sabía que el aeropuerto se hallaba a una altitud poco inferior a dos mil. Tenían que estar cerca. Se volvió hacia la ventanilla y apretó la frente contra ella, ahuecando las manos en torno a las gafas para tapar la luz emitida por el panel de instrumentos. Sus lentes estaban a milímetros de la ventanilla. Intentaba ver las luces de su pueblo. ¿Dónde estaban?

Erik llamó por radio a High Prairie, pero tampoco en esta ocasión recibió respuesta. ¿Dónde demonios se había metido Luella? No se le ocurrió pensar que el terreno ascendente al que se aproximaba con rapidez podía estar obstaculizando la transmisión radiofónica. Tenía otras cosas en la cabeza. Absorto en la navegación por estima, apenas había prestado atención al parabrisas. Este se había vuelto opaco y fuera el mundo se desdibujaba detrás de una película de escarcha. Oía desprenderse el hielo de las hélices y golpear contra el avión como si alguien arrojara piedras contra el fuselaje.

Erik se chupó el bigote con el labio inferior.

«Dios mío, debe de haber muchísimo hielo para que pase eso», pensó. Su mente, agotada, no se dio cuenta de que esa cantidad de hielo habría reducido notablemente la velocidad del avión, y que, por tanto, la distancia recorrida era menor de la que calculaba. Estaba concentrado en la tarea inminente. Cuando dejara atrás la radiobaliza no direccional de High Prairie, la aguja de su radiogoniómetro giraría hacia atrás. En ese momento buscaría la pista; si no la veía, volvería a empujar la palanca de gas y se marcharía. Pero antes debía dejar atrás la radiobaliza.

«La aguja debería girar de un momento a otro —pensó Erik—. Va a girar. Ya estoy. ¿Por qué no gira la aguja?»

Se le pasó entonces por la cabeza que se había obsesionado con llegar a High Prairie. Si la pista estaba nevada, ¿cómo demonios despegaría con sobrecarga en el avión y hielo en las alas?

Ahora el Navajo avanzaba deprisa, traspasando las nubes, recuperando el tiempo perdido. La velocidad era alta. Erik sudaba. Echó una ojeada al altímetro: dos mil ochocientos cincuenta pies.

«Joder —pensó—, voy a alcanzar el mínimo de dos mil ochocientos pies y la aguja todavía no ha girado. Será mejor que nivele el aparato.»

Empezó a tirar de los controles en el mismo instante en que las copas nevadas de los árboles, invisibles detrás del parabrisas cubierto de escarcha, surgieron de pronto en la negrura.

46

Impacto

*E*l vuelo 402 de Wapiti Aviation topó con las copas de los árboles a veinte metros por encima del suelo y a ciento setenta y cinco millas náuticas por hora. El avión avanzó entre chirridos otros treinta metros antes de que su ala derecha chocara contra unos árboles. Los árboles seccionaron dos metros y medio del ala y arrancaron parte del alerón derecho del avión. Sin ala, el aparato se ladeó a la derecha, quedando el ala rota por debajo del fuselaje, y embistió una gran alameda. Allí perdió otros setenta y cinco centímetros del ala derecha, junto con cuarenta y cinco centímetros del estabilizador vertical. Muy escorado, el avión atravesó un cortafuegos y se adentró de nuevo en el bosque, donde los árboles desprendieron el carenado de un motor, las ventanillas y marcos del fuselaje del lado derecho y algún trozo más de las alas. Finalmente, después de recorrer ciento sesenta y cuatro metros, el avión accidentado tocó tierra. Para entonces había rotado noventa grados.

El fuselaje hundió el morro en un metro de nieve. El impacto contra el suelo provocó la separación final de los motores, las góndolas y lo que quedaba de las alas. El aire frío penetró en la cabina, acompañado de nieve y fragmentos que arrasaron el interior del aparato siniestrado como un tsunami, arrancando los asientos en la sección central. A eso siguieron trozos de árboles tronchados y partes del avión, que golpearon los asientos y levantaron el techo como la tapa de una lata de sardinas. El fuselaje, dando tumbos, se deslizó otros cuarenta y cuatro metros, a lo largo de los cuales se desprendió el metal del costado derecho. La carga almacenada en el morro destruido se soltó, atravesando a toda velocidad la cabina y saliendo por la parte de atrás del aparato para quedar esparcida en la ancha senda abierta por el avión accidentado. El aparato finalmente se detuvo boca arriba a doscientos ocho metros del lugar donde se había producido el primer impacto contra los árboles.

Paul Archambault estaba liando su segundo cigarrillo, con la intención de llevar encima unos cuantos antes de que volvieran a ponerle las esposas, cuando el ala del avión golpeó los árboles. En cuanto notó la violenta sacudida, dejó caer la bolsa de tabaco y el papel de fumar. «Dios santo —pensó—, voy a morir.»

Paul había sufrido varios accidentes graves en su vida y conocía esa sensación de tiempo ralentizado. No tenía intención de esperar a que la muerte se apoderara de él. Mientras el avión se estremecía violentamente a través de los árboles, oyó los sonidos del metal al desgarrarse a su alrededor. Se vio arrojado hacia delante, y un dolor atroz le traspasó el estómago. Cuando el avión tocó tierra, manipulaba ya a tientas el cinturón de seguridad. Maletas y maletines volaron hacia él a través de la cabina, y la carga y los cuerpos se zarandeaban descontroladamente. Un objeto duro le golpeó a un lado de la cara. Con un desesperado zarpazo, encontró el mecanismo de la hebilla del cinturón y tiró. Paul salió disparado por el aire cuando el avión volcaba. Agitó los brazos en una desenfrenada rotación, deslizándose por encima del tumulto de nieve y fragmentos como un esquiador sorprendido por un alud. Cuando todo se detuvo, yacía encima de una maraña de equipaje y restos rotos. Permaneció inmóvil solo por un instante. El olor a combustible lo asaltó, y pensó: «¡Esto va a explotar!».

En sus últimos diez años de existencia nómada, viviendo al límite, había aprendido a saber cuándo era el momento de salir por piernas. A ciegas, se abalanzó hacia el aire helado que penetraba por una ventanilla rota y rápidamente la atravesó y salió a la fría intemperie, hundiéndose de inmediato hasta los muslos en la profunda nieve. Percibiendo el nauseabundo hedor del combustible, avanzó como si se hallara en arenas movedizas y se alejó del avión accidentado. Solo entonces se volvió para mirar el aparato. «Joder», pensó mientras contemplaba lo que quedaba. El avión estaba boca arriba, con las alas totalmente arrancadas. A continuación sintió incredulidad, seguida de ira. El piloto había chocado.

«¡Será imbécil, ese capullo de mierda! —Sus palabras resonaron en la noche mientras ponía distancia entre él y el avión siniestrado, hundiéndose profundamente en la nieve—. ¿Qué coño estabas haciendo, hijo de puta, tarado?»

Su miedo se elevaba hacia el cielo con cada palabra. Un dolor le taladraba el estómago, y notó la sangre, tibia y húmeda, que le manaba de una brecha en la frente mientras avanzaba a trompicones a través de un vacío de oscuridad. Densos muros de árboles nudosos y deshojados lo envolvían y por encima solo se veía una opresiva capa de nubes. Paul volvió la cara hacia el cielo e inhaló el cortante aire de la noche. Con los latidos del corazón resonándole en los oídos, intentó buscar un camino por donde avanzar.

Una sola palabra palpitaba en su aterrorizado cerebro: escapa. Lo primero que pensó fue en poner distancia entre el avión y él. Hacía un frío glacial, pero no lo notaba. Había dormido tantas veces en la calle que estaba acostumbrado a la penetrante frialdad de la noche. También había pasado no poco tiempo en el monte, durante su instrucción como cadete naval en la adolescencia y en sus diez años deambulando por el país. Examinó la densa maleza que lo rodeaba en busca de un claro. El terreno era abrupto, y la nieve asombrosamente profunda. Aun así, había sobrevivido. Pensó por un momento en su petate, perdido entre los restos. Allí tenía su billetero, cinco mudas de ropa y unos cuantos efectos personales: las posesiones de toda su vida. Arrinconó en el fondo de su mente la idea de que lo había perdido todo. No sería la primera vez que partía sin nada más que lo puesto. Pensó asimismo en la bolsa de tabaco y el papel de fumar que poco antes tenía en el regazo: también habían desaparecido. Tras detenerse en la nieve, hundido hasta los muslos, Paul se llevó la mano al bolsillo de la cazadora vaquera y extrajo el único cigarrillo que había liado antes de estrellarse el avión. Un extremo estaba húmedo, así que lo arrancó. Sacó el encendedor que se había guardado en el bolsillo delantero del pantalón y encendió el otro extremo.

Permaneció inmóvil por un momento, inhalando profundamente. Mientras el humo penetraba en sus pulmones, intentó apaciguar sus nervios, que estaban a flor de piel. Se alejaría en la misma dirección que llevaba el avión. Dedujo que la población hacia la que iban no debía de estar lejos si estaban a punto de aterrizar. Una vez allí se echaría a la carretera, donde haría autoestop, como siempre hacía para poner distancia entre él y sus problemas. Si se marchaba en ese momento, nadie notaría su ausencia.

SEGUNDA PARTE

Una vez que hayas probado el vuelo, siempre
caminarás por la Tierra con la vista puesta
en el cielo, porque ya has estado allí,
y allí desearás volver.

LEONARDO DA VINCI

Vuelo

*E*rik Vogel llegó a su pasión por el vuelo de una manera inapelable. En alemán «vogel» significa «pájaro», y Erik se crio en la estela de un avión. Su padre, William Vogel, era un experimentado piloto de Air Canada, la mayor aerolínea comercial del país. Desde muy temprana edad, Erik había visto a su padre ponerse la impecable camisa blanca, la chaqueta azul marino y la gorra de capitán, echarse al hombro la enorme bolsa de vuelo de piel y marcharse a trabajar. Mientras que los padres de la mayoría de sus amigos iban a oficinas, tiendas o cualquier otro lugar de trabajo cercano, el de Erik volaba de aquí para allá por Canadá o por todo el mundo.

Sin embargo, William Vogel era algo más que un piloto: era una destacada personalidad política. En 1993, cuando Erik tenía trece años, su padre se presentó con éxito a la campaña para un cargo público y se convirtió en concejal de Surrey, un municipio en crecimiento a unos cuarenta minutos por carretera al sudeste de Vancouver. Para cuando Erik se graduó en el instituto, en 1978, su padre ya era alcalde. Bill Vogel, el alcalde polifacético, era conocido por acomodar los horarios de sus vuelos a las reuniones municipales, y tenía grandes expectativas en cuanto al porvenir de su hijo mayor.

Aunque Bill instó a su hijo a seguir sus pasos e instruirse como aviador en el Ejército, Erik optó por un camino distinto. A los dieciocho años, dos meses después de su graduación en el instituto, inició su formación de piloto en el Trinity Western College, un pequeño centro educativo de orientación cristiana y progresista no muy lejos de su casa. Erik eligió el

Trinity no por una cuestión de fe religiosa, sino por el prestigio de su programa de aviación, de dos años, en comparación con los que ofrecían otras academias privadas de la zona. Gestionados en su mayoría por los propietarios, muchos centros de formación de aviadores proporcionaban poco más que las obligatorias cuarenta y cinco horas de instrucción exigidas para conceder la licencia de piloto privado. El Trinity, en cambio, contaba con un programa de cinco semestres y los graduados salían con una licencia de piloto comercial. Desde el punto de vista de Erik, esa era la vía rápida para llegar a ser piloto de una compañía comercial importante.

Después de un desalentador primer semestre pegado a la mesa, estudiando aviónica y principios aeronáuticos, le permitieron alzar el vuelo. Su formación tuvo lugar en un Cessna 150: un estilizado biplaza con mandos dobles. En comparación con los reactores de pasajeros que pilotaba su padre, la cabina del Cessna era como un baúl con ventanas. La parte superior de la consola quedaba a la altura de sus ojos, y él se sentía como un niño pequeño incapaz de ver por encima del salpicadero.

En su primer día, encogió su cuerpo larguirucho en la exigua cabina y, nervioso, fijó la mirada en los controles: un inquietante despliegue de cuadrantes, palancas, interruptores y botones. Aunque estudiaba aviónica sobre el papel, aquel sinfín de instrumentos que tenía ante sí semejaba un conjunto de desconcertantes esferas de reloj en un cuadro surrealista de Dalí. Estaba prácticamente pegado, muslo con muslo, a su instructor, un retaco de hombre de rostro curtido y manos gruesas y carnosas que, señalando los instrumentos, pidió a Erik que los identificara uno tras otro.

«Indicador de velocidad aérea. Horizonte artificial. Altímetro. Indicador de viraje y escora. Indicador de rumbo. Indicador de velocidad vertical. Brújula.»

A continuación, Erik, nervioso, marcó las casillas en la lista de acciones y procedimientos previos al despegue.

«Bomba de cebado. Mezcla de combustible: rica. Selector de combustible: activado. Anticongelación del carburador: apagado. Regulador: un cuarto.»

Su instructor, aparentemente satisfecho, pulsó el interruptor de encendido, y la hélice, después de unas cuantas vueltas chirriantes, se puso en marcha. El recio zumbido del motor llenó la cabina, y Erik permaneció rígido, incómodo y desproporcionadamente grande, en el reducido hueco. Sintiéndose comprimido en aquella endeble burbuja de metal y plexiglás, apretó con firmeza la palanca de mando.

—Los controles, con delicadeza —aconsejó el instructor, invitándolo a imitar sus movimientos—. Lo mismo con los pies. Los pedales, con delicadeza.

El hombre apretó un botón en el panel de NAV/COM y pidió permiso para despegar. Su comunicación con la torre de control, entrecortada y precisa, pareció un rápido diálogo en una lengua extranjera. En cuanto la torre los autorizó, el instructor dio gas y el avión empezó a rodar hacia la pista.

—Esto es lo más difícil de dominar, rodar en tierra —dijo, según recuerda Erik.

Sintió moverse suavemente los pedales, primero uno y luego el otro, bajo las suelas de sus zapatillas de deporte. El instructor alineó diestramente el avión con la línea central de la pista en espera del permiso final. Cuando lo recibió, abrió el regulador con un movimiento suave y experto. El motor rugió y el avión aceleró por la pista. La palanca de mando retrocedió bajo las manos de Erik. Luego, sin el menor esfuerzo ni previo aviso, el pequeño aparato se elevó. Ascendió gradualmente y, mientras subía, Erik vio abajo los edificios del aeropuerto, grises y parecidos a ladrillos, y el ruido del motor le pareció ensordecedor pese a los auriculares. El avión ganó altura poco a poco, y Erik, en el asiento del copiloto, dejó que los movimientos del instructor en los controles se irradiaran a través de sus manos y sus pies. Lo recorrió una sensación de euforia.

—Magnífico, ¿no? —preguntó el instructor—. ¿Crees que puedes mantenerlo nivelado?

Él, nervioso, cerró las manos con fuerza en torno a los mandos, y enseguida, acordándose, las relajó. Asintió con la cabeza. Mientras el avión avanzaba con un zumbido hacia el océano Pacífico, una sonrisa se formó en sus labios.

Estaba volando.

En las semanas posteriores, su instructor le enseñó a vo-

55

lar en línea recta y nivelado, a ascender y descender, y a virar y escorarse. Después Erik pasó a hacer frente a mayores desafíos: despegar y aterrizar, recuperarse de una parada de motor, entrar en barrena. Cada sesión era una nueva revelación. Desde el momento en que entraba en la pequeña cabina, estaba en otro mundo, un mundo lleno de magia y posibilidades.

Su primer vuelo en solitario llegó de manera imprevista. Era la mañana de un día despejado de otoño, y Erik había dedicado cuarenta y cinco minutos a trazar circuitos por encima del aeródromo de Langley con su instructor en el asiento derecho. Al final de cada circuito, realizaba un contacto-y-salida: aterrizar y despegar de inmediato cuando las ruedas aún no habían parado de rodar.

Su instructor había sido muy severo con él, sometiéndolo a los distintos pasos sin darle tiempo para pensar, permitiéndole solo reaccionar. Finalmente, Erik aterrizó y detuvo el aparato. El instructor, en lugar de decirle que carreteara hasta la terminal, abrió la puerta y se apeó.

—No bajes en picado sobre la pista cuando vuelvas —indicó, y tendió el brazo hacia el interior de la cabina para volver a abrocharle el cinturón de seguridad—. Y si tienes alguna duda en el momento de aterrizar, da media vuelta.

El instructor se inclinó y ajustó el control del timón de altura para compensar la disminución de peso. Con un gesto de asentimiento, cerró la puerta de la cabina.

Por un momento, Erik, presa del pánico, olvidó todo lo que había aprendido. Luego, en cuanto resonó la palmada del instructor en el fino fuselaje de metal, todo volvió al instante a su cabeza. Erik desplazó el regulador hacia delante, giró y rodó de regreso al extremo de la pista. Pidió autorización por radio, y cuando la obtuvo, soltó los frenos y abrió del todo el regulador para dar máxima potencia. Sin el peso del instructor en el asiento del tándem, el avión arrancó con brío, como si en efecto quisiera echarse a volar.

Erik empuñaba los mandos con delicadeza; el pulso se le aceleraba a medida que cobraba velocidad. Echó hacia atrás suavemente la palanca de mando para levantar el morro. Estaba en el aire. Mientras ascendía gradualmente, sintió que el corazón se le agitaba como si fuera a escapársele del pecho. Las líneas nítidas de la tierra se desdibujaron y las vibraciones del motor le recorrieron los huesos. Al norte, la Cadena Costera se elevaba con sus escarpadas cimas, y al oeste vio el océano, de color gris azulado, salpicada su superficie de cabrillas.

Erik sintió un arranque de puro placer. Por primera vez estaba totalmente seguro de que volar era su destino.

Pero el destino tenía una salvedad que hacerle. Cuando Erik se graduó en el Trinity Western College, no existían empleos para aviadores en la zona. Pese a disponer de una licencia de piloto para aviones comerciales multimotores y haber sumado doscientas cincuenta horas en la cabina de mando, como aviador profesional se hallaba en el peldaño inferior de la escalera. Para ver realizado el sueño de convertirse en piloto de gran reactor en una aerolínea, Erik necesitaba acumular horas de vuelo, y muchas.

En Canadá, los pilotos novatos deben sumar mil quinientas horas antes de poder solicitar la licencia de piloto de transporte de aerolínea. La LPTA permite a los pilotos capitanear grandes aviones con varios tripulantes por todo el mundo. Es el nivel máximo de certificación, y también el requisito mínimo para aquellos pilotos que esperan obtener un codiciado empleo en una compañía aérea comercial importante.

Resuelto a acumular el tiempo de vuelo necesario para llegar a las aerolíneas importantes, se trasladó al norte en busca de trabajo. Con la ayuda de sus padres, compró un billete de ida a Yellowknife, la puerta de acceso a una de las verdaderas últimas fronteras del continente: el norte de Canadá. Tenía veinte años.

El invierno aún se aferraba a la tierra cuando Erik llegó allí, a primeros de mayo de 1980. Desde arriba, Yellowknife parecía un antiguo puesto de avanzada formado por edificios pálidos y bajos eclipsados por la descomunal masa de agua del Gran Lago de los Esclavos y las ilimitadas llanuras pobladas de árboles y rocas. La tierra parecía magullada, y largas franjas de nieve deslustrada veteaban el paisaje. Situado en el paralelo 62, Yellowknife era el último núcleo de población importante antes del confín de las zonas boscosas y el principio de las Tierras Yermas, una amplia pradera subártica también llamada «tundra». Si bien el pueblo de nueve mil habitantes se le antojó pequeño y desolado, residía allí casi una décima parte de toda la población del norte de Canadá, un paisaje inmenso y escabroso con una extensión de casi cuatro millones de kilómetros cuadrados. «El Norte», como lo llaman los canadienses coloquialmente, abarca casi el cuarenta por ciento del país, y va desde el paralelo 60 hasta el Polo Norte. Es un territorio de temperaturas severas y habitantes endurecidos, menos de tres por cada cien kilómetros cuadrados. A Erik lo emocionaba estar entre ellos, y trabajar allí como piloto. Sentía que su vida por fin empezaba.

Por mediación de un antiguo compañero de estudios se había enterado de que una pequeña compañía de transporte de carga llamada La Ronge Aviation buscaba copilotos. «Tú ven», lo había instado su amigo. Al día siguiente de su llegada, Erik visitó las oficinas de la aerolínea, convencido de que, con su formación en la academia de aviación y su recién adquirida cualificación en RVI, tenía el empleo en el bolsillo. Para decepción suya, el propietario le informó de que la compañía no contrataría a nadie hasta pasado el Día de la Victoria, al cabo de tres semanas. Erik debió de exteriorizar su disgusto, porque el hombre de inmediato le sugirió que probara en The Range.

—¿Buscan copilotos? —preguntó Erik, esperanzado.

—No —contestó—. Buscan camareros.

La taberna del hotel The Gold Range era la clase de bar que uno podía esperar encontrar en un pueblo minero del norte. Era oscura y el hedor a cerveza y humo de tabaco impregnaba las paredes y la raída moqueta. Una barra maciza se extendía de parte a parte y detrás se alzaban estantes abastecidos de las más diversas botellas de whisky, ron y otras bebidas alcohólicas. Las mesas tenían la superficie gastada por el roce de los codos y los antebrazos de los huesudos mineros y trabajadores de la industria petrolera para quienes The Range era su segundo hogar, y la moqueta estaba ennegrecida por las quemaduras de las colillas.

Erik había frecuentado el Scottsdale Pub allá en su ciudad natal de Surrey, donde muchos de los camareros varones hacían también las veces de gorilas. Dio por supuesto que el mismo código se aplicaba en un duro pueblo minero del norte. Se equivocaba. En Yellowknife, servir mesas era un trabajo de mujeres, pero gracias a una recomendación de la gente de La Ronge, Erik se convirtió en el primer hombre contratado para el servicio en The Range.

Se tomó con calma las pullas de que era blanco en su nuevo empleo. Tal como él lo veía, no le quedaba más remedio que aguantar hasta que La Ronge empezara a contratar otra vez a finales de mayo. Cuando llevaba unos días en su empleo, atendió a un grupo de hombres jóvenes que hicieron tambalear su determinación. Distintos del resto de la clientela, iban bien afeitados y se los veía muy seguros de sí mismos. Uno de ellos, con una camisa blanca y el pelo a cepillo, hizo un comentario acerca del nuevo camarero de «The Strange» [«El Extraño»]. Preguntó a Erik su nombre y luego se pasó el resto de la velada llamándolo «Enrico». Él no tardó en descubrir que aquellos hombres eran pilotos que también habían viajado al norte para acumular tiempo de vuelo. De pronto, dos semanas más como camarero se le antojaron excesivas.

Al día siguiente, se pasó por Ptarmigan Airways, una de las compañías aéreas más grandes con servicio regular de pasajeros desde Yellowknife.

—¡Enrico! —gritó una voz cuando entró en la oficina. Era el piloto que se había mofado de él la noche anterior—. ¿Qué haces aquí?

—Busco trabajo como aviador —contestó Erik.

El piloto pareció avergonzarse y se presentó como Duncan Bell. Cuando Erik le preguntó si había trabajo en Ptarmigan, Bell negó con la cabeza. La aerolínea no tenía vacantes, contestó, pero le aseguró que La Ronge siempre necesitaba copilotos para la temporada de verano.

—Pero no esperes gran cosa —lo había prevenido.

Y

Pocos días después de empezar en su nuevo empleo, Erik entendió a qué se refería Bell. Ser contratado en La Ronge como «copiloto» era poco mejor que ser un *ramper*, como llamaban a los trabajadores que se ocupaban de la carga y descarga y del repostaje. Erik inició sus turnos subiendo barrenas, varillas de perforación y demás cargamento destinado a remotos yacimientos petrolíferos, además de barriles de combustible de doscientos kilos para repostar antes del vuelo de vuelta. A continuación subía a bordo para el viaje. Como allí adonde volaban los aviones no había pistas, el aparato debía ir provisto de ruedas enormes —llamadas «ruedas de la tundra»—, para aterrizar en terreno abrupto, o de flotadores, para amerizar. Cuando el piloto llegaba a su destino, el copiloto descargaba y se ocupaba del repostaje manual del aparato empleando una bomba de mano, tediosa tarea en la que uno acababa con el brazo entumecido. Erik no tardó en darse cuenta de que lo habían contratado más por su envergadura que por sus aptitudes como aviador. Mientras que a los demás empleados recién contratados los llamaban «quejicas», a él lo apodaron «el Superquejica». Todos tenían licencia de piloto y buscaban horas de vuelo, pero mientras los pilotos de La Ronge recibían un sueldo de ocho mil dólares al mes, los copilotos ganaban solo mil.

El primer vuelo de Erik tuvo lugar el 21 de mayo y duró siete horas y media: mucho más que los circuitos de entrenamiento de una hora de su época en la academia. Largas distancias separaban los remotos yacimientos, y Erik pronto empezó a empuñar los mandos por encima de cientos de kilómetros de tundra. Los días de verano al norte del paralelo 60 —la «tierra del sol de medianoche»— eran casi interminables. Con el piloto y el copiloto turnándose a los mandos, los aviones de La Ronge podían volar literalmente las veinticuatro horas del día. Por norma, el piloto se ocupaba del despegue y aterrizaje, y volaba hasta que se cansaba. Entonces se retiraba a la parte de atrás del avión para dormir, y Erik asumía la responsabilidad, y no despertaba al piloto hasta el momento de aterrizar. El problema era que no podía atribuirse las horas de vuelo hasta que La Ronge le concediera el Certificado de Aptitud para el Vuelo, evaluación realizada por un piloto examinador autorizado, que debía confirmar que Erik era apto para pilotar un determinado aparato. Aunque Erik y los demás copilotos recordaban a sus jefes que necesitaban el Certificado de Aptitud para el Vuelo, no lo hacían de manera muy insistente. Eran muchos los jóvenes pilotos impacientes dispuestos a sustituirlos, y el tiempo de vuelo, aunque no constara oficialmente, era mejor que nada. Así y todo, sin la evaluación, Erik era poco más que un aviador fantasma, que tomaba los controles durante la amplia franja de noche iluminada en que el mundo dormía, y volvía a sus funciones de *ramper* cuando llegaba la mañana o la civilización.

Los largos días de verano dieron paso al otoño, y el prometido vuelo de evaluación seguía sin llegar. Se acercaban las heladas del invierno. A finales de septiembre de 1980, la compañía resituó sus aviones en su sede septentrional de Saskatchewan para reemplazar su equipamiento de aterrizaje: de cara al invierno, los flotadores daban paso a los patines. Erik viajó allí, esperando ser el primero en la cola para un puesto de piloto. Pero cuando llegó al pueblo de La Ronge, se unió a una larga cola de copilotos igual de experimentados, todos con la esperanza de tener una oportunidad. Erik hizo balance de la situación. Con más hombres que aparatos y un historial de setecientas horas de vuelo que no podía justificar, decidió volver a casa.

61

Cuando no llevaba mucho tiempo en Columbia Británica, el Norte lo llamó por mediación de Len Robinson, un antiguo piloto de La Ronge con quien Erik había formado equipo frecuentemente durante el verano.

—Tengo un auténtico trabajo de copiloto para ti —anunció. La compañía aérea se llamaba Shirley Air y tenía su base en Edmonton—. Es por poco tiempo —advirtió Robinson—, pero volarías en un Twin Otter.

El Twin Otter es el Cadillac del mundo del aerotaxi: un avión turbopropulsado que transporta hasta diecinueve pasajeros.

—¿Qué tengo que hacer para conseguir el empleo? —preguntó Erik.

—Presentarte en Edmonton.

Cuando Erik le dio las gracias a Robinson, este le quitó importancia.

—Después de lo del verano pasado —contestó—, digamos que estamos en paz.

Al cabo de menos de una semana, Erik estaba en Edmonton. La ciudad, con una población de medio millón de habitantes, era desde hacía mucho el punto de partida de los aviones que transportaban a trabajadores y suministros a los parajes inhóspitos del norte. El contrato de Erik duró poco más de seis semanas, pero le proporcionó suficientes horas de vuelo para conseguir un puesto de copiloto en Ptarmigan Airways, otra vez en Yellowknife. Duncan Bell seguía con la compañía cuando Erik regresó a finales de mayo de 1981.

—¡Hola, Enrico! —saludó Bell afectuosamente—. Tengo muchas ganas de que volemos juntos por fin.

Al final eso no pudo ser. Poco después de incorporarse a Ptarmigan, Erik se enteró de que una compañía llamada Simpson Air con base en el puesto avanzado de comercio de Fort Simpson, a varios cientos de kilómetros al oeste, buscaba pilotos. No dudó en abandonar Ptarmigan y aprovechar la oportunidad de volar por fin en el asiento del capitán.

Paul Jones, uno de los copropietarios de la aerolínea, lo recogió en Yellowknife.

—Por lo que a mí se refiere —comentó Jones—, si sobreviviste un verano en La Ronge, debes de valer.

El segundo periodo de Erik en el norte fue una experiencia muy distinta de la primera. Piloto al mando, las horas en su historial de vuelo aumentaron poco a poco. Los vuelos eran sobrecogedores, y le encantaba estar solo en la cabina y contemplar la abrupta belleza del paisaje que se extendía bajo él. El Escudo Canadiense, una vasta superficie de roca de baja altura, llegaba hasta los confines meridionales del norte. En invierno era un interminable páramo blanco, pero en verano lo salpicaban resplandecientes ríos y millares de lagos. Manchas de *muskeg* —cuencas pantanosas de agua cubiertas de musgo y vegetación descompuesta— quedaban enclavadas entre irregulares afloramientos de piedra caliza y esquisto. En el este, la baja llanura helada daba paso a montañas que alcanzaban alturas de más de tres mil metros. Los glaciares se ceñían a los collados de estos gigantes blancos y a los verticales y espectaculares precipicios que descendían hacia profundos fiordos.

Aunque en apariencia yermo, el norte bullía de fauna, desde osos y lobos hasta caribúes e incontables especies aviares. En un vuelo, Erik alcanzó a ver un solitario oso pardo cuyos poderosos músculos se ondulaban bajo el denso pelaje mientras corría. En otro, avistó una manada de caribúes. Erik volaba a mil pies de altura cuando de pronto el paisaje se transformó en una masa en movimiento sin principio ni fin. Hasta donde alcanzaba la vista, al frente, atrás y a ambos lados, todo era un mar de caribúes, sus cuerpos manchados de beis semejantes a vellón moteado extendido sobre la tierra, oscilando sus cornamentas como las ramas desnudas de un brezal.

Ese verano Erik voló casi a diario como piloto al mando, y pasó de un Cherokee Six de trescientos caballos a un Cessna 185, un cuatro plazas de cola grande, conocido como «arrastracola» por la pequeña rueda acoplada a la cola por debajo. Tenía veintiún años y se hallaba literal y figuradamente en la cima del mundo. Había logrado entrar en lo más alto del escalafón del sector del aerotaxi en el norte.

63

El *bush flying* se originó en Canadá. Uno de los primeros vuelos de pasajeros comerciales de los que hay constancia tuvo lugar en octubre de 1920 cuando un comprador de pieles entró en la compañía aérea canadiense de Winnipeg, Manitoba, y pidió que lo llevaran en avión a su casa, en un asentamiento de The Pas, a cientos de kilómetros al norte. Por tierra, el viaje a través del monte, el *muskeg* y los abundantes lagos le habría representado en condiciones normales varias semanas. Llegó al cabo de un día. Un año después, los aviones exploraban el norte, acercándose a menos de doscientos kilómetros del Círculo Ártico y dando acceso a zonas del continente hasta entonces aisladas.

Los primeros pilotos de *bush flying* en el norte se enfrentaron a temperaturas bajísimas, ventiscas cegadoras y los peligros desconocidos de un terreno inexplorado. Eran hombres extraordinarios, con nombres como Wop May, Punch Dickens y Doc Oaks, y sus hazañas se convirtieron en leyendas.

A Wilfred Reid, *Wop* May, uno de los más famosos, se le atribuía el mérito de colaborar en el derribo del Barón Rojo en la Primera Guerra Mundial. May, con solo dieciocho años, realizaba su primera patrulla en el frente occidental cuando de pronto el temido piloto de caza, el barón Manfred von Richtofen, se abatió sobre él. A May se le atascaron las ametralladoras, y el alemán le destrozó las alas a balazos con las suyas; sin embargo, el joven piloto consiguió esquivar al Barón Rojo. Tan decidido estaba el as alemán a rematar el combate que incumplió su propia regla y siguió al avión de May al otro lado de las líneas aliadas, donde otro compatriota, Roy Brown, contribuyó a derribar al Barón.

Como muchos veteranos que deseaban seguir volando después de la guerra, May se sintió atraído por el norte, donde los pilotos se enfrentaban a enemigos distintos, pero no menos formidables. En enero de 1959, May partió con la misión de entregar suero a una remota comunidad que combatía un brote de difteria. Voló durante dos días enteros en la cabina abierta de un biplano Avro Avian, con el suero envuelto en una manta a sus pies acompañado de un hornillo de carbón. Llegó con las manos prácticamente congeladas y pegadas a los mandos.

Hoy día los pilotos de aerotaxi conservan esa aureola de aventureros valientes y autónomos, capaces de proporcionar una cuerda de salvamento vital a muchas comunidades aisladas en las inhóspitas tierras de Canadá y Alaska. Aunque los aviones hayan cambiado, los pilotos que los manejan son iguales. Lejos de recibir ayuda cuando algo se tuerce, a menudo deben arreglárselas solos en entornos hostiles donde el castigo por un error puede ser la muerte. Los pilotos de aerotaxi tienen el índice de mortalidad más alto entre los pilotos comerciales, y el *bush flying* aparece continuamente en uno de los tres primeros puestos en la lista de profesiones más peligrosas del mundo, después de los pescadores y los leñadores.

Υ

Erik pronto comprobó que entre las comunidades remotas y cerradas del norte los pilotos de aerotaxi gozaban aún de cierta distinción especial. Eran como salvadores despreocupados que llegaban de lejos para entregar valiosos suministros o trasladar a los enfermos al hospital. Integrantes del pequeño grupo de forasteros de alto estatus —que incluía a los agentes de la Policía Montada, los médicos, las enfermeras y los maestros—, los pilotos del norte eran comparables a dignatarios. Erik disfrutaba de su importancia recién hallada, y al final de su segundo verano en el norte tuvo la sensación de que por fin acumulaba la experiencia y la seguridad en sí mismo necesarias para afrontar los desafíos que conllevaba pilotar un aerotaxi en invierno.

Cuando llegaron las heladas a finales de octubre de 1981, y mientras Simpson Air cambiaba el equipamiento de aterrizaje de los aviones, prescindiendo de los flotadores para instalar los patines, Erik voló al sur para visitar a su familia. El viaje a Surrey coincidió con una ocasión especial: la celebración del cincuenta cumpleaños de su padre. La noche de la fiesta, familiares y amigos se reunieron en casa de los Vogel, donde la fiesta se prolongó hasta pasadas las doce de la noche. Fue de madrugada, mientras los anfitriones despedían a sus últimos invitados, cuando se produjo un giro espantoso en los acontecimientos. Una amiga de la familia advirtió que su deportivo descapotable ya no estaba aparcado en el camino de acceso. Horrorizados, los Vogel avisaron de inmediato a la policía para denunciar la desaparición del automóvil y pidieron un taxi para que llevara a la mujer a su casa.

Al día siguiente, a primera hora de la mañana, alguien llamó a la puerta. Cuando Erik abrió, se encontró con un agente de policía en el umbral.

—¿Ha venido por el coche robado? —preguntó Erik.

El policía no contestó de inmediato, y Erik no ha olvidado el desconcierto que sintió al ver la cara del agente: «Tenía una expresión espantosa».

Recuerda que el policía le dijo que deseaba hablar con los padres de Reginald Vogel. Reginald era el nombre de pila de

65

Brodie, su hermano menor, de dieciséis años, pero en la familia nadie lo llamaba así. A su pesar, Erik subió por la escalera hacia la habitación de sus padres y llamó a la puerta. La reacción de su madre lo sorprendió.

—No quiero hablar con él —dijo—. Dile que se vaya.

Poco después, Joan Vogel bajó del dormitorio. Erik recuerda que el agente, balbuceando, pronunció las palabras «hijo» y «Reginald». La madre de Erik gritó:

—¡Yo no tengo ningún hijo que se llame Reginald! ¡Su nombre es Brodie!

El agente se quedó lívido e, incómodo, desplazó el peso de su cuerpo de una pierna a la otra. Volvió a intentarlo:

—Su hijo… ¿Reggie?

Para entonces Bill Vogel había aparecido en la escalera, con el rostro espectralmente blanco.

Esa misma mañana, más tarde, Erik acompañó a su padre al depósito de cadáveres. A esas alturas ya sabían que Brodie había cogido prestado el coche deportivo para llevar a casa a su novia. En el camino de regreso por la autovía desde Vancouver, quizás acelerando para llegar a casa antes de que la propietaria echara de menos el vehículo, Brodie se había estrellado contra los pilares de cemento de un paso elevado.

«Fue horrible», es lo único que Erik pudo decir del momento en que retiraron la sábana y destaparon el cuerpo de su hermano menor para que su padre y él identificaran el cadáver.

Después de la muerte de su hermano, Erik dejó el trabajo durante dos meses para ayudar a sus padres a afrontar la pérdida. Algo intangible se había alterado dentro de él cuando regresó a su puesto en Simpson Air en enero de 1982. Aunque nunca fue aficionado a correr riesgos innecesarios, empezaron a inquietarle los peligros de los vuelos en los inhóspitos parajes del norte. Reverberaba en su cabeza el eco de los ruegos de su madre, empeñada en disuadirlo de volver allí: «Por favor. Si perdiera a otro hijo, no lo soportaría».

Entre tanto, Simpson Air prosperaba, expandiéndose hacia el Alto Ártico. Adquirió una antigua base aérea trescientos kilómetros por encima del círculo polar ártico, en Cambridge Bay, un puesto avanzado en la orilla sudoriental de la isla Victoria que daba servicio a embarcaciones de pasajeros e investigación que navegaban por el paso del Noroeste. La compañía ofreció a Erik un puesto de capitán en su Piper Aztec, un bimotor de seis plazas, su único aparato estacionado en esa comunidad por entonces. Para un piloto novato acumular horas al mando en un multimotor era valiosísimo, así que Erik emigró más al norte, hasta los confines del continente.

En invierno, el Alto Ártico es uno de los entornos más duros del planeta. La oscuridad envuelve los días y las ventiscas azotan frecuentemente el paisaje, borrando el límite entre tierra y cielo. Sin referencias visuales en tierra ni la mano de los controladores aéreos para guiarlo, Erik dependía de sus incipientes aptitudes para la navegación por estima. Volar era a menudo peligroso, y vivió varias experiencias límite que lo demuestran. Una de ellas tuvo lugar durante una evacuación médica de emergencia en Gjoa Haven, una pequeña comunidad inuit a trescientos setenta kilómetros al este de Cambridge Bay. Erik debía recoger a una muchacha de catorce años embarazada, cuya vida corría peligro, y llevarla al hospital de Yellowknife, a más de mil kilómetros al sur. Ted Grant, el copropietario de Simpson Air, lo acompañó como copiloto. Agente durante muchos años de la Policía Montada en el norte, Grant acababa de abandonar el cuerpo para convertir su pasión por volar en una segunda carrera profesional. Aunque tenía la licencia de piloto desde hacía años, había logrado hacía poco la ampliación del permiso para la categoría RVI y poseía relativamente escasa experiencia en volar por instrumentos.

Erik tenía un fuerte catarro la noche de la evacuación médica, y mientras el avión que los transportaba a él, Grant, la paciente y una enfermera se elevaba de Gjoa Haven, sentía un dolor insoportable en los senos nasales. En lugar de subir hasta los diez mil pies, optó por conceder a sus senos nasales doloridos un respiro y volar solo a siete mil, pese a que así sería más difícil captar las señales de las radiobalizas terrestres en la ruta. Con siete horas de combustible en los depósitos, presentó su plan de vuelo directamente a Yellowknife, a solo cinco horas por un territorio yermo con contadas ayudas a la navegación. Cuando el avión alcanzó la altitud prevista, Erik contactó con una emisora de radar cercana de la línea de alerta precoz para que lo ayudara a orientarse, y a continuación enfiló rumbo sudoeste.

—En este tramo ya me ocupo yo —se ofreció Grant, instando a Erik a dormir.

Consciente de que esa noche tenía que pilotar otro chárter, no se opuso. Echó atrás la cabeza y cerró los ojos durante lo que le pareció solo un minuto. Cuando los abrió, Grant tenía un gráfico de RVI extendido ante él y dijo a Erik que no había captado la señal de la radiobaliza navegacional en ruta en Contwoyto Lake. Erik se despejó al instante.

Fuera estaba oscuro como boca de lobo y la nieve azotaba las ventanillas de la cabina. El terror se adueñó de él, y de inmediato se acordó de Martin Hartwell. Hartwell era un piloto de aerotaxi canadiense que, varios años atrás, había intervenido en una evacuación médica desde Cambridge Bay hasta Yellowknife con una enfermera y dos pacientes a bordo: una inuit embarazada y un niño inuit de doce años con apendicitis. El avión despegó durante una violenta tormenta, se extravió y se estrelló contra una ladera; la mujer embarazada y la enfermera murieron en el acto. Hartwell se rompió las dos piernas en el accidente, pero él y el niño inuit, David Pisurayak Kootook, sobrevivieron. Durante semanas los dos permanecieron acurrucados junto al aparato siniestrado, soportando temperaturas brutalmente bajas. El niño recogía leña y encendía fogatas. Sobrevivió y mantuvo a Hartwell con vida cortando trozos de carne del cuerpo de la enfermera para comer. Los equipos de rescate tardaron treinta y un días en encontrarlos. Hartwell estaba vivo, pero el niño inuit que había cuidado de él había muerto el día anterior.

Erik sintió que las entrañas se le licuaban cuando empuñó los mandos y empezó a pilotar a ciegas en la noche. Desesperado, recorría con la mirada los instrumentos de la cabina, que le ofrecían poco consuelo. No le quedaba más remedio que seguir volando, pese a que no sabía qué tenía ante sí. Solo por pura suerte captó por fin la señal de la radiobaliza navegacional de Yellowknife, a más de ciento cincuenta kilómetros de distancia. Cuando aterrizó, se sentía extenuado. Tras negarse a pilotar el segundo chárter, se alojó en una habitación de un hotel de Yellowknife para pasar la noche.

Apenas se había recuperado de la inquietante experiencia de su evacuación médica cuando supo por medio de un compañero piloto que Duncan Bell se había estrellado en su avión.

Bell, que llevaba a cabo una evacuación médica en la pequeña comunidad inuit de Coppermine, había tenido suerte. Había acabado en medio de la tundra a velocidad de crucero al aproximarse al aeródromo. Su avión, tras precipitarse sobre la nieve, había avanzado a trompicones y luego había resbalado hasta por fin detenerse. Pero el fuselaje había quedado intacto, y las tres personas a bordo —Bell, su copiloto y la enfermera— habían sobrevivido.

¿Por qué Bell habría cometido una estupidez así? Erik nunca tuvo ocasión de preguntárselo. Bell perdió su empleo en Ptarmigan después del accidente y desapareció del norte.

Erik apartó a Duncan de su pensamiento. Tenía otras cosas de que preocuparse. Hasta la muerte de su hermano, había aceptado que cierta dosis de peligro formaba parte del trabajo de un piloto de aerotaxi. Ahora le daba la impresión de que su jefe le exigía demasiado. A veces la compañía le pedía que pasara por alto detalles menores de mantenimiento y que forzara las cosas en caso de mal tiempo.

«Si nunca forzáramos las cosas en caso de mal tiempo —recuerda Erik que le decía su jefe, Paul Jones—, nos sería imposible seguir en el negocio.»

En otra ocasión, Jones le pidió que volara de Fort Simpson a Fort Laird pese a los pronósticos que alertaban de una fuerte tormenta eléctrica. Erik veía enormes nubarrones que se elevaban como oscuras gárgolas en el horizonte: un panorama claramente disuasorio.

«Tú rodéalas», recuerda que le dijo Jones antes de acompañar a los pasajeros al avión. Erik bordeó aquella pared negra durante un rato, volando paralelamente al frente nuboso, pero al final su rumbo lo llevó derecho a la tormenta. Ante él apareció una grieta, y Erik entró. Por un momento, el avión pareció suspendido en un vacío atmosférico, como en un sueño. A ambos lados se alzaban las nubes, sombrías murallas, y muy muy arriba alcanzó a ver el cielo azul. Una llovizna empezó a salpicar el parabrisas y fue a más hasta formar hilillos en las ventanas de la cabina. Y entonces se desencadenó el caos. El avión cabeceó violentamente por un momento antes de chocar con lo que pareció un obstáculo sólido. Erik forcejeó con los mandos mientras el indicador de horizonte artificial oscilaba y el avión se estremecía bruscamente. Oyó a un pasajero vomitar y el olor inundó la pequeña cabina, intensificando el sabor acre que Erik tenía ya en la boca. Los relámpagos hendían las nubes y el cielo despedía un zumbido caliente y eléctrico en torno a él. Al cabo de unos segundos restalló en el aire un trueno ensordecedor. Erik sintió que se le revolvían las entrañas, y una humedad pegajosa se le extendió por las palmas de las manos allí donde empuñaba la palanca.

Cuando se acercaba a su destino e iniciaba la aproximación, un furioso viento de través lo desvió de su rumbo, y Erik pugnó para volver a la trayectoria de planeo. Las ruedas tocaron tierra, pero la pista estaba resbaladiza a causa del agua, y el aparato, al llegar al final, patinó y salió a la hierba. Durante varios minutos, Erik permaneció inerte en la cabina de mando. En el avión nadie se movió. Nadie pronunció una sola palabra. Finalmente él mismo reunió la energía necesaria para desembarcar a sus pasajeros y descargar el equipaje. Tenía programado un vuelo de regreso, pero se negó a despegar.

«Yo no voy a ninguna parte —le dijo a Jones—. Acabamos de llevarnos un susto de muerte.»

Después de ese incidente, la relación de Erik con Jones se deterioró a marchas forzadas. Los dos empezaron a enzarzarse en discusiones cada vez que Erik se negaba a volar o insistía en una reparación. Las tensiones alcanzaron el punto de ruptura el 21 de abril de 1982, un día antes de cumplir él los veintidós años. La antigua novia de Erik en el instituto, Lee-Ann Ryden, había viajado al norte para la ocasión. Llegó a Fort Simpson el día que Erik se disponía a llevar al nuevo ingeniero de la compañía a Cambridge Bay. Ted Grant le permitió acompañar a Erik en el vuelo. Paul Jones no pensó lo mismo.

Cuando Erik se preparaba para el despegue, Jones lo llamó por radio desde su avión, que estaba a punto de aterrizar.

—Apaga el motor —ordenó Jones. Al cabo de un momento, estaba en tierra y se dirigía a zancadas hacia el aparato de Erik.

—¿Qué hace ella aquí? —preguntó Jones, señalando a la joven sentada en el asiento del copiloto.

Erik explicó que Ted Grant le había dado permiso para que Lee-Ann los acompañara a él y al ingeniero a Cambridge Bay.

—Eso ya lo veremos —contestó Jones. Se encaminó hacia el hangar y desapareció dentro. Al cabo de unos minutos regresó.

—Sal de mi avión —le dijo Jones a Erik—. Se acabó.

Erik no discutió. La verdad era que sí se había acabado. Sencillamente los riesgos eran ya demasiado grandes. Con cientos de horas de vuelo a las espaldas, supuso que no tendría muchos problemas para encontrar un empleo en otra aerolínea. Se equivocaba. No volvería a volar hasta pasados dos años, cuando llegó a sus oídos que Wapiti Aviation, una pequeña compañía aérea de la zona norte de Alberta, buscaba pilotos.

Wapiti

*E*ntusiasmado, Erik firmó con Wapiti Aviation el 30 de agosto de 1984. Dale Wells, de treinta y seis años, piloto jefe, ingeniero de mantenimiento e instructor de vuelo, parecía un hombre competente y franco, y Erik enseguida conoció también al padre de Dale, Delbert, presidente y director de operaciones de la compañía, y a la madre de Dale. La familia Wells incluso alojó a Erik en su casa durante un par de noches hasta que encontró un sitio donde vivir. Erik recordaba el examen de evaluación para obtener el certificado de aptitud al que lo sometió Dale en su primera semana como uno de los más completos que le habían hecho nunca. Había quedado impresionado.

El 6 de septiembre, Erik había completado su reconocimiento de ruta y ya era capitán de un bimotor Piper Navajo con diez plazas. Pero los retos de volar con Wapiti Aviation, muy superiores a todo lo que había afrontado en el Ártico, ponían a prueba los límites de su capacidad. En comparación con lo que era volar en el extremo norte, donde los cielos no estaban controlados y los pilotos, que cruzaban vastas extensiones de Canadá, tenían espacio para maniobrar, los vuelos de pasajeros de Wapiti entre Grande Prairie y Edmonton eran complejos. En poco tiempo, Erik tuvo que aprender las maniobras de aproximación para seis aeropuertos distintos, la posición y las peculiaridades de dieciocho radiobalizas navegacionales, y los matices de la meteorología y el terreno entre unas y otras. La aerolínea mantenía una flota de catorce aerotaxis de uno o dos motores, y atendía diversas escalas en pequeñas comunidades del norte de Alberta dentro de un apretado horario. Erik realizaba entre dos y cuatro vuelos diarios, seis días semanales. Cuando no volaba, estaba de guardia ante posibles evacuaciones médicas.

Durante uno de sus primeros vuelos se puso en contacto por la radio VHF con un antiguo piloto de aerotaxi a quien había conocido cuatro años antes, cuando ambos trabajaban en el Ártico. Al poco de iniciar la conversación, el otro piloto pidió a Erik que cambiara a una frecuencia privada, y entonces preguntó:

—¿Qué demonios haces en Wapiti?

Erik le contó que estaba desesperado por encontrar trabajo. Había solicitado empleo en docenas de aerolíneas, pero ninguna contrataba a pilotos. Cuando se enteró de la posibilidad de Wapiti, conducía un autobús municipal para minusválidos en su ciudad natal de Surrey.

—Esa compañía es mal asunto —le dijo el piloto—. Lárgate de ahí.

Poco después de esa conversación, tuvo un segundo encuentro casual con otro expiloto de aerotaxi en el Ártico. Erik acababa de aterrizar con su avión en Edmonton y esperaba para repostar. El camión cisterna llegó por fin y de él se apeó un hombre alto, vestido con mono de *ramper*, cuya cara le sonaba. Erik lo miró boquiabierto: era Duncan Bell.

No había vuelto a saber nada de él desde que este se estrelló con su avión. Incómodos, se estrecharon la mano. Esta vez no hubo tono jocoso ni «¡Hola, Enrico!». Erik de buena gana le habría preguntado qué había ocurrido el día del accidente. Todavía no se explicaba cómo era posible que Bell hubiese tenido un descuido tan grande, pero, viendo que entre ellos se habían vuelto las tornas, no hizo el menor comentario.

A raíz del encuentro con Bell, se reafirmó en la impresión de que tenía suerte de estar en el aire, pese a los rumores que corrían sobre Wapiti. Septiembre se desarrolló con temperaturas suaves y cielos despejados; en el paisaje resplandecían los intensos colores del otoño: vivos rojos y anaranjados en contraste con el inmenso cielo azul de la llanura. En los campos, las cosechadoras trabajaban a todas horas, y Erik, desde lo alto, las veía moverse por la llanura como pequeños insec-

73

tos, devorando mares dorados de trigo y depositando en el suelo pulcras balas como porciones de mantequilla. Volar en aquel aire tan limpio y claro creaba tal sensación de irrealidad que casi esperaba volver la vista atrás y ver precisas líneas allí donde las alas del avión lo habían surcado.

El ritmo era agotador, pero Erik, a sus veinticuatro años, se sentía capaz de sobrellevarlo. Acumulaba horas de vuelo como quien suma puntos jugando a la máquina del millón. Pero el trabajo le pasó factura, y a mediados de octubre había perdido peso: pasó de noventa y dos kilos a ochenta y uno. Comía mal casi siempre y no había dormido bien más que unas cuantas noches a lo largo de varias semanas. Echaba de menos a su familia y sus amigos allá en la costa, y a Lee-Ann, con quien se había prometido en matrimonio al volver del Ártico.

Erik pronto descubrió por qué lo había prevenido el piloto de aerotaxi en su conversación por radio. Wapiti era una aerolínea con mucho ajetreo y la presión sobre los pilotos para mantener los horarios del servicio de pasajeros, fueran cuales fuesen las condiciones meteorológicas, era grande. En fecha reciente había oído una comunicación por radio de otro piloto, Mark Poppleton, compañero de Wapiti, durante un vuelo con mal tiempo.

«No puedo aterrizar», había dicho Poppleton con miedo en la voz mientras volaba en círculo sobre el aeropuerto. No deseaba volver a Grande Prairie, explicó después a Erik, porque le preocupaba que Dale Wells subiera al avión y lo obligara a repetir el vuelo. Se sabía que, más de una vez, el piloto jefe de Wapiti había llevado de vuelta los aviones después de abortarse un vuelo, obligando al aterrorizado piloto a acompañarlo para demostrarle cómo se hacía. Si un piloto rehusaba realizar el vuelo una segunda vez, podía acabar en tierra, trabajando en el hangar, y quedarse sin empleo al cabo de dos semanas. Catorce pilotos se habían marchado o habían sido despedidos de la aerolínea en los seis meses anteriores.

El Departamento de Transporte de Canadá había apercibido a Wapiti en varias ocasiones por infringir normas de seguridad, como por ejemplo aterrizar cuando las condiciones meteorológicas estaban por debajo de los límites permitidos, volar con un solo piloto cuando las circunstancias requerían dos y no llevar a cabo un mantenimiento fiable de los aparatos. En semanas recientes, las autoridades habían prohibido a la compañía el despegue de ocho aviones por no someterlos a las inspecciones de aeronavegabilidad obligatorias.

«Tenía la impresión de que aquel no era un sitio donde me apeteciera quedarme mucho tiempo», diría Erik más tarde acerca de su etapa en Wapiti Aviation. El as que tenía en la manga era que pensaba que no necesitaría seguir allí. Tenía un contacto para acceder a un empleo mejor como piloto al servicio de una compañía de transporte de carga con sede en Calgary. Solo necesitaba treinta y cinco horas más en un avión multimotor y el puesto sería prácticamente suyo. Según sus planes, diría adiós a Wapiti a finales de mes. Lo único que debía hacer era evitar el despido.

Por desgracia, el fiasco del día anterior no favoreció sus intereses. El martes 16 de octubre fue su último día del periodo de seis en el turno de la mañana, y Erik esperaba con ganas la jornada de descanso. Como siempre, estaba ya en el hangar de Wapiti a las 4.45 horas de la mañana, con lo que disponía del tiempo justo para prepararlo todo antes de la salida de las seis. Tenía por delante el itinerario de rutina: la ida, un continuo vaivén de despegues y aterrizajes, trazando un arco hacia el norte y luego al este desde Grande Prairie para hacer escala en las localidades de Fairview, Peace River y High Prairie, y por último volar al sur hasta Edmonton. La vuelta, un vuelo directo hasta Grande Prairie, con llegada a media mañana. A su regreso, Erik pasó varias horas ayudando en el hangar. Viendo evolucionar la situación meteorológica, dio gracias por no tener vuelos programados hasta el día siguiente, y a primera hora de la tarde se marchó a casa para acostarse. Había dormido menos de una hora cuando sonó su busca, una sucesión de pitidos que traspasaron la bruma de su agotamiento. Era Dale Wells.

—Necesito que vuelvas ahora mismo —le dijo—. Tenemos una evacuación médica en Edmonton.

Erik se obligó a levantarse de la cama y regresó al aeropuerto. En el breve rato que había estado dormido, el invierno había llegado con asombrosa brusquedad, como si un

75

paño gris hubiera borrado el cielo azul. También había empezado a nevar, y los copos se arremolinaban como pequeños derviches en la carretera mientras se dirigía al aeropuerto.

Erik solicitaba un parte meteorológico por teléfono cuando Delbert Wells entró en el hangar. El padre de Dale era un hombre compacto y fibroso, de poco más de setenta años, con andar patizambo; granjero durante toda su vida, era poco lo que sabía de aviación, o esa impresión tenía Erik. Doce años antes, Del había vendido la granja para hacer realidad el sueño de su hijo, que era fundar una compañía aérea. Ahora era presidente y jefe de operaciones.

«Así que voy a necesitar un copiloto», dijo Erik en voz alta por teléfono, confirmando las condiciones que acababan de notificarle desde el centro de meteorología y esperando que Del se diera por aludido.

El techo de nubes había descendido por debajo del mínimo legal para un solo piloto, y Erik deseaba asegurarse de que su jefe comprendía que ese no era un día para volar en solitario. Del masculló algo sonoramente, y si bien Erik no distinguió las palabras exactas, en esencia la idea quedó clara: acepta este vuelo o no habrá más. Alicaído, colgó y salió del hangar.

Un auxiliar sanitario, Neil Godwin, esperaba junto a una ambulancia cuando Erik, ya en el avión, rodó hasta la terminal. Para cuando los dos hubieron cargado al paciente y estaban en el aire, ya oscurecía. La temperatura había caído perceptiblemente desde el vuelo realizado por Erik esa mañana, y la nieve azotaba las ventanas de la cabina. Solo cuando descendió sobre Edmonton dejó atrás las nubes. Quinientos pies por encima de la capa de nubes, de pronto apareció la pista, una tira gris de asfalto apenas visible desde las nubes entre campos nevados.

Ya era noche cerrada cuando Godwin por fin volvió a la terminal, explicando en tono de disculpa que el servicio de urgencias había recibido el respaldo necesario. Erik, con un gesto, indicó que no tenía importancia, impaciente por despegar. Cuando salió, blancas vaharadas se elevaron como pálidos fantasmas. Erik y Godwin cargaron la camilla vacía y subieron a la cabina. Mientras verificaba rápidamente la lista de protocolo aéreo, Erik abrió el regulador a la mitad y a continuación accionó el interruptor de arranque. Se oyó un rápido petardeo y la hélice empezó a girar, pero el motor no arrancó. Al cabo de unos segundos, apagó y volvió a accionar el interruptor de arranque, probando otra vez. Nuevamente la hélice giró y se percibió el esfuerzo del motor por arrancar. No hubo suerte. Erik lo intentó unas cuantas veces más, y por fin, en lugar del habitual chuc-chuc-chuc-chuc-chuc del motor al encenderse, el piloto oyó solo un débil murmullo seguido de un desalentador chasquido. El motor de arranque se había quemado. A Erik se le revolvió el estómago como si tuviera dentro una enorme babosa revolcándose. Debía telefonear a Dale para informarlo. Sabía lo mucho que molestaban a su jefe las averías de los aviones, y si la compañía perdía ingresos por culpa de Erik, alguien tendría que pagarlo. Regresó con Godwin a la terminal, le consiguió una plaza en el vuelo nocturno de Wapiti de regreso a Grande Prairie y luego llamó a Dale.

«Paso por Edmonton esta noche de camino a Calgary —dijo Dale—. Intentaremos arrancarlo a mano.»

Muerto de cansancio, Erik se sentó a esperar. No se atrevía a cerrar los ojos por miedo a no despertar hasta que Dale estuviera ante él. Su avión no llegó hasta pasadas las once. Erik salió corriendo a recibirlo.

Durante casi veinte minutos, intentaron arrancar a mano el avión, técnica en la que una persona se sienta ante los mandos mientras la otra hace girar la hélice. Finalmente Dale se dio por vencido, y dijo que tendría que enviar un motor de arranque nuevo en el vuelo del miércoles por la mañana. Sin más instrucciones, se alejó hacia su avión.

El joven piloto no sabía qué hacer. Cuando hizo acopio de valor para pedir a Dale una habitación de hotel, este ya estaba a diez metros y no lo oyó. Erik se quedó junto a su avión inutilizado, con los dedos helados bajo las sisas de la parka, hasta que vio el aparato de Dale rodar por la pista, despegar y desaparecer en la baja masa de nubes.

En la terminal desierta, las luces fluorescentes proyectaban un resplandor antiséptico. Erik estaba paralizado por la angustia, y sentía un dolor vivo en la boca del estómago. Eran casi las doce de la noche y los agentes y los encargados de los equipajes cerraban las instalaciones. Sintió el escozor de las lágrimas en los ojos cuando volvió a salir al frío. Desvalido, miró alrededor. En la carretera de servicio brillaba una única luz en la caravana del depósito de repostaje. Conocía vagamente al empleado que trabajaba allí, y se encaminó hacia la caravana. El empleado cerraba ya cuando Erik llegó a la puerta.

«Me he quedado en tierra esta noche. Necesito un sitio donde dormir.» El empleado señaló con la cabeza un sofá viejo y destartalado adosado a la pared. No era gran cosa, dijo, pero podía disponer de él.

Erik cambió de posición en el sofá hundido. Aovillado en la tapicería desvaída, con las largas piernas encogidas contra el torso, había pasado la noche en vela, tiritando. Fuera, nevaba intensa e ininterrumpidamente; una alfombra blanca se formaba sobre el aeropuerto. El gruñido de las máquinas quitanieves se había oído sin cesar, y en ese mismo momento una de ellas despejaba el aparcamiento detrás de la caravana. Erik percibía a través de la fina pared las vibraciones de la enorme pala. Consultó su reloj —las cuatro de la madrugada—, cerró los ojos y, rodeándose el torso con los brazos, se sumió en un estado de duermevela. Lo despertó el sonido de una llave en la cerradura al cabo de cuarenta y cinco minutos.

El empleado entró acompañado de una ráfaga de aire frío. Insistió a Erik en que no se levantara, añadiendo que ya lo despertaría después de repostar los primeros vuelos de la mañana. El hombre regresó al cabo de una hora. Erik se aventuró a salir a la gélida mañana para telefonear a su jefe. Las instrucciones de Dale fueron tan lacónicas como siempre: la compañía enviaría un motor de arranque en el vuelo de las 8.40. Erik debía descargar las piezas, llevar el avión a un hangar, encargar la reparación y volver con el aparato ese mismo día.

Después de descargar las piezas y encontrar un mecánico para arreglar el avión, Erik se acomodó en la terminal para esperar. Jim Powell, uno de los pilotos veteranos de Wapiti, se acercó a él a primera hora de la tarde.

—¿No era hoy tu día libre? —preguntó.

Tras explicarle lo ocurrido, le dijo que estaba esperando a que repararan el motor de arranque. Jim aprovechó la oportunidad.

—Tengo un vuelo a McMurray y no me vendría mal un copiloto —dijo.

Fort McMurray era una próspera ciudad septentrional desarrollada en torno a las arenas petrolíferas de Canadá. Su población, treinta y cinco mil habitantes, se había cuadruplicado en la última década, y el año anterior Wapiti había incorporado vuelos diarios desde Edmonton.

Erik no se lo pensó dos veces. Era mejor que quedarse de brazos cruzados en la terminal, y si regresaba en el vuelo de vuelta, llegaría antes de que el mecánico acabara con la reparación del motor de arranque.

En el vuelo a Fort McMuray, Erik y Jim tuvieron tiempo para ponerse al día de sus asuntos. Los dos hablaron de la situación en Wapiti. Jim, muy preocupado por los niveles de seguridad de la aerolínea, había telefoneado dos días antes al Departamento de Transporte para informar a un inspector de seguridad aérea de que Wapiti, tácitamente, aprobaba que los pilotos «se saltaran los mínimos» en sus aproximaciones a aeródromos sin control aéreo en las rutas de la compañía en el norte de Alberta, e incluso los animaba a ello. Los «mínimos» son las altitudes mínimas a las que los pilotos pueden descender sin peligro para verificar si las condiciones visuales permiten el aterrizaje. Al volar por instrumentos —recurso ineludible de noche o con mal tiempo—, los mínimos son sagrados para los pilotos, a quienes se enseña que no deben saltárselos nunca. Sin excepción.

Jim había preguntado al funcionario del Departamento de Transporte quién era el responsable, si el piloto o la compañía, en caso de que un piloto fuera obligado a saltarse los mínimos y se descubría la infracción. El inspector contestó que la responsabilidad de asegurarse de que los pilotos conocían el reglamento recaía en la compañía. Así y todo, le advirtió de que los pilotos que incumplían las normas, consciente o inconscientemente, no quedarían del todo exentos de culpa.

Jim también informó a Erik de que los pilotos automáticos de algunos aviones de Wapiti no eran fiables, a pesar de que para los vuelos conforme a las RVI con un solo piloto era obligatorio disponer de un piloto automático en buen funcionamiento. Para demostrarlo, Jim conectó el piloto automático de su avión, y este respondió de manera poco estable.

Pese a estos serios problemas y el mal tiempo, Erik disfrutó del vuelo con Jim. El cielo estaba encapotado cuando descendieron a través de la nieve y la densa niebla, y el avión se hallaba a solo unos centenares de pies del suelo cuando apareció la pista. Una vez en el asfalto, Erik ayudó a descargar el equipaje mientras Jim iba a buscar un parte meteorológico actualizado y a comprobar la lista de pasajeros para el vuelo de regreso a Edmonton. Cuando volvió, Erik supo por la expresión de su cara que algo andaba mal.

—El avión va lleno —anunció Jim.

—¿Me dejas en tierra?

¿Cómo demonios iba a volver?, pensó.

Jim se deshizo en disculpas y le dijo que otro piloto de Wapiti, Ed Seier, volaba a Edmonton esa misma tarde, y que podía regresar con él. Seier tenía una estrecha relación con los jefes, y los otros pilotos se reservaban sus quejas cuando él rondaba cerca. Erik dejó escapar un gemido. No dudaba que Seier comentaría a los Wells su presencia no autorizada en ese viaje.

Por suerte, para cuando Erik llevó su propio avión reparado de regreso a Grande Prairie esa noche, Dale y Delbert ya se habían marchado a casa. Al día siguiente le programaron el inicio de otro ciclo de seis días de vuelos, esta vez en el horario de tarde. Erik estaba convencido de que pronto se convertiría en el último miembro del «Club del Día 89», tal y como los pilotos de Wapiti llamaban a la práctica de la compañía de rescindir el contrato de los pilotos antes de su nonagésimo día de empleo para no tener que dar el preaviso de dos semanas ni la paga de vacaciones. Permaneció en la cama muerto de preocupación hasta que el agotamiento lo venció y, por fin, se durmió.

El jueves llegó al trabajo atenazado por el miedo, sin saber muy bien si su mayor temor era ver a Dale o volar en esas circunstancias. Un sistema de bajas presiones se había desplazado hasta allí y ocupaba una amplia franja que se extendía hacia el norte desde Montana, incluido Edmonton, y que alcanzaba Fort Smith, lo cual significaba que era imposible eludir el mal tiempo.

Esa noche sería la primera vez que dependería de los instrumentos para acceder a los aeropuertos sin control aéreo de High Prairie y Fairview. La idea de intentar aterrizar en esas condiciones lo ponía nervioso. Estaba convencido de que Dale pretendería que lo probara, al margen del tiempo que hiciese, y lo máximo a lo que Erik podía aspirar era a que le asignara un copiloto en el vuelo.

Eso en el supuesto de que Erik tuviera aún el empleo.

Precisamente mientras pensaba en Dale, este entró en el hangar.

«Esta noche Kawa será tu copiloto —dijo—. Y otra cosa...»

Erik contuvo la respiración, pero Dale, en lugar de despedirlo, le pidió que recogiera un juego de hélices en Edmonton y volviera con ellas esa noche. Una sensación de alivio lo invadió. Sin dar tiempo a Dale a decir nada más, salió apresuradamente para preparar su vuelo.

Erik se alegraba de que Andy Kawa volara con él. Después de aterrizar en Edmonton a las 18.20, los dos pilotos trabajaron a marchas forzadas para tener el avión listo y emprender el vuelo en el plazo asignado de media hora. Erik dejó que Kawa se ocupara de los pasajeros mientras él iba a buscar las hélices. Cuando regresó, Kawa tenía una buena noticia: no había pasajeros con destino a High Prairie o Fairview. Erik metió las hélices en los compartimentos de carga de las alas del avión, embarcó a los pasajeros y se preparó para partir.

El techo de nubes había bajado a novecientos pies para cuando el avión despegó. La temperatura estaba por debajo de cero, y unos copos blandos y pesados se adherían al parabrisas antes de que el limpiaparabrisas apartara la nieve medio derretida. Erik ganó altura, y pronto se encontraba ya por encima de las nubes en medio del aire despejado, donde permaneció hasta que la torre de control de Peace River le dio permiso para iniciar el descenso hacia el aeropuerto. El avión salió de las nubes entre turbulencias a ochocientos pies.

81

Cuando aterrizó, Erik iba con diez minutos de retraso respecto al horario previsto. Al desembarcar, descubrió la razón. Gruesas e irregulares costras de hielo cubrían los bordes de ataque de las alas. Al verlas, se sorprendió. No esperaba que pudiera formarse tal cantidad de hielo en menos de una hora. Volvió a la cabina de mando y pulsó el interruptor de los dispositivos antihielo de las alas, pero no se activaron.

Tras pedir a Kawa que se ocupara de los pasajeros para encontrar una manera de deshelar las alas, corrió a la terminal y, al cabo de unos minutos, regresó con una escoba. No era una solución muy sofisticada, pero si algo había aprendido en los vuelos en el Ártico era a emplear los recursos que uno tenía a mano. De pie ante el ala, golpeó suavemente la parte inferior con el mango de la escoba. El hielo crujió y los fragmentos se desprendieron en láminas, haciéndose añicos contra el asfalto como cristales. Erik oyó a sus espaldas una voz que comentaba:

—Está helando de lo lindo allá arriba.

Al volverse, vio a un juez itinerante de la zona, que, junto con su secretario, volaba con frecuencia de Peace River a Grande Prairie. Él balbuceó algo con la esperanza de tranquilizarlo, pero el juez, de buen humor, sonrió y quitó importancia a las palabras de Erik. La gente del norte de Alberta era tan cordial como las personas que había conocido en el Ártico y estaba igual de acostumbrada al mal tiempo. Pero Erik no podía quedarse indiferente al hielo. Al salir de Peace River, percibió que en cuestión de minutos una barra helada, fina y desigual volvía a formarse en el borde de ataque del ala izquierda. Notó el sudor bajo su bigote mientras Kawa solicitaba permiso para elevarse por encima de las nubes. En condiciones de formación de hielo, era peligroso volar sin equipo de protección antihielo fiable cuando iniciaron el descenso hacia Grande Prairie, Erik tenía los nudillos blancos a causa de la tensión, convencido de que el avión entraría en pérdida en cualquier momento. El informe meteorológico del aeropuerto era poco alentador: «Niebla en tierra. Nubosidad a quinientos pies. Visibilidad, media milla». Erik ya estaba casi encima de las luces de la pista cuando vio que se le echaban encima. Tiró de la palanca y el avión golpeó el suelo con una sacudida. Las ruedas de caucho chirriaron contra el asfalto helado hasta que el aparato por fin se detuvo con un estremecimiento.

Erik estaba agarrotado por el agotamiento. Exhausto, desembarcó a los pasajeros y, con ayuda de Kawa, descargó el equipaje y estacionó el aparato para esa noche. La vaga sensación de que se había olvidado de algo flotaba en la periferia de su conciencia, pero, en su extremo cansancio, fue incapaz de precisar qué era. Se colgó al hombro la bolsa de vuelo y se encaminó lentamente hacia su furgoneta a través de la noche. Al día siguiente tendría que repetir otra vez todo eso, y el tiempo prometía ser igual o peor.

La mañana del viernes, 19 de octubre de 1984, ya tarde, Erik despertó con más nieve y cielos encapotados. Lentamente se duchó y se puso lo que se consideraba el uniforme: una camisa blanca, pantalón de vestir azul marino y corbata oscura. Poco a poco entró en la pequeña cocina de su estudio en un sótano y abrió la nevera. Como de costumbre, estaba vacía. En la encimera vio la lata de galletas caseras con chocolate de su madre. A principios de esa semana, los padres de Erik, preocupados por su bienestar, habían planeado visitarlo en Grande Prairie.

83

«No vengáis —les dijo—. Esto es una locura. Vuelo todos los días y no sé cuándo tendré tiempo para veros.»

Sus padres cedieron, pero su madre le mandó la lata de galletas. Esa mañana Erik la abrió, se llevó una a la boca y luego envolvió otras cuatro para más tarde. Las metió en la bolsa junto al diario de navegación, se puso la gruesa parka y se marchó del apartamento.

Seguía nevando sin parar, igual que desde hacía tres días. Copos arremolinados resbalaban en el parabrisas de la furgoneta mientras avanzaba a toda velocidad en dirección oeste por la avenida 100 hacia el aeropuerto. Cuando salió de la autovía y enfiló rumbo al norte, vio el hangar de Wapiti Aviation, alzándose como la espina dorsal de una enorme ballena que emergía de un mar de blancura. El edificio era una amplia estructura prefabricada estilo Quonset con un mosaico de cuadrados de colores blanco y mostaza a lo largo del tejado curvo. En un costado se leía en grandes letras mayúsculas: WAPITI.

Erik pasó primero por la oficina de meteorología de la terminal. Tenía la esperanza de que cambiara el pronóstico del tiempo, pero seguía vigente el mismo SIGMET que venía emitiéndose en los últimos tres días. Un SIGMET, o «información meteorológica significativa», es un parte que advierte a las aerolíneas de condiciones meteorológicas severas o peligrosas, incluida la formación de hielo extrema. Erik sabía por propia experiencia, tras su vuelo de la noche anterior, lo «significativa» que llegaba a ser esa formación de hielo. Podía reducir la eficiencia aerodinámica del avión, lastrarlo y, en casos extremos —cosa en la que Erik no se atrevía ni a pensar—, provocar un accidente. Sintió un ya habitual retortijón en el estómago. Si bien era muy improbable que Wapiti cancelara el vuelo, seguramente en un día como ese contaría con otro par de manos en la cabina de mando.

Avanzó trabajosamente por la nieve para preparar el aparato, el mismo que había pilotado la noche anterior, antes del vuelo. Era un Piper Navajo Chieftain, matrícula C-GXUC, uno de los aviones a los que el Departamento de Transporte había prohibido volar recientemente aduciendo deficiencias de mantenimiento. Aunque el C-GXUC volvía a estar en servicio, Erik no tenía muy claro que fuera fiable después del problema de la noche anterior con la protección antihielo de las alas.

El piloto que lo había usado por la mañana se disponía a dar por concluido su turno y lo puso al corriente de la situación. Erik ya se sentía inquieto por la idea de volar a High Prairie y Fairview, y el informe del piloto no mejoró las cosas. Ese día no había salido la máquina quitanieves, y la pista estaba nevada.

«Apenas he conseguido despegar», dijo el piloto, que luego dejó caer otra bomba. Había volado a Edmonton y había regresado esa mañana con una inexplicable sensación de sobrecarga en el avión. Solo cuando regresó a Grande Prairie y miró en los compartimentos de carga de las alas, descubrió las hélices que Erik se había olvidado de descargar.

«Ahora sí que la he pifiado —pensó Erik—. Estoy perdido.»

Llenó los depósitos de combustible del avión y carreteó hasta la terminal como un hombre que camina hacia el patíbulo. Eran las 16.30, y sabía que pronto los pasajeros llegarían para facturar. Aún necesitaba informarse sobre el tiempo y presentar su plan de vuelo. El último pronóstico del tiempo para la región no pintaba bien. «A mil pies, nubes abundantes; a dos mil, totalmente cubierto; a ochocientos pies, cielo parcialmente cubierto; visibilidad cuatro millas, con nieve ligera y niebla.» Las condiciones bordeaban el límite para el vuelo visual, y Erik tendría que saltarse los mínimos si había pasajeros con destino a High Prairie en el vuelo de regreso.

En un estado de confusión, se entretuvo en la oficina meteorológica. Hizo una fotocopia de los partes del aeródromo, marcó las terminales clave con rotulador amarillo y luego presentó el plan de vuelo. Comprobó la hora y, sobresaltándose, cayó en la cuenta de que los pasajeros debían de estar esperando. Cuando llegó a la sala de embarque, Dale recogía ya los billetes por él.

—¿Dónde te habías metido?

Avergonzado, Erik le mostró los partes y se ofreció a relevarlo, pero Dale, con un gesto, le indicó que no era necesario. Erik permaneció allí de pie, incómodo, mientras su jefe acababa de recoger los billetes de los últimos pasajeros con destino a Edmonton. Finalmente Dale formuló la pregunta que él tanto temía.

—¿Tienes inconveniente en pilotar solo?

Erik se sintió palidecer.

«Sí, sí tengo inconveniente en pilotar solo —deseó decir—. Estoy desbordado. Y estresado. Y exhausto. Necesito otros dos ojos en la cabina de mando. Necesito un avión fiable. Me gustaría no hacer escala en High Prairie esta noche. Me gustaría no volar, y punto.»

Aturdido, negó con la cabeza. Muy rígido, se volvió y se dirigió hacia la puerta. Dale lo llamó y señaló el mostrador. Al mirar, Erik vio el diario de navegación del avión allí encima. Debía de habérselo dejado en la oficina de expedición.

¿Dónde tenía la cabeza? Dando las gracias a Dale en susurros por llevársela al mostrador de facturación, cogió la documentación olvidada y salió hacia su avión.

Dale Wells observó el Piper Navajo de Erik rodar por la pista y despegar. El Navajo ganó altitud en dirección sur, y Dale lo vio desaparecer en la masa de nubes bajas. Luego se volvió y cruzó el espacio nevado entre la terminal y el hangar de Wapiti, resbalando en la nieve.

Su padre y él habían recorrido un largo y duro camino desde que fundaron la compañía aérea en 1971 comprando los activos de Liberty Airways, un servicio de ambulancias y vuelos chárteres con sede en Grande Prairie que tenía cuatro aviones. Dale, un piloto con licencia de veinticuatro años, había convencido a su padre de que existía un sólido mercado para una aerolínea local y de que podían probar suerte.

Desde entonces la familia había trabajado incansablemente para mejorar la empresa, y por fin empezaba a estar a la altura del nombre elegido. «Wapiti» es una palabra india para describir al alce norteamericano, uno de los mamíferos más grandes y majestuosos que vagan por el continente. El equipo padre-hijo pronto añadió una academia de vuelo a los servicios de chárter y ambulancia aérea. La academia generó más ingresos, y a Dale le encantaba dar clases. Sus alumnos eran médicos, hombres de negocios y jóvenes entusiastas y apasionados, tanto como él en su juventud. Dale disfrutaba de sus horas en la cabina de mando con sus alumnos y le complacía oírles contar sus vidas.

En 1976 solicitó permiso al Departamento de Transporte para ofrecer un servicio comercial de pasajeros entre determinadas comunidades del norte de Alberta, a saber, Peace River, Grande Prairie, Grande Cache y el aeropuerto municipal de Edmonton, y recibió autorización. En 1977, Wapiti ya había ampliado ese servicio e incluía vuelos a Whitecourt, Hinton y Calgary.

Finalmente, Dale empezaba a hacer realidad su sueño de crear una próspera compañía de aerotaxis para el transporte de pasajeros a la mitad septentrional de la provincia, mal atendida. Pese a que la demanda de vuelos de entrada y salida en esas localidades poco pobladas no era siempre constante, Wapiti logró ser un negocio lucrativo recurriendo a lo que se conocía como «servicio aéreo de tasas unitarias». Este sistema permitía a la aerolínea saltarse ciertas escalas si la actividad de negocio era escasa y variar el tamaño de sus aviones en función del número de pasajeros y el volumen de carga.

La compañía de Dale se había granjeado también el firme respaldo de influyentes líderes políticos y comunitarios del norte de Alberta que tenían que viajar con frecuencia a Edmonton —la sede del Gobierno provincial— por razones profesionales. Entre sus más acérrimos defensores se encontraban dos destacados políticos de la provincia: Grant Notley y Larry Shaben. Notley, el vehemente dirigente del Nuevo Partido Demócrata de Alberta, convocó una reunión el 2 de marzo de 1982 para plantear la propuesta de Wapiti de incluir vuelos a las comunidades más pequeñas de Fairview, High Prairie y Slave Lake. Al final de esa reunión, los dieciocho hombres de negocios y políticos asistentes acordaron unánimemente:

> Que se dé apoyo a Wapiti Aviation para la creación de un servicio aéreo regular por el cual la compañía pueda dejar de aterrizar en las localidades en caso de que no haya tráfico confirmado y por el cual la compañía pueda utilizar aparatos de distinto tamaño, en función de la cantidad de carga confirmada.

Los defensores de Wapiti, entusiasmados ante la idea de no depender exclusivamente de la carretera provincial 2 —una arteria larga y a menudo traicionera de dos carriles que comunicaba Edmonton con las comunidades situadas al norte—, enviaron cartas no solicitadas a la Comisión de Transporte Aéreo de Canadá para secundar la propuesta de Wapiti. Una de dichas cartas la mandó Larry Shaben, el ministro de Telefonía y Servicios Públicos de Alberta, que vivía en High Prairie y viajaba a la capital cada semana.

Shaben escribió: «Considero que la estructura tarifaria y los lugares atendidos tal como los perfila Wapiti Aviation

87

Ltd. se adecuan mucho a las necesidades de los ciudadanos del norte de Alberta... Doy mi total apoyo a la idea en su conjunto».

Al cabo de dos meses, en mayo de 1982, Wapiti recibió el visto bueno para el servicio aéreo regular entre Grande Prairie y el aeropuerto municipal de Edmonton, y un año después para hacer escala en Fairview, Peace River, High Prairie y Slave Lake. Luego, en agosto de 1983, el Departamento de Transporte dio permiso a Wapiti para introducir el servicio de pasajeros diario entre Edmonton y la boyante localidad petrolera de Fort McMurray. Cuando se inauguró el servicio en septiembre de 1983, Wapiti ofrecía vuelos de ida a mediodía por cincuenta y siete dólares, en contraposición con los setenta que cobraban las compañías rivales, Pacific Western Airlines y Time Air. Wapiti Aviation se había convertido en una fuerza competitiva en el sector aéreo de Alberta.

Según Dale, ahí empezó el problema. Desde hacía un tiempo, el Departamento de Transporte había decidido someter a Wapiti a un examen más riguroso, acusando a la compañía de infracciones de seguridad, tales como forzar las cosas en condiciones meteorológicas adversas. ¿Cómo, si no, iba Dale a hacer llegar sus aviones a esos míseros aeropuertos que no contaban con las debidas ayudas a la navegación? Hacía más de un año había solicitado mejoras en las instalaciones y una aproximación con control aéreo al aeropuerto de High Prairie, pero el Departamento de Transporte seguía remoloneando. ¿Qué opción tenía? Si animaba a sus pilotos a hacer la escala, Dale se pillaría los dedos por forzar las cosas con mal tiempo. Si anulaba los vuelos, se arriesgaría a perder clientes.

Desde hacía unos meses la situación iba de mal en peor. El Departamento de Transporte había empezado a mandar inspectores para controlar en secreto varios vuelos de Wapiti a su llegada a Edmonton. El Departamento de Transporte permanecía alerta a la posibilidad de que Wapiti forzara las cosas con mal tiempo y utilizara un solo piloto en lugar de dos. Para colmo, la Policía Montada había remitido a Dale una carta en la que lo acusaba de transgredir la normativa según una «compañía aérea autorizada» o una «fuente fidedigna confidencial». Dale creía que sus competidores estaban detrás de esas quejas y recientemente había telefoneado al Departamento de Transporte para decir: «Estas tonterías tienen que acabar».

La situación, sin embargo, se había agravado. Tres semanas antes, el Departamento de Transporte había obligado a permanecer en tierra a más de la mitad de la flota de la compañía, aduciendo que Wapiti no había llevado a cabo las inspecciones de las quinientas y las mil horas de servicio. En opinión de Dale, todos los aparatos estaban en buen estado. ¿Por qué iba a retirarlos si no era necesario? La medida le costaría dinero y volumen de negocio y, por lo que a él se refería, a la larga conduciría a lo que querían sus competidores y los amigos de estos en el Departamento de Transporte: el cierre de la compañía.

Dale revolvió una pila de papeles en su escritorio. Conocía a políticos influyentes que habían salido en defensa de Wapiti en el pasado y estaba dispuesto a recurrir a ellos si era necesario. Consultó la lista de pasajeros de esa noche y movió la cabeza en un gesto de asentimiento. Larry Shaben, destacado ministro de Alberta y uno de sus más acérrimos defensores, viajaba en el vuelo de Edmonton a High Prairie.

TERCERA PARTE

En la noche dichosa,
en secreto, que nadie me veía,
ni yo miraba cosa,
sin otra luz ni guía
sino la que en el corazón ardía.

Noche oscura del alma,
SAN JUAN DE LA CRUZ

Umbral

*P*ocos segundos después de que Larry, con las manos ahuecadas en torno a los ojos, acercara la cara a la ventanilla del avión para intentar ver las luces de High Prairie, las alas golpearon los árboles. Se produjo un largo y ensordecedor chirrido, un espantoso desgarrón metálico. Luego, nada.

Cuando Larry recobró el conocimiento, lo primero que oyó fueron los gritos de un hombre, una sarta de obscenidades dirigidas al piloto. Experimentó una sensación lancinante en las espinillas y una punzada de dolor le traspasó la rabadilla. Estaba desorientado y cabeza abajo en medio de una negrura absoluta.

La madre de Larry había muerto a los cuarenta y nueve años, la misma edad que él tenía en ese momento, y su padre cuatro años después que ella. Por aquel entonces él tenía menos de treinta años, y la pérdida de sus padres lo había desolado. Desde entonces temía en secreto que él también moriría joven. Por lo visto, ese era sin lugar a dudas el momento.

Desesperado, intentó moverse. El dolor atenazó su caja torácica y sintió que una banda de tela se le hincaba en los muslos. Confuso, se dio cuenta de que seguía sujeto a su asiento, colgado boca abajo. Buscó a tientas la hebilla con la mano derecha, y un intenso dolor le recorrió el dedo índice. Cambió de mano, y al cabo de un momento de forcejeo, soltó el prendedor y se precipitó hacia abajo. Cayó de pies y manos. Las espinillas le ardían como si las tuviera en contacto con el fuego, y sentía la sangre caliente que le empapaba el pantalón. Tenía un sabor metálico en la boca. Cuando se pasó la lengua por los dientes, notó una gran mella allí donde le faltaban dos. Ondas de dolor se propagaban por el lado izquierdo de su cara. Se palpó la mejilla, hinchada, y después, con una espantosa sensación de pérdida, los ojos. Las gafas habían desaparecido. Sin ellas, estaba prácticamente ciego.

Como un niño, empezó a caminar a gatas por el techo invertido de la cabina, buscando sus gafas a tientas, con desesperación. Podía soportar una lesión física, pero la idea de no ver se le hacía insoportable. Se abrió paso por la lacerante nieve y los afilados fragmentos, avanzando lentamente por el espacio borroso que tenía ante sí. Apoyó las manos en algo blando y velloso, y cerró los dedos alrededor, tratando de identificar aquella textura familiar: su abrigo de ante sintético. Lo cogió y, con dificultad, se irguió. Larry se pasó la mano por el hombro izquierdo y notó la suave y delicada tela de su camisa de algodón allí donde se le había roto la parte superior de la chaqueta del traje. Temblando, tambaleante, se puso el abrigo no sin esfuerzo, dado el reducido espacio de la cabina del avión. Después, extendiendo los brazos a los lados, avanzó hacia la corriente de aire frío que percibía ante él. Lanzaba miradas a uno y otro lado en la negrura, como si, por un milagro, fuera a recuperar la capacidad para ver sin las gruesas lentes que llevaba desde la infancia. Pero solo detectaba masas informes y oscuras, sin saber con seguridad si eran asientos, trozos del avión o cuerpos. Oyendo los lamentos de los heridos a su alrededor, caminó con paso vacilante hasta que tocó la pared de la cabina con las manos extendidas. Guiándose por la pared, siguió adelante hasta notar que llegaba a una abertura, una salida. Larry estuvo a punto de caer por ella, pero consiguió lanzarse hacia delante y fue a parar a la profunda nieve, donde se le hundieron las piernas como estacas. Los chanclos se le llenaron de nieve y sintió su contacto helado en los tobillos. De pie, a ciegas, en la absoluta negrura, Larry se sintió —por primera vez en su vida adulta— absolutamente desvalido.

Cuando Erik vio los árboles ante la ventana de la cabina de mando, soltó un alarido y se llevó los brazos al rostro. Sin la contención de la correa del hombro del cinturón, sus manos fueron la primera parte de su cuerpo que chocó contra el panel de instrumentos, seguida de la cara. Luego se golpeó el pecho, que fue a dar contra la palanca de control, y un intenso calor le atravesó las entrañas. Notó una embestida en la parte posterior del cráneo.

Cuando intentó tomar aire, el dolor le hendió el lado derecho del pecho. Lo invadió el pánico. Permaneció inmóvil, incapaz de entender qué había ocurrido. Aturdido, tomó conciencia de que seguía sujeto al asiento por el cinturón y buscó la hebilla. Cuando por fin la abrió, cayó de cabeza contra el techo de la cabina de mando. Recibió un fuerte impacto en el hombro y el dolor estalló en su pecho. Se quedó en posición fetal, respirando en inhalaciones cortas y poco profundas. El tiempo se detuvo. Una tibia almohada de sangre empezó a formarse bajo su cabeza, y percibió el sabor metálico y amargo. Un ojo le palpitaba y lo tenía ensangrentado. Pero los oídos se lo decían todo. Los gritos desgarradores de sus pasajeros lo envolvían: un asfixiante barullo que reverberaba en el limitado espacio de la cabina.

Erik tosió y un torno le atenazó el pecho. Le llegaba el hedor penetrante del combustible del avión. Lo sentía en su ropa. Finalmente empezó a funcionarle el cerebro.

«Tengo que apagar el motor. Si salta una chispa, habrá un incendio y el avión estallará.»

Levantó la cabeza y buscó el panel de instrumentos. No había luces ni encima ni alrededor de él. Ni un solo instrumento. Nada. Todo el morro se había desgajado del avión.

Erik volvió a echar atrás la cabeza y el mundo giró enloquecidamente alrededor. Lo recorrió una repentina y sofocante emoción. Intentó acompasar la respiración. Lo acometió una nueva oleada de dolor en el lado derecho del pecho y sintió un mareo. Finalmente se obligó a concentrar sus alterados sentidos. En algún lugar más allá de la caliente bruma del pánico, sintió aire frío. Dolorido, se puso de pie y escrutó la oscuridad. Con los dedos, aplastados e hinchados como salchichas, palpó lo que había ante él, y uno atravesó un agujero: la ventanilla lateral rota de la cabina de mando. Erik se agarró al marco y, con un gemido, salió por ella y se desplomó en la

95

profunda nieve. Tendido de espaldas, intentó comprender qué había ocurrido.

Con cuidado, se tocó la zona en torno al ojo derecho. Tenía una hinchazón espantosa. Trató de cerrar los puños, pero no pudo. También las manos se le antojaban extrañas, como si no fueran suyas.

Los lamentos de los pasajeros atrapados dentro del avión eran un martirio insoportable, y desde algún lugar en la oscuridad oyó gritar a uno de ellos: «¡Imbécil de mierda!».

Erik notó que se le saltaban las lágrimas. El pasajero le hablaba a él.

«¡Dios mío! ¿Qué he hecho?» Deseó hacerse un ovillo y desaparecer, pero un movimiento por encima de él captó su atención. Pese a tener el ojo derecho prácticamente cerrado por la hinchazón, con el izquierdo vio a un hombre de cierta edad, bien vestido, salir tambaleante del avión siniestrado. Erik, con un soberano esfuerzo, se levantó lentamente, y los dos hombres permanecieron uno al lado del otro, atónitos y clavados en el sitio. La nieve húmeda caía copiosamente sobre los dos hombres conmocionados, y los gemidos de los pasajeros y el olor nauseabundo del combustible llenaban el aire.

De pie en el límite de un pequeño claro, Paul Archambault dio un paso hacia la densa maraña de matorrales. Había fumado su último cigarrillo liado hasta dejarlo reducido a una colilla, y cuando el calor empezó a quemarle los dedos, lo tiró a la nieve. Se llevó la mano al corte de la frente, que aún le sangraba, e intentó sacudirse el intenso zumbido de la presión en los oídos. Paul abrió la boca, y las volutas de humo se elevaron en una nube fina y vaporosa. Se le despejaron los oídos. Unos lastimeros y angustiosos gritos de dolor le llegaban del otro lado del claro.

«Dios santo», pensó Paul. Su único deseo era alejarse de los restos del avión, bañados en combustible. Mientras se frotaba distraídamente la piel irritada de la muñeca allí donde le había rozado la manilla de la esposa, de pronto tomó conciencia de algo aterrador. Muchas personas no saldrían con vida de ese avión, y si el policía no le hubiera quitado las esposas antes del despegue, quizás él habría sido una de ellas.

Paul se dio media vuelta y desanduvo el camino hacia el avión. Abriéndose paso afanosamente por la nieve, a la altura de los muslos, recortó la distancia entre él y dos siluetas que se alzaban junto a la mole oscura del avión estrellado.

Enterrado

*S*cott Deschamps no podía moverse. Se sentía como si tuviera la cabeza, los brazos y el torso revestidos de cemento. Notaba que la sangre le entraba en los ojos, procedente de una herida en el labio.

«Estoy cabeza abajo.»

Intentó enjugarse la sangre de los ojos, pero los brazos no le respondían. El frío le abrasaba las manos desnudas y tenía los dedos contraídos dentro de lo que, comprendió enseguida, era nieve compacta. Tomó aire y un dolor se propagó por todo su pecho.

«Tengo que levantarme.»

En su estado de confusión, pensó que debía liberar la cabeza de aquello que le impedía moverla o se asfixiaría. Buscó algún tipo de apoyo, pero le dio la impresión de que tenía el hombro izquierdo dislocado, desprendido y suelto.

Víctima de un violento temblor, Scott tomó conciencia poco a poco de un rugido rítmico y sonoro, y cayó en la cuenta de que era el sonido de su propia respiración. Miró al frente, intentó sacudirse la palpitación que reverberaba en sus oídos, esforzándose en comprender por qué no podía moverse. No podía llenar los pulmones de aire. El mundo en torno a él era una mezcla de blanco amortiguado y lúgubres sombras. El olor del combustible del avión y la tierra recién removida le invadía la nariz.

Supo que algo muy grave había ocurrido. Percibía el sabor de la tierra en la boca y notaba nieve comprimida en sus fosas nasales. Se sentía como si hubiera llenado de nieve una bolsa de plástico, hubiera metido la cabeza en ella y aspirara lentamente el aire contenido en su interior. Buscó de nuevo un punto de apoyo, pero tenía los brazos sepultados. Percibía una de sus manos cerca de la cara, quizás a no más de diez centímetros. Movió los dedos y experimentó la fría quemazón de la nieve. De pronto lo comprendió.

«¡Estoy enterrado vivo!»

El terror se adueñó de él. Adiestrado en rescate de víctimas de aludes, Scott sabía lo difícil que era su situación. Solo un mes antes había realizado un curso avanzado con la Patrulla de Esquí Canadiense en las Rocosas. Aún tenía fresco en la memoria todo lo aprendido. Para conservar una mínima esperanza de supervivencia, necesitaba formar una bolsa de aire en torno a la boca, que podía proporcionarle un tiempo precioso hasta que lo localizaran los rescatadores. Si es que lo lograban. Scott deslizó los dedos entre la tierra hasta tocarse la cara. Luego retiró a zarpazos los restos acumulados alrededor de la boca abierta para crear una pequeña cavidad de aire. Aun así, no podía respirar hondo. No sabía si era porque tenía la boca y la nariz tapadas o porque se le había aplastado el pecho. Se oía gemir rítmicamente, un extraño resuello que le era imposible controlar. En algún lugar por encima de él, otros pasajeros estaban heridos, quizá moribundos, tal vez muertos. Se preguntó si, al igual que él, permanecían conscientes y se enfrentaban al aterrador espectro de su propia muerte.

—Soy Paul —dijo, y se acercó a los dos hombres que estaban de pie fuera del avión. Ambos tenían magulladuras en el rostro y parecían aturdidos, conmocionados o malheridos, o todo ello a la vez.

—Erik —respondió el más joven, de cabello oscuro y apelmazado por la sangre.

Solo con verlo, Paul comprendió que padecía graves lesiones. A su lado, un hombre mayor, de piel más oscura, con un elegante abrigo largo, se presentó como Larry. Aunque parecía mirar directamente a Paul, tenía en los ojos una expresión vacía, perdida.

99

—Hay que sacar a esa gente —dijo Paul.

Erik se volvió hacia el avión siniestrado y luego, rodeando el aparato, los guio hasta la cola. Cuando solo había avanzado unos pasos, sus piernas toparon con un trozo de metal irregular que asomaba de la nieve. Torpemente, pasó por encima y avanzó hacia la parte posterior del avión, donde empezó a palpar el fuselaje con las manos arriba y abajo.

«¿Por qué no encuentro las ventanillas?», se preguntó Erik.

Sus manos hinchadas tropezaron con una protuberancia redonda y pequeña allí donde deberían haber estado las ventanillas. Intentó comprender qué era. De pronto lo reconoció: la luz de posición inferior. «Ya. El avión está boca arriba.»

Tras formarse una imagen mental del Piper Navajo, Erik empezó a recorrer con las manos la curva del avión invertido hasta encontrar una ventanilla abierta y luego la compuerta de la cabina: cerrada. Sabía que era imposible abrirla por la fuerza desde fuera y, echado a través de la ventanilla, intentó llegar a la cadena de seguridad. El dolor hundió las garras en su pecho mientras, sin mucha convicción, buscaba a tientas, pero al final consiguió cerrar los dedos en torno a la cadena, retirar el pasador y, por último, girar la palanca. Tiró hasta abrir la compuerta, que formó una pequeña plataforma del tamaño de un plato de ducha suspendida a un metro por encima del suelo. Luchando contra el dolor, Erik se encaramó a ella y, a rastras, entró.

Paul lo siguió, y Larry se quedó allí, por temor a que, debido a su escasa visión, fuera un estorbo más que una ayuda.

Erik y Paul se apretujaron dentro de la cabina, en la parte de atrás.

—Scott —llamó Paul.

—¿Usted dónde iba sentado?

—Ocupábamos los dos últimos asientos, junto a la puerta, y él estaba a mi lado. En el pasillo.

Erik se volvió a mirar a Paul. Percibió el olor del tabaco en su aliento y, con su único ojo útil, vio las greñas oscuras, el poblado bigote y las abundantes patillas de Paul. Sobresaltándose, cayó en la cuenta de que ese era el detenido escoltado por el agente de la Policía Montada. Erik también comprendió que era el hombre que lo había insultado a gritos después de estrellarse el avión. Sintió la boca seca y cierta inquietud recorrió su espina dorsal. Aquel tipo aún no sabía que él era el piloto, y Erik no tenía prisa por revelárselo.

Más allá del miedo que lo paralizaba, Scott percibió movimiento justo por encima de él. Oyó a alguien llamarlo por su nombre. Tomó aire y gritó, reverberando sus palabras ahogadas en el pequeño hueco abierto en la tierra.

—Tengo que salir de aquí ahora mismo. ¡No puedo respirar!

—¿Es usted el agente de la Policía Montada? —preguntó una voz.

—Sí.

Notó que alguien cavaba hacia él, y, de repente, gracias a Dios, disminuyó parte del peso que lo oprimía.

Por encima, Paul retiró dos asientos que se habían desplazado hacia la parte trasera del avión y los arrojó a la nieve del exterior; a continuación hizo lo mismo con una caja de cartón, un monitor de ordenador y dos maletines.

—Aguante —dijo—. Hay metal encima de usted.

—Da igual. ¡Sáqueme de aquí!

Scott sentía que estaba a punto de perder el control y se esforzó por conservar la calma. Al igual que un submarinista provisto solo de una pequeña botella de emergencia con aire de reserva para respirar en el largo ascenso hasta la superficie, comprendió que estaba agotando rápidamente su escasa provisión de oxígeno.

«Contrólate —pensó—. Contrólate.»

—Necesito ayuda —dijo Paul mientras intentaba retirar el metal que colgaba sobre Scott como el techo de una cripta.

Erik intentó liberarlo, pero no tenía fuerza en las manos. Espasmos de dolor le surcaron el pecho.

—Usted no sirve para nada —intervino Paul, apartándolo.

Erik retrocedió y se agachó para sentarse en la compuerta abierta.

Al oír a Paul pedir ayuda, Larry pasó como pudo junto a Erik para ayudar a retirar el enorme trozo de metal, pero no consiguieron moverlo.

Por debajo de ellos, Scott levantó el brazo derecho.

—Cójanme de la mano —dijo.

Paul agarró el brazo que, de repente, vio ante sí, pero cayó en la cuenta de que pertenecía a otro pasajero que, inmovilizado y muy contorsionado, colgaba de la cintura y respiraba con un resuello.

Advirtió que el herido tenía la mandíbula aplastada, como si fuera de pulpa o goma.

—Necesito una linterna —le pidió Paul a Erik.

—Llevo una pequeña en la bolsa.

Erik volvió a entrar a rastras en la cabina y, moviéndose a trompicones, buscó su bolsa de vuelo. Hacia la mitad del aparato, los asientos se habían desprendido de sus anclajes, al penetrar nieve y fragmentos varios. Erik se abrió paso entre el revoltijo, pero no pudo avanzar mucho más porque una maraña de restos se lo impidió. Al otro lado de ese amasijo insalvable, oyó los horripilantes gemidos de un hombre, pero le era imposible acceder a él. Olvidándose de la linterna, retrocedió hacia la puerta de la cabina y salió al aire gélido de la noche.

Paul, trabajando desesperadamente en la parte de atrás de la cabina, no tardó en comprender que no podía hacer nada por el pasajero con la mandíbula aplastada, pero aún existía la posibilidad de salvar a Scott. Estorbado por Larry en el reducido espacio, le sugirió que saliera e intentara encender un fuego. Entre tanto, siguió escarbando en la oscuridad hasta encontrar la carne tibia de una mano.

—¿Es usted? —preguntó a Scott.

—Sí.

Se la cogió con fuerza e intentó sacar a Scott de debajo del techo de metal, pero no consiguió moverlo. Al parecer, el otro pasajero estaba encima de Scott, y cada vez que Paul intentaba levantar a este, levantaba también al otro pasajero.

—¡Pare! —exclamó Scott—. ¡Va a arrancarme el brazo!

Paul saltó de la compuerta abierta y entró por la ventanilla rota contigua. Esta vez agarró a Scott por el hombro.

Mientras Paul tiraba, Scott intentó cambiar de posición a fin de crear un espacio que le permitiera desplazarse mínimamente tensando y flexionando los músculos. Tenía la certeza de que así podría liberarse. Su poderoso cuerpo nunca le había fallado. Scott se ejercitaba en el gimnasio dos horas diarias, y nunca en la vida había estado en tan buena forma. Incluso en situaciones extremas, como cuando recibía una paliza de un tipo el triple de grande que él en un callejón, podía siempre dar una última vuelta de tuerca y reunir un poco más de fuerza.

Sintió unas manos que apartaban la tierra en torno a su hombro y luego su torso, y al cabo de un momento podía ya girar la parte superior del cuerpo. Alzó el brazo libre, rodeó con este el trozo de metal y tiró. Pero su cuerpo seguía sin desprenderse.

«¿Por qué?»

Scott trató de mover las extremidades sistemáticamente y descubrió que tenía el brazo izquierdo hundido en la tierra, clavándolo a ella como el ancla de un barco. Revolvió el torso de aquí para allá, intentando desprender la tierra en torno al hombro izquierdo. Lo traspasó un dolor lancinante. Permaneció inmóvil por un momento, esperando a que se le calmara. Unas fuertes manos lo encontraron una vez más y tiraron enérgicamente. Scott rodeó de nuevo con el brazo libre la sólida placa metálica que tenía encima y tiró. Se le tensaron los músculos y el dolor se propagó por todo su cuerpo. Finalmente la tierra lo dejó ir, y Scott quedó libre.

103

Fuego

—*D*eme unos minutos —le dijo Scott a Paul después de que este lo desenterrara—. Necesito recobrar el aliento.

Paul saltó de la cabina y fue a ver qué pasaba con el fuego. El tufo a combustible de avión era aún abrumador, y quiso asegurarse de que había distancia suficiente entre la fogata y el avión accidentado para que no volara todo por los aires. Siguió el camino abierto por Larry y Erik a través de la maleza y la nieve profunda hasta llegar a un pequeño claro a unos veinte metros. Allí, Larry había apisonado un círculo de nieve y había encendido la caja de cartón que Paul había lanzado desde el avión. El fuego casi se había apagado cuando él llegó.

Paul tuvo la impresión de que Larry y Erik no tenían nada en la cabeza, o tal vez es que estaban muy aturdidos. Sin perder el tiempo, trotó de regreso al avión y cogió los maletines, varias ramas dispersas en torno al lugar de la colisión y un portatrajes que localizó cerca del avión. Cuando volvió, Paul colocó las ramas sobre el fuego y añadió a las llamas los papeles del interior de los maletines. Luego entregó los maletines vacíos a Erik y Larry, y les sugirió que los utilizaran a modo de asientos. Como si hablara con retrasados, les recordó lo importante que era mantener el fuego encendido y los instó a recoger leña.

Erik se quitó lentamente la parka y se la dio a Paul. Este miró al hombre que se había quedado en mangas de camisa como si estuviera loco, pero aceptó la prenda.

—Me alegro de que esté usted aquí —dijo Erik.

Paul se puso la parka. A continuación recorrió otra vez el sendero hacia los restos del aparato.

Mientras Paul se alejaba, Larry observó su silueta con los ojos entornados. Solo veía sombras y formas desdibujadas. Reprimió su sensación de desvalidez y aguzó el oído. Oyó el crujido de unas botas en la nieve ir en dirección al avión. Con los brazos extendidos y palpando el aire con las manos, avanzó torpemente. La nieve le entraba en los chanclos cada vez que arrancaba un pie de la profunda capa, y punzadas de dolor le traspasaban la rabadilla y las costillas.

Cuando Larry había avanzado solo unos metros, una voz gritó:

—¡Oigan! ¿Piensan echar una mano o van a quedarse ahí sin hacer nada?

Larry oyó a Paul maldecir entre dientes y se dirigió hacia él hasta toparse con un árbol caído enterrado bajo la nieve, golpeándose las espinillas laceradas. Al tropezar, alargó los brazos para frenar la caída, y fue a dar con Paul, que en ese momento se disponía a retroceder y pasar por encima del árbol. Le lanzó un sonoro juramento.

—Perdone —se disculpó Larry—. He perdido las gafas en el accidente y sin ellas veo menos que un murciélago.

Paul dejó escapar un suspiro.

—Cójase —dijo.

Larry vio aparecer ante él un brazo extendido y se agarró a él. Sujeto a Paul, se dejó guiar por encima del árbol y a lo largo del sendero. Juntos avanzaron en dirección al avión y luego se desviaron hacia la izquierda para adentrarse en la franja de bosque despejada por el aparato en su caída. Tras detenerse junto a unos árboles partidos, Paul colocó la mano de Larry en la corteza y le dijo que intentara arrancar un poco para usarla como yesca. Después se alejó ruidosamente en la oscuridad.

Astillas de madera y corteza se hincaron bajo las uñas de Larry en la carne tierna, y el dedo roto le palpitó de dolor. Se metía torpemente tiras quebradizas de corteza en los bolsillos cuando Paul regresó. Pidiendo a Larry que extendiera los brazos, depositó en ellos una pila de ramas y, cargado con su propia brazada de leña, guio a Larry de regreso por el sendero hasta el fuego.

Cuando llegaron a la hoguera, Paul se apresuró a echar ramas sobre las llamas menguantes y pidió a Larry la corteza para colocarla entre la leña gruesa. Paul avivaba el fuego cuando Erik regresó tambaleante con una brazada de leña. Lanzó una mirada a Larry y luego a Paul.

—¿Dónde está su amigo?

—¿Quién? —preguntó Paul.

—El policía.

Larry, con los ojos desorbitados, se volvió hacia Paul. Fue entonces cuando cayó en la cuenta de que el hombre a quien había seguido a ciegas a través de la espesura del bosque era un delincuente.

Dentro del fuselaje aplastado, Scott permanecía sentado e incapacitado. Le latía la cabeza y se sentía mareado y desorientado. El mundo se movía a su alrededor de una manera extraña, muy despacio, y se preguntó si estaba soñando. Eso explicaría por qué no conseguía ponerse de pie. Bajo él yacía algo blando y maleable. Le hincó el dedo y le pareció que era carnoso y cedía a la presión. Cerca, un hombre gimió.

Scott se esforzó en encontrar un sentido a lo que lo rodeaba. Desperdigados en torno a él, había trozos de metal arrugado, ropa, maletas, papeles y plexiglás roto. Poco a poco tomó conciencia de los contornos distorsionados de una cabina de avión: un asiento echado hacia atrás en un ángulo extraño, un apoyabrazos colgando hacia abajo, la abertura alargada de una compuerta de salida. De pronto, lo vio todo con claridad.

Momentos antes escoltaba a un detenido para ponerlo a disposición judicial. Los dos habían subido en Edmonton a bordo de un pequeño avión que debía llevarlos a Grande Prairie. ¿Qué demonios había ocurrido?

Su mente era incapaz de atar cabos. Se agarró a un saliente de metal e intentó levantarse. A menos de un metro, la compuerta abierta lo llamaba. Si lograba salir por allí, estaría fuera. Apoyándose en la pared de la cabina, se levantó. De pronto le fallaron las piernas y se desplomó sobre el bulto blando que había debajo de él. Sintió en el pecho un estallido de dolor que ahogó todo pensamiento coherente. Estaba herido, pero no sabía con qué gravedad. Trabajosamente, se dejó caer al suelo y, a gatas, avanzó centímetro a centímetro hasta llegar a la compuerta abierta. Se arrastró hacia el exterior y se sentó en la puerta suspendida, pero le faltaron fuerzas para descolgarse al suelo. A lo lejos veía el irreal resplandor amarillo de una fogata. Del cielo caían copos y en la oscuridad resonaban los rítmicos gemidos de un pasajero.

Al cabo de un momento, una silueta pareció flotar hacia él a través de la nieve descendente y cobró forma el perfil de un hombre. Una voz le habló. Reconoció que pertenecía a quien lo había sacado de entre los restos del avión: su detenido.

Paul levantó a Scott de la compuerta y, medio obligándolo a andar, medio acarreándolo, lo llevó por el sendero hasta el fuego. Para cuando llegaron, el calor de las llamas había fundido la nieve cercana y había formado un hoyo de más de un metro y medio de diámetro. Paul se quitó la parka que le había dado Erik y se la entregó a Scott antes de aproximar a rastras el portatrajes al calor del fuego. Acto seguido, Paul ayudó a su captor a acomodarse sobre el portatrajes, como si fuera un niño. Larry, a su vez, se quitó el abrigo y cubrió a Scott con él.

En cuanto Paul hubo instalado a Scott, regresó al avión y volvió a entrar para comprobar el estado de los otros pasajeros. Avanzó despacio por la cabina, dejando que la vista se adaptara a la oscuridad. Frente a él vio asomar dos piernas, con un par de grandes botas de invierno en los pies. Botas de mujer. Paul tendió las manos, quitó las botas de los pies de la mujer y se las metió bajo el brazo. Mientras avanzaba por el oscuro interior, recogió otras prendas desperdigadas: una parka de mujer, una gabardina cruzada, ropa interior, un jersey, una chaqueta de pijama de hombre. Vio una pequeña navaja plegable, que se guardó en el bolsillo delantero de los vaqueros.

Recorrió el avión tocando a cuantos pudo, pero estaban todos muertos. El pasajero a quien había intentado ayudar antes se contaba ya entre ellos, pero oyó gemir a otra persona. Comprendiendo que era imposible acceder a ese pasa-

107

jero desde donde se hallaba, volvió a salir y rodeó el aparato hasta la parte delantera, donde, contorsionándose, consiguió entrar por una ventanilla lateral rota. Allí, justo detrás del asiento del copiloto, encontró a un hombre que, semiconsciente, gemía.

Paul tiró de él, pero no se movió: el avión parecía retenerlo con firmeza. Tenía el brazo derecho metido en la bolsa de vuelo del piloto. Era imposible sacarlo.

Volvió a salir a rastras del avión y, tras recoger las prendas que había reunido, regresó junto al fuego. Al llegar, vio algo que le levantó el ánimo. Larry fumaba al tenue resplandor de las llamas. A Paul le faltó tiempo para gorronearle un cigarrillo. Cuando Larry le entregó el paquete, Paul vio con entusiasmo que estaba casi lleno. Encendió un cigarrillo y saboreó el grato escozor del humo en los pulmones al aspirarlo profundamente.

—¿Qué le parece si se los guardo yo? —se ofreció.

Cuando Larry accedió, Paul se sintió como si le hubiera tocado la lotería. Con el cigarrillo colgado de los labios, quitó a Scott las zapatillas de deporte y le encajó las botas de invierno en los pies. Tras retirar el abrigo de Larry del cuerpo de Scott, Paul lo cubrió con la parka de mujer y colocó otra prenda delicadamente sobre su cabeza antes de devolver el abrigo. A continuación, Paul entregó la gabardina a Larry y el jersey a Erik; él se quedó con la chaqueta de pijama. En cuanto todos se hubieron puesto una capa más de ropa, Paul los instó a regresar al bosque a fin de reunir más leña para el fuego.

Puede que Paul supiera mejor que los otros que mantener el fuego encendido no sería fácil. Las ramas que extraían de debajo de la nieve estaban húmedas y difícilmente arderían bien. Sin embargo, en una noche como esa, un fuego representaba la diferencia entre sobrevivir y morir congelado. En el pasado, Paul había tenido que dormir al raso en pleno invierno más de una noche, y era algo que siempre le daba miedo.

Una vez más condujo a Larry a través de la espesura y le cargó en los brazos tantas ramas como el viejo ciego y mellado podía sostener antes de llevarlo de vuelta al fuego.

Cuando llegaron, Paul avivó de nuevo las llamas, y estas crecieron, irradiando su calor hacia los supervivientes, conmocionados y temblorosos. Por un momento se permitieron olvidar la monumental tarea que todos tenían por delante: permanecer con vida hasta que llegara el rescate.

Desaparecidos

*E*n la pequeña terminal del aeropuerto de High Prairie, su directora, Luella Wood, que por aquel entonces tenía cuarenta y tres años, consultó su reloj. Faltaban diez minutos para las ocho de la noche: la hora a la que estaba prevista la llegada del vuelo 402 de Wapiti. Medía un metro sesenta y pesaba sesenta kilos. Tenía el pelo caoba de permanente y ojos azul oscuro. Luella había soñado con ser piloto. Su tío, piloto de aerotaxi, empezó a enseñarle a volar en la adolescencia. Por desgracia, tenía náuseas cada vez que la llevaba en el avión. Pese a su amarga decepción por no ser capaz de realizar su sueño, la idea de estar al frente de un aeropuerto le había despertado interés suficiente para que años después aceptara la dirección del aeropuerto de High Prairie.

Dentro de la terminal marrón de una sola planta, alargada, Alma Shaben esperaba la llegada del vuelo. Había telefoneado al aeropuerto poco después de las siete de esa tarde para averiguar si el avión aterrizaría; le había comentado a Luella que Larry había telefoneado poco antes de embarcar para advertirle de que el piloto no estaba seguro de si sería posible acceder al aeropuerto. Le había aconsejado que se pusiera en contacto con Luella antes de salir de casa; así, si esta pensaba que el mal tiempo no permitiría el aterrizaje, Alma podía viajar directamente a Peace River.

Luella no había sabido bien qué decirle. En los últimos días, el tiempo había sido verdadero motivo de preocupación, y en el transcurso de la semana no habían podido aterrizar dos vuelos de Wapiti. En su observación del tiempo a las seis de la tarde, Luella había advertido que el techo estaba bajo, pero la visibilidad horizontal era buena. Le había dicho a Alma que si el piloto conseguía situarse por debajo de las nubes, probablemente lograría aterrizar, pero no se sabría con certeza hasta que el avión volara sobre ellos y el piloto se pusiera en contacto por radio. A las siete y media, Alma decidió ir al aeropuerto y esperar allí.

Al acercarse la hora de llegada prevista del vuelo, Luella salió de la terminal y regresó a su caravana, donde tenía la radio. Ella y su amiga Edith Guild vivían a unos cien metros de la terminal, al otro extremo del aparcamiento, en el modesto alojamiento gratuito que el pueblo proporcionaba a la directora del aeropuerto, pero, en semanas como esa, vivir allí conllevaba un coste. En los últimos dos días habían caído más de veinte centímetros de nieve y el viento la había barrido formando elevados ventisqueros. El día anterior, Luella y Edith habían despejado las aceras, y esa mañana tuvieron que repetir la operación. La nieve llegaba a la altura del muslo en algunos sitios y era tan densa y compacta que la barredora de nieve se atascaba continuamente. Esa tarde subieron un poco las temperaturas, y, aunque la máquina quitanieves no había salido a la pista, Luella consideró que estaba en condiciones para los despegues y aterrizajes. Lo había comprobado a las cuatro y media, antes de la llegada prevista de un vuelo de carga. Había nieve y zonas encharcadas por la nieve derretida, pero no hielo. Volvió a recorrer la pista a pie poco antes de que Alma llegara, y si bien había empezado a formarse costra en la capa superior de la nieve, Luella decidió que todavía era practicable.

Dejó atrás el aire gélido y, al entrar en el calor de la caravana, exclamó:

—Edie, ¿ha llamado alguien?

Edith negó con la cabeza.

Luella comprobó el UNICOM, o Sistema de Comunicaciones Universales, para ver si estaba al volumen adecuado y emitía el habitual zumbido. El UNICOM es un transmisor-receptor de radio de una sola frecuencia utilizado en los aeropuertos con poco tráfico aéreo y sin torre de control. Normalmente, los pilotos comunicaban su posición y sus intenciones a

111

Luella por el UNICOM durante la aproximación al aeropuerto para el aterrizaje.

A eso de las ocho y cinco, Luella empezó a tener malos presentimientos. No podía explicarlo, pero algo no iba bien.

—Llegan con retraso, como siempre —dijo Edie, pero Luella sabía que esta vez pasaba algo. Intentó contactar con el piloto a través del UNICOM, pero no obtuvo respuesta. Luego empezó a pasearse de un lado a otro.

A las 20.20, el Servicio de Aviación de Peace River telefoneó para preguntar a Luella si tenía noticias de Wapiti. Ella contestó que no. La preocupación comenzaba a dar paso al miedo, e intentó ponerse en contacto de nuevo con el avión. No hubo respuesta. Peace River se comunicó con ella varias veces más durante los veinte minutos siguientes, hasta que, a las 20.40, llamaron para informar a Luella de que iniciaban una búsqueda. Habían notificado el hecho tanto al Centro de Coordinación de Rescates del Ejército canadiense en Edmonton como a la Policía Montada, que enviaría a un agente del destacamento de High Prairie al aeropuerto lo antes posible.

112

Al cabo de dieciséis minutos, el piloto del vuelo 594 de Pacific Western Airlines, en ruta desde Yellowknife hasta Edmonton, se hallaba a veinte kilómetros al noroeste de High Prairie cuando una característica y estridente señal llegó a sus auriculares. Cuando se activa el transmisor localizador de emergencia de un avión siniestrado, o ELT, la señal de socorro es inconfundible. Consiste en una serie de tonos agudos y penetrantes en rápida sucesión que pone en estado de máxima alerta incluso al más plácido de los pilotos. Este inmediatamente se puso en contacto por radio con el Servicio de Aviación de Peace River para informar de la señal ELT.

Cuando Peace River telefoneó a Luella con la noticia, a ella el corazón le dio un vuelco. Sabía que el avión siniestrado era el 402. En primer lugar, llamó a Maurice Pacquette, un piloto privado de la zona, propietario de una gasolinera cercana, a quien recurría cuando surgían problemas en el aeropuerto. Le explicó lo sucedido y le pidió que fuera a comprobar si el UNICOM funcionaba, y si estaba averiado, que tratara de ponerse en contacto con el vuelo 402 por medio de la radio VHF de uno de los aviones privados estacionados allí. A Luella le pareció que Pacquette tardaba una eternidad, pero en realidad llegó al cabo de unos minutos.

A las 21.00, el Centro de Coordinación de Rescates, situado en la base de las Fuerzas Canadienses de Edmonton, puso en marcha un plan de catástrofes aéreas de primera magnitud, o MAJAID. El nivel más alto de la respuesta a una emergencia en el país en caso de catástrofe aérea se activa solo si desaparece un avión con diez o más personas a bordo. En cuestión de quince minutos, el ejército había reunido a un equipo militar de búsqueda y rescate, y un agente de la Policía Montada llamaba a la puerta de Luella. El agente tenía órdenes claras: garantizar un canal de comunicación fiable entre el aeropuerto de High Prairie y los militares canadienses que en breve iniciarían una búsqueda aérea. El Centro de Coordinación de Rescates pidió también a Luella que llevara a cabo observaciones meteorológicas locales cada quince minutos y se las comunicara al ejército.

Luella sintió una creciente ansiedad. Ella no era experta en el manejo del UNICOM, y esas continuas observaciones meteorológicas que exigía el ejército eran en sí mismas una tarea descomunal. Advirtiendo su preocupación, Pacquette se ofreció a ir a buscar al pueblo a Dave Heggie, un piloto privado con experiencia radiofónica que podía manejar el UNICOM. Nada más marcharse, sonó el teléfono. Era Dale Wells.

Dale iba en su coche de camino al aeropuerto de Grande Prairie cuando sonó su busca. Pisó el acelerador y recortó rápidamente la distancia que lo separaba del hangar de Wapiti. Cuando abrió la puerta y accedió a su oscuro interior, vio allí a sus padres, pálidos. Del le dio la noticia.

«No puede ser», fue lo primero que pensó cuando oyó que el Servicio de Aviación de Peace River había telefoneado para avisar de que el vuelo 402 había sufrido un accidente. Cogió el teléfono de inmediato para llamar a la directora del aeropuerto de High Prairie.

—¿Qué le ha pasado a mi avión?

—Todavía no lo sabemos —contestó Luella—. Pero está

aquí la Policía Montada, y el ejército ha iniciado una búsqueda.

—Voy a coger un avión —dijo Dale—. ¿Qué tiempo hace?

—Las nubes están bajas —informó Luella—, pero, si puede situarse por debajo de ellas, aterrizará sin problemas.

—De acuerdo. Voy para allá.

Cuando el agente de la Policía Montada se marchó, Luella se desplomó junto a la radio. A un paso de allí, en la terminal, familiares y amigos esperaban la llegada del vuelo 402. A su pesar, Luella salió de la caravana y atravesó el aparcamiento en dirección a la terminal. En la sala principal de llegadas, había tres personas: Alma, una mujer más joven (de unos treinta años) y un hombre delgado (un indio de las Primeras Naciones), al que Luella no reconoció.

Finalmente se armó de valor para hablar.

—El avión ha sufrido un accidente.

Alma palideció.

Nadie pronunció palabra.

—Han iniciado una búsqueda —añadió ella en voz baja.

A continuación, notando que le pesaban las piernas, salió a realizar otra observación meteorológica.

Alma no recuerda cuánto tiempo permaneció sentada en la terminal, pero sí que no pudo ni quiso moverse hasta que Luella regresó y los instó a todos a marcharse a casa.

—No tiene sentido esperar —les dijo—. Les llamaremos en cuanto sepamos algo.

Aturdida por la conmoción, Alma se metió en el coche y volvió a su casa vacía. Ninguno de sus cinco hijos vivía ya en High Prairie; todos se habían ido para estudiar en la universidad o para buscar trabajo en otra parte. Tres de ellos, todavía estudiantes, vivían con su padre en el apartamento de este en Edmonton, donde él se quedaba durante la semana laboral. Cuando Alma llegó a casa, cogió el teléfono y marcó el número del apartamento. Contestó Joan, la menor, de diecisiete años. Con un soberano esfuerzo para evitar que se le quebrase la voz, Alma le comunicó lo ocurrido. En la planta de arriba del mismo edificio vivía un íntimo amigo y colega de Larry, Hugh Planche, ministro de Desarrollo Económico y Comercio de Alberta. En cuanto Joan colgó, su hermano James y ella corrieron escalera arriba y aporrearon la puerta del apartamento de Planche. Nadie atendió. Planche, que había salido a celebrar el nacimiento de su primer nieto, tardaría aún una hora en regresar. Joan subió a su coche y fue a la Universidad de Alberta, donde su hermano mayor, Larry, hacía un curso de submarinismo. Este recuerda su sorpresa cuando, al salir a la superficie, vio a su hermana junto a la piscina. Mojado y envuelto en una toalla, cogió su ropa y regresó rápidamente al apartamento con ella. Para entonces James había localizado a la esposa de Hugh, Sylvia, que trabajaba en la oficina del *premier*, y esta había telefoneado al jefe de gabinete, Bob Giffin. Giffin, el funcionario más veterano de la provincia, enseguida se puso en contacto con el *premier* Peter Lougheed, que vivía en Calgary.

—Siga el asunto de cerca —le indicó Lougheed—. Y averigüe si viajaba en el avión algún otro miembro de la Asamblea residente en la zona norte.

Giffin llamó a las casas de varios miembros de la Asamblea Legislativa de Alberta que solían volver a su lugar de origen en vuelos de Wapiti los fines de semana. Confirmó el paradero de todos menos de Grant Notley. Cuando llamó a casa de Notley en Fairview, contestó el hijo de Grant, de catorce años. Giffin le pidió que lo pusiera con su madre.

—Está en la carretera, volviendo a casa.

Giffin formuló su siguiente pregunta con mucho cuidado.

—¿Está ahí tu padre?

—Se queda a pasar la noche en Edmonton —respondió el chico—. Volverá mañana.

Giffin colgó, pero quiso asegurarse. Telefoneó rápidamente a Ray Martin, el otro único miembro del Nuevo Partido Demócrata en la Asamblea Legislativa y buen amigo de Notley. Martin, según explicó, creía que Grant se había quedado en Edmonton porque no había plazas en el vuelo de Wapiti. Satisfecho, Giffin puso al corriente al *premier* y después llamó a John Tenzer, el piloto jefe del Gobierno de Alberta. El plan de Giffin era viajar lo antes posible al norte acompañado de Hugh Planche y los hijos de Larry. Tenzer advirtió a Giffin que esa noche sería imposible; dado el deterioro de las condiciones meteorológicas, consideraba que volar era demasiado peligroso. El piloto jefe prometió a Giffin mantenerlo informado durante el transcurso de la noche, y que el avión oficial del Gobierno despegaría en cuanto no hubiese riesgo.

Giffin acababa de echarse a descansar un momento cuando sonó el teléfono. Contestó su esposa, y unas arrugas de preocupación surcaron su frente.

—Es Lougheed, el *premier* —dijo.

Giffin, despejado al instante, cogió el auricular.

—Grant Notley viajaba en ese avión —le notificó Lougheed.

Giffin se disponía a recordar a su jefe que había consultado con Ray Martin, pero el *premier* lo interrumpió: fue el propio Martin quien lo había telefoneado a él para darle la noticia.

Después de colgar el teléfono tras su conversación con Giffin, Martin había intentado localizar a Notley. Al no conseguirlo, llamó a la secretaria de Grant. Esta le explicó que su jefe había recibido en el último momento una llamada de Wapiti Aviation para informarle de que tenía plaza en el avión.

Pese a llevar más de dos décadas en el norte de Canadá, Sandra Notley se sorprendió de lo rápida y ferozmente que se echaba encima el invierno. Criada en Concorde, Massachusetts, aquella vital defensora de los derechos civiles había salido en coche de Edmonton el viernes por la tarde para recorrer los quinientos cincuenta kilómetros por carretera hasta su casa de Fairview. Aunque su marido, Grant, tenía previsto acompañarla, una reunión lo retuvo en la ciudad y ella se vio obligada a hacer frente sola al viaje de cinco horas.

A una hora de la ciudad, el coche empezó a darle problemas. Se detuvo en una gasolinera en el pequeño pueblo de Sangudo, donde un empleado le revisó el vehículo. Se puso en marcha de nuevo y después de otra hora de viaje el coche se averió. Por suerte, estaba cerca de Fox Creek, el único pueblo en kilómetros en un despoblado tramo de la carretera 43. Consiguió que una grúa llevara el coche al pueblo y después ocupó una habitación en un hotel. Había seguido nevando copiosamente toda la tarde, y Sandra, agotada pero sintiendo alivio al verse a salvo y fuera de la traicionera carretera, decidió acostarse temprano. Pero antes telefoneó a casa. Nadie contestó. Luego se puso en contacto con una secretaria del NPD, que le dijo que la reunión de Grant se había anulado y él había cogido un vuelo en Edmonton. Se creía que su avión había aterrizado en el aeropuerto de High Prairie, pero había sufrido un retraso debido a un problema mecánico. Agotada, se metió en la cama y se quedó dormida.

Después de hablar con Luella, Dale Wells telefoneó al Servicio de Aviación de Peace River y al pueblo vecino de Whitecourt para asegurarse de que Vogel no se había desviado. Pero nadie sabía nada del vuelo 402. Con el corazón acelerado, Wells llenó rápidamente los depósitos del Cessna 182 de Wapiti y despegó. Mientras volaba en dirección este hacia High Prairie, conservaba aún un hilo de esperanza: quizás el piloto se había desviado hacia otro aeropuerto y sus pasajeros y él estaban ilesos. Dale recordaba la espantosa expresión en el rostro de su padre al comunicarle que el avión iba con retraso. Dale habría dado cualquier cosa por poder volver junto a su padre con una buena noticia.

Aunque Delbert Wells era el presidente de Wapiti Aviation y había sido su jefe de operaciones durante ocho años, le aterrorizaba volar. En 1953, su mejor amigo, un médico del norte, murió en el accidente de una avioneta que transportaba a un enfermo de polio de Grande Prairie a Edmonton. Cuando el avión cayó en un bosque, trescientos veinte kilómetros al sudeste de Grande Prairie, se organizó la mayor búsqueda aérea en la historia de la provincia. Pese a esos esfuerzos, no quedaba un solo superviviente cuando los rescatadores encontraron el avión. El piloto, el paciente y su amigo de toda la vida estaban muertos. Desde entonces Del no quería subirse a un avión.

117

La tragedia tuvo también un impacto en Dale, que por entonces tenía siete años. A diferencia de su padre, sintió la atracción de volar, y desde el momento que tomó su primera clase, supo que sería piloto.

Con doce mil horas de vuelo, casi todas en el norte, Dale pilotó el Cessna por intuición. Conocía los contornos del paisaje como la palma de su mano. Mantuvo el avión de cuatro plazas y un solo motor justo por encima de las nubes y avanzó uniformemente hacia el aeropuerto de High Prairie. Dale permaneció atento a los instrumentos, pero tenía la mente puesta en el piloto desaparecido. Vogel no era un novato. En los vuelos de evaluación a los que lo había sometido, Dale había observado que su manejo del aparato estaba muy por encima de la media, que era incluso excelente. Había mostrado mucho cuidado con los procedimientos y una gran precisión. Había acumulado más horas en la cabina de mando que la mayoría de los pilotos contratados por Dale y había exhibido una gran destreza aeronáutica, la capacidad de pensar con rapidez y una buena noción de lo que ocurría en torno a él.

Aun así, en los últimos días había notado que Vogel estaba algo descentrado. Se acordó de la documentación de vuelo que se había olvidado un rato antes ese día. Un piloto que se dejaba el diario de navegación era como un sacerdote que se dejara la Biblia. Durante el control del pasaje, Dale se había planteado por un momento pilotar él mismo el vuelo, pero desechó la idea tan pronto como se le ocurrió. Estaba de guardia para evacuaciones médicas y tenía que quedarse allí. Así y todo, los problemas con Vogel lo preocupaban. El motor de arranque averiado. El olvido de las hélices. Eran pequeñeces —no razones suficientes para echarlo—, pero preocupantes en todo caso.

Dale empezaba a pensar que el joven no se diferenciaba de los demás pilotos con ínfulas que habían pasado por la compañía en el transcurso de los años. Llegaban con el ego dilatado y actitud de macho, pensando que las pequeñas aerolíneas como Wapiti estaban por debajo de sus méritos. Dale había invertido mucho tiempo y dinero en proporcionar a los pilotos novatos una buena preparación, ¿y qué recibía a cambio? Las aerolíneas más importantes se apropiaban de los ases, y los otros se marchaban en cuanto se les cruzaba algo mejor. Erik Vogel había llegado a él con más horas que la mayoría, pero sabía que tampoco aquel muchacho hacía más que acumular horas de vuelo en Wapiti. Dale también sabía que el padre de Vogel era un político de peso en la costa. Por lo que a Dale se refería, los chicos privilegiados como Vogel no tenían la menor idea de lo que era el trabajo duro ni de lo que se requería para dirigir una aerolínea de éxito. Lo querían todo en bandeja.

Cuando se acercaba a High Prairie, apartó a un rincón de su mente esos molestos pensamientos y llamó por radio a Luella.

—Estoy en las inmediaciones y voy a intentar localizar la señal ELT —anunció.

Luella, que había estado repartiendo su tiempo entre la radio y las observaciones meteorológicas, ya no daba abasto. Lo último que necesitaba era al piloto jefe de Wapiti rastreando la zona. Poco después de las diez de la noche había realizado su tercera observación, un pesado procedimiento que conllevaba recorrer a pie cien metros desde el aparcamiento de la terminal hasta una pequeña baliza colocada en el poste de una cerca. Luella conectaba la baliza —poco más que una lámpara con un haz potente— y desandaba el camino hasta el aparcamiento. Utilizando un proyector nefoscópico de mano, lo alineaba con el punto donde la luz de la baliza iluminaba la base de las nubes y leía la medición en la escala del proyector. Luego regresaba al campo para desconectar la lámpara. Todo el proceso le llevaba casi diez minutos, y Luella descubrió que tan pronto como acababa una observación, era ya hora de iniciar la siguiente.

En la caravana, el teléfono había empezado a sonar incesantemente. La noticia del avión desaparecido había corrido por el pueblo como el fuego en la hierba reseca de la llanura. Los vecinos llamaban para averiguar qué ocurría y ofrecer ayuda.

La misma escena tenía lugar en el destacamento de la Policía Montada de High Prairie. Poco después de las 21.30, el sargento Marvin Hopkins había llegado a la comisaría y se había encontrado con un revuelo. Conocido como «Hoppy» entre sus amigos, era un hombre corpulento y en buena forma, de un metro setenta y cinco, ya cercano a los cincuenta años. Llevaba el pelo, castaño claro, peinado con el mismo corte, estilo estropajo, que había lucido desde su adolescencia en la década de los cincuenta, y por debajo de una frente muy arrugada sus ojos azules permanecían siempre alertas. Estaba en casa con los pies en alto cuando uno de sus agentes lo llamó.

—Venga aquí, jefe —dijo—. Menuda la que se ha armado.

Hoppy se enteró pronto de que el Centro de Coordinación de Rescates de Edmonton había puesto en marcha un MAJAID y que el Centro de Mando del Ejército en Trenton, Ontario, supervisaba ya el SARSAT: el sistema internacional por satélite de búsqueda y rescate, diseñado para captar señales de socorro de transmisores localizadores de emergencia.

También supo que estaban presionando al destacamento de la Policía Montada de High Prairie para que entrara en acción. Debido a las peligrosas condiciones de vuelo, y la supuesta proximidad del lugar del accidente al pueblo, el Centro de Coordinación de Rescates había solicitado a la Policía Montada que tuviera preparada una partida de búsqueda por tierra ante la contingencia de que los aviones militares no pudieran acceder.

Luego llegó una noticia más inquietante: el ministro Larry Shaben, representante de la región en la Asamblea Legislativa, y otros vecinos de High Prairie viajaban en el avión desaparecido. Por un momento, Hoppy no supo qué hacer, cosa impropia de él. Pero enseguida se puso manos a la obra.

Conocía a varios agentes de la Policía Montada que tenían sus propias motonieves, y los llamó para alertarlos de que tal vez fuera necesario que participaran provistos de máquinas. Asimismo telefoneó al destacamento de Peace River, que contaba con un dispositivo localizador de señales ELT portátil, y pidió que alguien lo trasladara a High Prairie cuanto antes. Nada más colgar, el Centro de Coordinación de Rescates dejó caer otra bomba: John Tenzer, el piloto jefe del Gobierno de Alberta, acababa de llamar para comunicar que el líder de la oposición, Grant Notley, también viajaba en el avión.

Hoppy encendió un cigarrillo y dio una profunda calada. Acabara como acabara, ese accidente iba a levantar polvareda.

Al final de la calle, Dave Heggie, de treinta y ocho años, padre de dos hijos, se sorprendió cuando, al salir del cine de High Prairie, se encontró con que allí lo estaba esperando Maurice Pacquette. Heggie, también piloto y miembro voluntario de los Servicios Civiles para Rescates Aéreos de Emergencia, o CARES, escuchó a Pacquette explicarle lo sucedido. Dejó a sus hijos en casa, y los dos hombres se dirigieron a toda prisa a la farmacia de Heggie para reunir un pequeño grupo de pilotos voluntarios de la zona antes de partir sin pérdida de tiempo al aeropuerto.

En su trabajo diurno, Heggie regentaba la farmacia del hospital de High Prairie, pero su verdadera pasión era volar. Diez años antes se había ofrecido voluntario en CARES para acumular tiempo en la cabina de mando. Ahora era el comandante de sector de High Prairie al servicio de la organización civil destinada a dar respaldo al sistema de búsqueda y rescate por aire del Ejército canadiense. Heggie era muy consciente del desafío al que se enfrentaba el personal de búsqueda y rescate. Esa pequeña fuerza militar de élite asumía la colosal misión de abarcar más de diez millones de kilómetros cuadrados de tierra, así como las aguas costeras más extensas del mundo, dos amplias franjas de los océanos Atlántico y Pacífico. A escala nacional, el territorio aeronáutico de las Fuerzas Canadienses iba desde la frontera con Estados Unidos hasta el Polo Norte, y desde aproximadamente seiscientas millas náuticas al oeste de la isla de Vancouver en el Pacífico hasta novecientas millas náuticas al este de Terranova en el Atlántico. A la pregunta de qué consejo daría, en tanto comandante de sector de CARES, a otros pilotos, la respuesta de Heggie fue escalofriante: «No os estrelléis».

Cuando todos llegaron al aeropuerto poco después de las once, Luella sintió un visible alivio, al verse relevada en su puesto junto al UNICOM. Solo contaba con Edith para ayudarla al teléfono y se había pasado la noche corriendo —Luella escribiría más tarde: «caminando no llegaba lo bastante deprisa»— de un lado a otro para registrar las observaciones meteorológicas y manejar la radio. Dijo a Heggie que Dale Wells, el piloto jefe de Wapiti, ya estaba en la zona, y el Ejército se preparaba para enviar uno de sus aviones de transporte militar Hercules desde la base de las Fuerzas Canadienses en Edmonton.

Al sudeste del aeropuerto, Dale voló en círculo entre la densa nubosidad. Después de comunicarse con Luella por radio, siguió al sudeste por la trayectoria de vuelo que habría tomado Erik Vogel. Mientras volaba hacia Swan Hills, Dale había captado durante varios minutos una débil señal de socorro. Se le cortó la respiración. Tenía que ser el 402.

Permaneció paralizado ante los mandos mientras la señal aumentaba de intensidad y empezaba a desvanecerse de nuevo. Se escoró bruscamente y viró, concentrado en localizar el avión caído. Durante los siguientes cuarenta y cinco minutos trazó un patrón de búsqueda sobre la zona. En una de las pasadas, Dale vio el resplandor de las llamas en lo alto de una torre de un pozo petrolífero, pero, aparte de eso, solo espesas nubes y niebla que impedían ver la tierra. La señal ELT llegaba distorsionada, captándose y perdiéndose, pero consiguió delimitar la zona del accidente a un área situada entre treinta y cuarenta kilómetros al sur de High Prairie. Eran casi las once y media cuando se puso en contacto con High Prairie para informar de que intentaría aterrizar en el aeropuerto. Luella salió a echar un vistazo al techo de nubes. Había descendido notablemente y entonces se encontraba a una altura entre cincuenta y cien pies por encima de la pista. Transmitió la información a Dale.

Pese a tener una extraordinaria experiencia como piloto en condiciones difíciles y conocer muy bien la zona, ni siquiera Dale podía poner en duda las dificultades planteadas por el tiempo esa noche. Con pesar, escoró y, enfilando rumbo a Grande Prairie, volvió a casa.

Confesión

*E*n la espesura cubierta de nieve a treinta y dos kilómetros al sudeste de High Prairie, cuatro hombres se acurrucaban alrededor de una débil fogata. La nieve les humedecía la cabeza y la leña silbaba y crepitaba, lanzando volutas de humo al aire. Una apagada luna había salido por encima de los árboles, y su tenue resplandor suavizaba la negrura de la noche pese a las densas nubes.

Erik observaba los rostros ensangrentados de los pasajeros supervivientes. Paul, a su izquierda, y Larry, a su derecha, fumaban en silencio. Scott yacía en el suelo junto a él, con el abrigo que lo cubría salpicado de nieve. Dentro del avión, cinco pasajeros estaban muertos y otro gravemente herido. Erik se reconcomía de culpabilidad y remordimientos.

«Díselo. Diles quién eres.»

Movía los labios en silencio, pero no se sentía capaz de decirlo en voz alta. La sangre brotaba aún de la brecha abierta en su frente, oscureciendo la nieve a sus pies. Finalmente Erik se atrevió.

—Soy el piloto —dijo con la voz empañada por la emoción.

Scott no se había movido desde que lo habían acomodado junto a la fogata, pero en ese momento preguntó:

—¿Cuánto tardarán en empezar a buscarnos?

Erik se lanzó una mirada pensativa a la muñeca, pero vio solo un profundo corte producido por la cadena del reloj en su carne. El reloj había desaparecido. No tenía ni idea de cuánto tiempo llevaban en tierra, pero había comunicado su posición por radio poco antes de abandonar el espacio aéreo controlado. Control de tráfico aéreo esperaba que Erik se pusiera en contacto con ellos y, al ver que no lo hacía, debía de haber dado la voz de alarma.

Les contó que la señal ELT del avión llevaría a los rescatadores al lugar donde se hallaban en cuestión de horas. Lo que no tuvo en cuenta fue la dificultad de precisar el lugar exacto del accidente en una noche como esa.

Scott consultó su reloj. Llevaban dos horas en tierra. Se preguntaba cuánto tiempo aguantarían. Como todo agente de la Policía Montada, contaba con preparación en primeros auxilios. Había advertido la respiración trabajosa y superficial de Erik y lo había interpretado como una mala señal: probablemente tenía un pulmón perforado y una hemorragia interna. Se había diagnosticado su propio estado como tórax inestable: una lesión con peligro de muerte en la que parte de la caja torácica se fractura por múltiples sitios, se separa de la pared torácica y se desplaza en dirección contraria.

Larry también parecía sufrir. Se había negado a sentarse, y cuando caminaba, sus movimientos eran lentos y extremadamente precisos, con los brazos extendidos para compensar la ceguera. Tenías las manos y la cara llenas de cortes e hinchadas, y un dedo torcido en un ángulo anómalo, sin duda roto o dislocado.

Paul, aparte de la brecha en la sien, parecía en buen estado.

Mientras los demás se adentraban en la maleza en busca de leña, Scott había elaborado una lista de todo aquello que necesitarían para sobrevivir: una radio para comunicarse con los rescatadores, un botiquín de primeros auxilios, bengalas, mantas, un hacha. Ahora que sabía que Erik era el piloto, le preguntó por esos objetos, uno por uno.

Lúgubremente, Erik negó con la cabeza. La radio y la batería habían quedado destruidas en el accidente, y el avión no llevaba ninguno de los otros objetos.

—¿No lleva equipo de supervivencia? —preguntó Scott con incredulidad.

Erik contestó que no existía ninguna obligación legal de llevarlo, y que, incluso si existiera, ocuparía demasiado espacio y añadiría peso a los aviones a menudo sobrecargados de Wapiti.

Scott no daba crédito a lo que oía. Él, por norma, llevaba todo eso cargado a la espalda cuando salía de excursión o se iba a esquiar en zonas despobladas. Sin un hacha, sabía que les sería muy difícil reunir leña suficiente con la que mantener el fuego. Ya empezaba a ser complicado. Cada quince o veinte minutos, las llamas chisporroteaban y los tres supervivientes con movilidad debían abandonar el calor del fuego en busca de más leña.

—¿Y una linterna? —preguntó Scott por fin.

Erik se acordó de su pequeña linterna y sorprendió a Scott contestando que sí.

—Tengo una en mi bolsa de vuelo.

—¿Dónde puede estar?

—Justo al lado de mi asiento —contestó Erik.

—Ya iré yo —se ofreció Paul. Sabía exactamente dónde estaba la bolsa.

—Si la encuentra —dijo Erik—, dentro hay cuatro galletas de chocolate.

Scott levantó la cabeza del suelo y observó a Paul alejarse. Alrededor crecía un espeso bosque y la niebla envolvía las copas de los árboles. A Scott la naturaleza no le era ajena. Hijo único, había pasado buena parte de su infancia y adolescencia cazando y pescando en el monte cerca de la zona residencial de Delta, en las afueras de Vancouver. A los doce años, atrapaba conejos y mapaches con trampas. A los catorce, había establecido su propio negocio trampero y vendía las pieles con fines lucrativos, e incluso confeccionaba con ellas gorros al estilo Daniel Boone. Más adelante pasó a la caza mayor.

Siempre se había sentido a gusto en la naturaleza, y hasta ese momento nunca había experimentado tal desvalimiento. Con los ojos entrecerrados, escrutó el bosque más allá del resplandor vacilante del fuego, buscando un asomo de movimiento o el reflejo de la luz en unos ojos entre los árboles. Esa era zona de osos. Zona de lobos.

—Mi arma —dijo, llevándose la mano al pecho y cerrándola en torno a la funda vacía. Desesperado, lanzó rápidas miradas a izquierda y derecha sobre la nieve.

Erik pensó lo peor: «Va a matarme por estrellar el avión».

Tambaleante, se apartó del fuego, respirando con un jadeo acelerado y doloroso. A pesar del frío, un sudor caliente le humedecía la nuca. Brevemente se le pasó por la cabeza la idea de poner distancia entre él y el policía, pero le ardían las entrañas de dolor y le colgaban las manos destrozadas e hinchadas a los lados. Sabía que no iría a ninguna parte.

«Me lo merezco», pensó, y cerró los ojos.

Scott intentaba por todos los medios recordar dónde había dejado la pistola. De pronto se acordó. La había metido en su maletín, que había colocado debajo del asiento antes del despegue. Tenía que estar dentro del avión. Echó un vistazo hacia los restos del aparato, pero no vio a Paul. Pese a que el reglamento de la Policía Montada exigía a Scott llevar el arma encima en todo momento, ya nada podía hacer al respecto. Solo cabía esperar que el detenido no la encontrara.

Paul acortó rápidamente la distancia que lo separaba del avión y entró a rastras por la ventanilla de la cabina de mando. El pasajero atrapado seguía gimiendo, y Paul oía también un inquietante sonido repetitivo encima de él: pum, pum, pum. Se dio cuenta de que el pasajero golpeaba la pared de la cabina con el brazo izquierdo.

—No se preocupe —susurró al herido—, no vamos a abandonarlo. El rescate llegará pronto.

Como si las palabras de Paul lo reconfortaran, el pasajero dejó de dar manotazos. Paul esperó un momento y cogió la bolsa de vuelo de Erik, retirándola con cuidado del brazo del hombre. Salió del avión tan deprisa como había entrado.

Tras dejar la bolsa en el suelo, se palpó en busca de los cigarrillos de Larry. Encendió uno y dio una profunda calada hasta que la nicotina lo apaciguó. Echó un vistazo alrededor y vio un maletín negro semienterrado en la nieve. Lo cogió y lo sacudió enérgicamente, pero solo oyó movimiento de papeles. Sin soltar el maletín, se cargó al hombro la bolsa de vuelo de Erik y regresó junto a la fogata. Cuando llegó, accionó los cierres del maletín y lo abrió. Sus ojos confirmaron lo que sus oídos ya le habían indicado: solo contenía papeles. Mientras Paul los añadía al fuego, Larry se preguntó por un instante si serían suyos, dosieres que horas antes se le antojaban los documentos más importantes del mundo. Paul cerró el maletín y se lo ofreció a Larry a modo de asiento, pero este negó con la cabeza. Acto seguido, Paul concentró la atención en la bolsa de vuelo. La linterna no estaba dentro, pero esa ausencia la compensaron sobradamente las galletas de la madre de Erik.

—Menos mal que me ha quitado las esposas, ¿eh? —le dijo Paul a Scott en broma.

Pese a hablar con desenfado, no se le escapaba el hecho de que probablemente habría perdido las manos —o algo peor— si hubiese estado esposado en el momento del accidente. Los demás tampoco podían negar su propia suerte: estaban vivos mientras que otros seis pasajeros permanecían muertos o moribundos dentro del avión.

Paul sacó el paquete de tabaco de Larry, le ofreció uno y cogió otro para él. Casi demasiado animado, Paul se lanzó a contar chistes verdes de taberna uno tras otro.

—¿Saben aquel del capitán que naufragó en su barco en medio del mar?

Larry y Scott cruzaron una mirada nerviosa y luego los dos observaron de reojo a Erik, pero Paul ya había empezado a contarlo. Larry se rio educadamente cuando Paul terminó, pero tenía la cabeza en otra parte. Le costaba creer que hacía solo unas horas estaba sentado en la Asamblea Legislativa de Alberta durante la sesión de interpelaciones. Grant Notley se había puesto en pie en el lado opuesto de la sala con el propósito de exigir una indemnización para Steven Truscott, un adolescente erróneamente condenado por asesinato. Sus apasionadas palabras quedaron grabadas en la memoria de Larry: «¿No considera el Gobierno que existe una obligación, si no legal, sí al menos moral, de compensación?».

Larry había coincidido con Grant. Creía en las compensaciones, en conceder a las personas una segunda oportunidad. «A menudo juzgamos precipitadamente», pensó. Truscott era inocente, pero había pasado diez años en la cárcel. Larry siempre había defendido a los desfavorecidos y, como miembro de una minoría destacada, sabía lo que era sentirse juzgado injustamente. Quizá por eso había escuchado con tanta atención la alocución de Grant esa mañana.

Larry sintió un nudo en la garganta. Grant ocupaba el asiento del copiloto, el asiento al que él había renunciado. Ahora Grant estaba muerto junto con otros varios miembros de su circunscripción septentrional, una comunidad muy unida.

Miró a su izquierda, donde Erik permanecía sentado y en silencio. Tenía casi toda la cara ensangrentada y la cabeza gacha. Pese a su semiceguera, Larry no había perdido la capacidad de percepción.

Veía que Erik sufría física y emocionalmente, recordó Larry. Se quitó la corbata y se la entregó al piloto para que se vendara la cabeza. A continuación le preguntó:

—¿Qué ha pasado?

Erik no lo supo hasta ese momento, pero necesitaba que alguien formulara esa pregunta; necesitaba hablar del estrés al que se había visto sometido durante las últimas semanas en Wapiti. Así que se lo contó todo a los supervivientes: el ambiente de olla a presión en la compañía, la tendencia a forzar a sus pilotos y a exigirles volar con condiciones meteorológicas adversas. Erik admitió que esa noche no deseaba emprender el vuelo, que dudaba que fuera seguro. Pero al final, pensando que su empleo estaba en juego, consideró que no tenía otra opción.

—¿Por qué nadie ha hecho nada? —preguntó Larry.

—Muchos pilotos se han quejado a la Administración, pero la compañía está blindada.

—¿Cómo?

—El dueño tiene amigos entre los altos cargos.

Larry se quedó de una pieza. Él era uno de esos amigos. En voz baja admitió ante Erik quién era y que él había dado apoyo a la compañía. También le dijo que otro de los acérrimos defensores de Wapiti, Grant Notley, líder del Nuevo Partido Demócrata de Alberta, viajaba en el avión.

Erik hundió la cabeza entre las manos. Todos ellos se sumieron en un largo silencio y el fuego perdió intensidad. El frío les penetró hasta los huesos.

—Creo que es importante que acordemos una cosa —dijo por fin Larry con la voz empañada por la emoción—. Si nos preguntan, tenemos que decir que los demás murieron al instante. No sufrieron.

Paul dio una patada a la bolsa de vuelo que tenía a sus pies y se agachó para sacar mapas y papeles, que arrojó al fuego. Luego extrajo un diario de tapa dura y una cámara, que agitó ante Erik.

—¿Esto lo quiere?

Erik no contestó. Haciendo caso omiso de la cámara, fijó la mirada en lo que Paul sostenía en la otra mano: su diario de navegación. Paul se metió la cámara en el bolsillo y le entregó el diario a Erik. Este, lentamente, lo abrió y empezó a hojearlo. Con letra pulcra, página tras página, una columna tras otra, constaban las horas y los minutos —más de mil cuatrocientos en total— de su carrera en la aviación, que tanto esfuerzo le había costado: horas diurnas, horas nocturnas, horas volando por instrumentos y volando visualmente cuando la tierra entera parecía estar a sus pies. A su lado constaban las fechas y los nombres de los capitanes a quienes había servido, así como los vuelos en solitario y en calidad de capitán, al mando de su propio aparato y, de hecho, de su propio destino.

Erik cerró el puño con firmeza en torno a un fajo de hojas y las arrancó. Mientras los demás lo observaban en silencio, las echó a las llamas.

Búsqueda

A las 22.45 horas, el subteniente Everett Hale, de cuarenta y siete años, estaba de guardia en la base de Edmonton cuando recibió aviso de que su escuadrón debía emprender el vuelo de inmediato. Momentos antes, el SARSAT había captado una señal, y se creía que era del aerotaxi siniestrado. Ya vestido y listo, Hale perdió poco tiempo en llegar a la pista para preparar el CC-130 Hercules —uno de los aparatos de mayor tamaño del ejército canadiense— antes del despegue. En el plazo de media hora había llenado los depósitos de combustible, arrancado los motores y completado las comprobaciones de rigor. A las 23.10 estaba en el aire y, con su tripulación de vuelo y de búsqueda y rescate, volaba rumbo a la zona de diez kilómetros cuadrados delimitada por el satélite que orbitaba muy por encima de ellos.

Mientras el avión avanzaba vertiginosamente hacia el norte a trescientos cincuenta millas náuticas por hora, Hale ocupaba el asiento del ingeniero de vuelo entre el piloto y el copiloto, ligeramente por detrás. Mantenía la mirada fija en el enorme panel central formado por treinta y dos indicadores de neón verde dispuestos en hileras como una bandeja de placas de Petri radiactivas. Su función consistía en supervisar los sistemas del Hercules —la hidráulica, el combustible, la electrónica, la presurización y la potencia— y permanecer alerta a cualquier señal de aviso. Fuera, más allá del parabrisas, una espesa niebla aumentaba la negrura de la noche. El tiempo en esa zona era pésimo; el techo de nubes oscilaba entre quinientos pies y cero, y la visibilidad entre una milla y un octavo de milla. El Centro de Coordinación de Rescates informó asimismo a la tripulación de que un Cessna 182 había captado recientemente una ELT en una demora de ciento diez grados, a una distancia de High Prairie de entre treinta y cuarenta kilómetros al sudeste, y que había intentado obtener un contacto visual del lugar del siniestro, pero no había podido situarse por debajo de las nubes. A Hale no lo sorprendió. Con las condiciones meteorológicas de esa noche, las posibilidades de vuelo eran mínimas y la esperanza de ver tierra casi nula.

Por debajo de un impenetrable manto de nubes y copos de nieve, los supervivientes oyeron por un momento el zumbido de una avioneta que volaba muy alto, parecido al de un mosquito. Cruzaron miradas en torno al fuego. Paul comentó lo guapos que estaban, tan maltrechos y ensangrentados.

Larry se pasó las manos por la cara. La tenía dolorida a causa de los cortes y las magulladuras, y lo atormentaban las costillas y la rabadilla. Aun así, se sentía afortunado. Acudió a su memoria una conversación que había mantenido hacía ya mucho tiempo con un colega, un expiloto de la Segunda Guerra Mundial. Habían realizado un vuelo juntos con mal tiempo, y cuando el avión oficial aterrizó, el colega de Larry comentó: «Siempre que te bajas de un avión, puedes considerarte afortunado».

Larry entendía ahora lo que quería decir. No había dedicado mucho tiempo a su religión en los últimos diez años de frenética vida política, pero en ese momento, en silencio, dio gracias a Dios y rezó por aquellos que no habían tenido tanta suerte.

Vio a Erik alejarse del fuego, renqueante, para ir a buscar leña, y se compadeció del joven piloto. No era mucho mayor que sus hijos. Al obtener su escaño en la Asamblea Legislativa de Alberta en 1975, su primogénita contaba trece, y la menor, ocho. Larry se había entregado a su carrera política y había ascendido rápidamente en la Administración. Pero ¿a qué precio? Durante su primer periodo en el cargo, era un desconocido, un diputado sin funciones específicas a quien

131

solo se le exigía estar presente en la Asamblea dos veces al año durante periodos de seis semanas cuando el Gobierno comparecía en las sesiones. Pero en 1979, el *premier* había incorporado a Larry a su gabinete, donde pronto se forjó una reputación de sabio o algo por el estilo, un interlocutor sensato y reflexivo que gozaba de la atención y el respeto de los otros miembros del gabinete.

Larry no solo pasaba los días con sus colegas, sino también las veladas. Su vida política estaba llena de ventajas: la seducción del poder y la autoridad, y el tiempo ilimitado y la independencia para consagrarse plenamente a su trabajo. Pero mientras él estaba así de ocupado, sus cinco hijos habían crecido, habían acabado secundaria y se habían marchado de High Prairie al mundo más amplio. Linda, la mayor, vivía en Estados Unidos, y Carol, la segunda, trabajaba de periodista en Jerusalén. Costaba creerlo, pero los otros tres eran ya jóvenes adultos, y, aunque vivían con él en su apartamento de Edmonton, su apretada agenda de trabajo no le permitía compartir mucho tiempo con ellos.

Y también estaba Alma, claro, sola en la amplia casa de High Prairie que habían construido juntos. ¿Cómo era la vida para ella mientras esperaba su regreso el fin de semana? ¿Mientras lo esperaba en ese preciso momento?

Larry había deseado con desesperación una buena vida para su familia, pero la había deseado también para sí mismo. Su ambición se había visto alimentada, en parte, por el arrepentimiento. Su padre, Albert, había llegado a Canadá del valle de Bekaa, en el Líbano, a los trece años. Corría el año 1919. Como no sabía hablar inglés, empezó en el colegio por el curso más bajo. Tardó un año en avanzar hasta sexto y lo atormentaron cruelmente. Pero cuando llegó a la edad adulta, Albert era un hombre de negocios de éxito y tenía dos tiendas de abastos en Endiang, una pequeña comunidad agrícola de quinientos habitantes donde Larry y sus cuatro hermanos nacieron y vivieron en la infancia. Las tiendas mantuvieron a Albert y a su familia durante la Depresión, pero en la zona no había musulmanes ni mezquita. Así pues, cuando un grupo de musulmanes apareció por el pueblo recaudando dinero para construir en Edmonton la primera mezquita de Canadá,

132

Albert decidió trasladar a su familia, y en 1945 se mudaron a la ciudad. Compró otra tienda de alimentación, a tan solo unas calles de la mezquita. La tienda se convirtió en destino habitual para numerosos miembros de la incipiente comunidad musulmana de la ciudad, y el padre de Larry prosperó. Más adelante abrió una juguetería al por mayor que se convertiría en una de las principales del oeste de Canadá.

El hijo mayor de Albert, Edward, entró en el negocio familiar al terminar secundaria, pero su padre tenía otros planes para Larry. Quería que su segundo hijo, un estudiante brillante y capacitado, obtuviera un título universitario. Era una rara oportunidad y representó cierto sacrificio para la familia, pero Larry no supo aprovecharla. Haraganeó y, tras suspender el primer año, abandonó la Universidad de Alberta. Recordaba el momento en que anunció a su padre su fracaso como uno de los peores de su vida. Amargamente decepcionado, Albert murió antes de que su hijo demostrara su valía.

Tras la muerte de su padre, Larry fue tirando durante un tiempo a trancas y barrancas, ganándose apenas la vida como viajante de comercio y gerente de unos grandes almacenes. Pero cuando aumentó su familia, cada vez le costaba más llegar a fin de mes. Alma recuerda que se quejaba de que un paquete de cuatro braguitas de goma protectoras, que ponía encima de los pañales de tela de sus bebés, tenía el mismo precio que una cajetilla de tabaco —veinticinco centavos—, y rara vez disponían de dinero suficiente para permitirse las dos cosas. En airado silencio, remendaba las braguitas de goma rotas con celo mientras fumaba desesperadamente y buscaba la manera de dar de comer a su familia.

En 1967, Larry trasladó a su familia de Edmonton a High Prairie. Su única conexión con esa remota comunidad septentrional era cierta familia musulmana, los Houssian, que regentaba la tienda local de ropa para hombre. Alma y él habían visitado a sus amigos unos años antes, y durante ese viaje Larry tuvo ocasión de conocer a la vecina de la casa contigua, dueña de la tienda de abastos del pueblo. Por entonces Alma y él tenían cinco hijos de menos de seis años, y él dirigía una bolera en Edmonton. Pese a que no tenían dinero, arrancó a la dueña de la tienda la promesa de que lo avisaría si algún día se decidía a vender.

Fiel a su palabra, la dueña al final lo llamó, y Larry, aprovechando la oportunidad de su vida, vendió su único bien —una casa vieja e incómoda con vistas al valle del río Edmonton— y se trasladó a aquella pequeña población agrícola septentrional de dos mil quinientos habitantes. Pero los pocos miles de dólares obtenidos con la venta de la casa no bastaron para comprar la tienda. Su plan era obtener un préstamo bancario para cubrir la diferencia, pero los directores de los bancos comerciales locales no compartieron su visión. Ninguno de ellos estaba dispuesto a correr riesgos con un forastero sin garantías ni historial previo y de cuya solvencia no existía prueba alguna. En las siguientes semanas, Larry empezó a perder el pelo y desarrolló un grave caso de herpes, pero no se rindió.

Finalmente el director de Alberta Treasury Branch, una pequeña institución financiera propiedad del Gobierno provincial, accedió a prestarle el dinero que necesitaba para adquirir el establecimiento. A lo largo de la década siguiente, la tienda no solo le sirvió para dar de comer y vestir a su familia, sino que también permitió al hijo de un buhonero árabe inmigrante establecerse como líder de la comunidad.

Casi parecía un milagro que Larry fuera ahora uno de los políticos más poderosos de la provincia. Tenía cuatro ayudantes personales y un departamento gubernamental formado por cientos de personas para ayudarlo a realizar su labor. Pero allí, en aquel oscuro e inhóspito paraje, ciego y maltrecho, aguardando a que alguien lo rescatara, nada de eso tenía el menor valor para Larry.

Poco antes de las doce de la noche, la tripulación a bordo del Hercules, volando en círculo varios miles de pies por encima del suelo, captó la señal ELT del avión e inició el proceso de localización del lugar exacto. Eso implicaba, en primer lugar, establecer su propia posición respecto a la radiobaliza navegacional cercana de Swan Hills, y luego trazar una demora invertida hasta la señal del avión siniestrado. Para determinar el lugar exacto de la ELT, el enorme aparato tendría que barrer la zona, controlando la intensidad de la señal. Cuanto más intensa fuera, más cerca estarían del lugar del accidente. El navegante, atento a la aguja direccional, registraba el instante en que esta giraba ciento ochenta grados, indicando que habían pasado justo por encima de la ELT, y entonces marcaba el punto electrónicamente. El Hercules tendría que llevar a cabo numerosas pasadas hasta que el navegante pudiera triangular la ubicación precisa de la ELT, pero era solo cuestión de tiempo. Por desgracia, la señal era débil y llegaba distorsionada, desapareciendo a menudo como si abajo la obstruyera algo invisible.

Después de sobrevolar la zona durante una hora, el navegante del Hercules estaba ya cerca de precisar el objetivo. El piloto se comunicó por radio con el Centro de Coordinación de Rescates para informar al mando de la operación de búsqueda acerca de sus avances y pedir permiso para desplegar paracaidistas en cuanto determinaran la posición exacta de la ELT. El mando se lo denegó. Debido al mal tiempo, las irregularidades del terreno y la cantidad de nieve, era demasiado peligroso. En lugar de eso hizo una llamada general para solicitar un Chinook: un intimidatorio helicóptero de dos motores y doble hélice con una amplia rampa de carga en la parte de atrás del fuselaje. Ágil y versátil, era el único aparato capaz de acceder de forma segura al lugar del accidente esa noche.

135

A eso de las doce, los supervivientes oyeron otro sonido a lo lejos, este de un avión mucho mayor. Cuando el aparato se acercó, contuvieron la respiración. Pese a que la oscuridad, la copiosa nevada y las nubes les impedían verlo y estaban ateridos de frío, ese sonido les infundió esperanza. Mientras el avión trazaba círculos sobre ellos, Erik aseguró a los demás que se trataba de un avión de búsqueda y rescate, y que no tardarían en encontrarlos.

La promesa del inminente rescate impulsó a Paul a regresar al avión y examinar al pasajero atrapado. Quizá, solo quizá, consiguiera sobrevivir. Al entrar a gatas por la ventanilla de babor de la cabina de mando, oyó el inquietante ritmo de las exhalaciones del pasajero herido. Su respiración era mucho más lenta que en su anterior visita, y sus gemidos se reducían a suspiros apenas audibles. La mano que antes tenía metida en la bolsa de vuelo de Erik colgaba ahora flácida en el aire. Paul alargó el brazo y se la cogió. No habría podido decir cuánto tiempo pasó allí. Solo sabía que en algún momento durante ese rato el moribundo dejó de emitir todo sonido. Paul escuchó con atención un poco más, pero no oyó nada. Ni un susurro de vida.

Presenciar la muerte de ese hombre devolvió a Paul a la realidad. Mientras sostenía su mano, percibió que algo efímero, ultraterreno, se elevaba y se alejaba flotando en la noche. Más tarde le diría a su hermano Daniel que tenía la certeza de que eso había sido el alma de aquel hombre al abandonar el cuerpo.

Paul salió del avión y vagó sin rumbo durante un rato, fumando un cigarrillo tras otro.

Había estado los cinco días anteriores paseándose por una celda de máxima seguridad en Kamloops en espera de que lo recogiese un *sheriff* de Grande Prairie. Había llegado a Kamloops en autoestop el domingo 14 de octubre y había encontrado una cama en un albergue para hombres. Tenía planeado partir a la mañana siguiente hacia Penticton, donde, según había oído, quizá vivía su hermano menor, Michael. A eso de las cuatro de la madrugada, un empleado del albergue acompañó a dos agentes de la Policía Montada hasta la cama de Paul. Tenían una orden de detención contra él. El harapiento vagabundo se les rio en la cara. El cargo por el que lo detenían era, en efecto, risible —un delito menor, incluso un malentendido—, pero los policías no le vieron la gracia. Lo esposaron y se lo llevaron bajo custodia.

A las ocho y media de la mañana del 15 de octubre, Paul defendió su caso ante un juez. Se ofreció a declararse culpable de la acusación de daños contra la propiedad, esperando quedar en libertad, pero el juez se negó y ordenó que permaneciera bajo custodia hasta que la Policía Montada de Grande Prairie pudiera enviar a alguien para recogerlo y llevárselo. Paul se puso hecho una furia. Ya había pasado cuatro años de su joven vida en la cárcel por una razón u otra, y había huido de Grande Prairie solo porque no soportaba la idea de acabar otra vez en prisión. Ahora se hallaba en una apestosa celda de retención aguardando a que un policía lo llevara a rastras otra vez hasta allí.

La cárcel era exactamente como la recordaba: un aburrimiento mortal. Le permitieron solo una hora de ejercicio y un rato de televisión cada día que pasó allí, y ya había leído el único libro que le cayó en las manos. Titulado *Aeropuerto 77*, trataba de un accidente de aviación, y lo había aterrorizado. Paul tenía un miedo mortal a los aviones pequeños, y el celador le había dicho que, cuando llegara el *sheriff*, ese sería el medio por el que viajarían los dos de regreso a Grande Prairie.

Lo único bueno de ese día fue el policía que llegó a recogerlo: Scott Deschamps. Lo trató como un ser humano, y tuvieron tiempo de sobra para charlar, incluso para compartir alguna que otra risa. No le pasó inadvertido el hecho de que Scott y él eran casi de la misma edad; sin embargo, sus vidas eran totalmente distintas.

—¿Qué piensa de mí en comparación con la imagen que se había formado al leer mis antecedentes? —preguntó Paul en cierto momento.

—Son la misma persona —contestó Scott con displicencia.

Paul no supo cómo interpretar el comentario y preguntó más directamente:

—¿Qué posibilidades tendría yo de llegar a ser policía? Scott se echó a reír.

—No muchas.

Paul también se rio, pero en el fondo aquello le dolió. En su adolescencia, había realizado un curso de supervivencia para cadetes de la Marina, y luego había presentado una solicitud para alistarse en el Ejército. Pero lo habían rechazado porque solo tenía un riñón. Había perdido el otro de niño. A los cinco años, mientras jugaba en el jardín delantero, su hermano menor Michael tiró un zapato a la calle. Cuando Paul salió corriendo a recuperarlo, un coche embistió su pequeño cuerpo y lo hizo volar por el aire. El impacto lo lanzó al techo

137

de un coche que pasaba y luego a la calzada. Estuvo un año en el hospital, la mayor parte del tiempo enyesado.

Mientras Paul permanecía a solas en la oscuridad escuchando el sonido del avión de búsqueda, que se acercaba y alejaba, reflexionó acerca de la ironía de su torcida vida. Dos días antes —el 17 de octubre— había sido su vigésimo séptimo cumpleaños. Lo había pasado entre rejas pensando que su vida difícilmente podía empeorar.

Pasadas las doce de la noche del sábado 20 de octubre, sonó el teléfono de Brian Dunham. El oficial del Ejército que había al otro lado de la línea le dijo que se necesitaba urgentemente a alguien con experiencia en helicópteros para participar en una misión de búsqueda y rescate. Dunham se sorprendió por la petición, ya que no estaba de guardia esa noche, y su escuadrón incluía solo un Twin Otter, un aparato pequeño, de alas fijas. Cuando llegó al Centro de Mando de Rescates, supo que iba a ser jefe de equipo en un helicóptero Chinook CH-47 prestado por un escuadrón táctico de helicópteros especializado en respuesta ante graves catástrofes aéreas.

Con una estatura de metro setenta y ocho y un peso de ochenta kilos, el pelo castaño cortado a cepillo, ojos verdes y una sonrisa que dejaba a la vista unos dientes muy separados, el exespecialista en sónar y submarinista de la Marina era un fogueado técnico en búsqueda y rescate, o técnico SAR, y tenía un currículo que parecía una novela de aventuras. Los técnicos SAR son expertos con una gran preparación para comandar equipos de búsqueda, llevar a cabo operaciones de rescate y proporcionar atención médica *in situ* a los heridos. Son especialistas en la supervivencia en aire, mar y tierra: montañeros, rapelistas, submarinistas, rastreadores, paracaidistas y auxiliares médicos especializados en traumatología de cierto nivel. Su trabajo les exige correr riesgos y sobrevivir en las condiciones meteorológicas y los terrenos más difíciles de Canadá.

A las 00.51 el helicóptero Chinook despegó con Dunham, con el comandante Peter Dewar —que supervisaría la operación de búsqueda y rescate desde Slave Lake—, dos médicos, dos enfermeras, seis auxiliares sanitarios y otro técnico SAR. Al cabo de media hora, el aparato avanzaba entre las espesas nubes y la lluvia gélida, y el hielo se convertía por momentos en un problema.

Las precipitaciones por debajo de cero son un peligro para todas las aeronaves, ya que reducen la fuerza ascensional e incrementan el arrastre y el peso. Pero los helicópteros son especialmente susceptibles. Los distintos elementos de los rotores, a diferencia de los bordes de ataque de las alas fijas, se mueven en el aire a distintas velocidades, e incluso una pequeña acumulación de hielo —tan mínima como cinco o seis centímetros— puede representar un riesgo para la capacidad del aparato de permanecer en el aire. El piloto del Chinook no podía ver el hielo en los enormes rotores idénticos que giraban por encima de él, pero sí percibía las señales de aviso en los esfuerzos del helicóptero por mantener la velocidad y la altitud. Estaba a solo cuarenta y dos millas náuticas al noroeste de Edmonton cuando comunicó por radio al Centro de Coordinación de Rescates que quizás el Chinook tuviera que regresar a Edmonton.

Eran las dos de la madrugada, y el mando de búsqueda acababa de recibir una copia de la lista de pasajeros de Wapiti Aviation. Quedaba confirmado que a bordo viajaban políticos relevantes. Propuso al piloto que lo intentara por una trayectoria más al oeste, pero esta resultó igual de peligrosa. Finalmente aconsejó al piloto que tratara de tomar una ruta al este de Swan Hills y aterrizar en Slave Lake. Aunque las condiciones eran solo mínimamente mejores, el helicóptero lo consiguió. Una vez en tierra, el comandante Dewar y la mitad del equipo médico desembarcaron para que el aparato pudiera regresar directamente a Edmonton con los supervivientes si lograba acceder al lugar del accidente y si quedaba alguien vivo.

Después de solo cinco minutos en tierra, el Chinook se elevó una vez más. Pero con el mal tiempo y la amenaza de formación de hielo, el jefe de equipo Brian Dunham sabía que no existían garantías de poder llegar a los supervivientes. Alertó al comandante Dewar, que llamó al sargento Hopkins de High Prairie y le dijo que tuviese preparada la partida de búsqueda por tierra de la Policía Montada.

Hopkins se le había adelantado. Sus agentes ya estaban apostados en la carretera al este de High Prairie aguardando las coordenadas exactas del lugar del siniestro. Pero tras saber que las condiciones en el aire eran adversas se resistían a seguir esperando. Su plan era enfilar rumbo al sur monte a través, avanzando aproximadamente hacia la zona del accidente para estar disponibles cuando el ejército precisara el punto. La partida de búsqueda había requisado un Bombardier a un granjero de la zona. El vehículo, del tamaño de una furgoneta, iba equipado con orugas y podía avanzar fácilmente por la nieve, el *muskeg* blando y la maleza leñosa, abriendo un camino ante las motonieves. Con radios emisoras-receptoras y un dispositivo localizador de señales ELT portátil, la partida de búsqueda terrestre de la Policía Montada abandonó la nieve dura de la carretera y se adentró con las motonieves en la espesura. Los haces de sus faros subían y bajaban, penetrando a gran profundidad en el negro bosque.

Misión abortada

$\mathcal{T}$ras adentrarse menos de dos kilómetros en la espesura, las cosas empezaron a complicarse para la partida de búsqueda terrestre. Los agentes de la Policía Montada, de a dos en las motonieves, se quedaban atascados en la nieve, de un metro de profundidad, y el Bombardier no podía pasar entre los apretados árboles para abrir un camino. Cuando los agentes se pusieron en contacto por radio con Hoppy, este profirió una sonora maldición, encendiendo un cigarrillo con la colilla de otro. En las granjas y el pueblo cercanos había mucha maquinaria pesada, y Hoppy lanzó una petición urgente. La respuesta no se hizo esperar. Cox Contracting, una empresa local dirigida por dos jóvenes hermanos que conocían y respetaban a Larry Shaben, ofreció a todos los hombres disponibles y todas las máquinas pesadas de su propiedad. Eso incluía un tractor de oruga ancha, una excavadora para tierras pantanosas y un buldócer. Abrirían un camino a través del bosque si era necesario.

En algún lugar muy por encima de la partida de búsqueda terrestre, que pronto recibiría refuerzos, oculto tras un espeso colchón de nubes, el gigantesco Hercules seguía volando en círculo. Venía peinando la zona desde hacía horas para triangular la posición del avión caído y por fin había precisado el lugar de procedencia de la ELT. La tripulación tenía orden de lanzar bengalas para tranquilizar a los supervivientes hasta que los rescatadores a bordo del helicóptero Chinook, ya en camino, llegaran hasta ellos. En caso de que los técnicos SAR lograran alcanzar el enclave e izar a bordo a los heridos, los dos aparatos debían regresar de inmediato a Slave Lake. Una vez allí, los supervivientes serían trasladados al Hercules, aparato más rápido, y transportados en el acto al hospital de Edmonton.

El Hercules acababa de lanzar varias bengalas entre la espesa nubosidad por encima del lugar del accidente cuando el comandante de la base avanzada comunicó por radio a la tripulación que la partida de búsqueda terrestre de la Policía Montada tenía serias dificultades para abrirse paso. Así y todo, dadas las condiciones de formación de hielo que padecía el helicóptero, la partida de búsqueda terrestre quizá tuviera mejores opciones para llegar al enclave. El comandante Dewar pidió a la tripulación del Hercules que se desviara al norte, en dirección a la partida terrestre de la Policía Montada, y lanzara allí bengalas para iluminar el camino a la casi docena de hombres que avanzaba penosamente por el bosque.

A unos veinte kilómetros al sur de la partida de búsqueda terrestre, los cuatro supervivientes acurrucados en el profundo frío de la noche habían oído esperanzados el zumbido del avión. Este había aumentado gradualmente. De pronto varias bengalas habían estallado en la densa nubosidad por encima de ellos: enormes esferas de luz anaranjada hinchándose en la oscuridad.

—Ya vienen —exclamó Erik.

Los hombres profirieron gritos de júbilo, agitando los brazos y dándose palmadas en la espalda. Febrilmente tiraron al fuego el resto de la leña y el material rescatado para que las llamas se alzaran hacia el cielo. Observaron los rostros maltrechos de sus compañeros, el pozo derretido en torno al fuego y el fuselaje destrozado del Piper Navajo a lo lejos.

—Lleva unos calzoncillos en la cabeza —dijo Paul a Scott en broma—. Me pregunto qué dirían sus amigos policías si lo viesen ahí tendido con unos calzoncillos en la cabeza y unas botas de mujer.

El policía desplegó una auténtica sonrisa.

Erik ladeó la cara ensangrentada hacia el sonido del motor del avión que se alejaba, esperando que el aparato virara e iniciara un lento arco en dirección opuesta. Pero, para su sorpresa, vio estallar otra bengala a lo lejos.

«¿Por qué la lanzan allí?», se preguntó.

Al cabo de un momento resplandeció tenuemente una tercera bengala, esta mucho más allá. A Erik se le cayó el alma a los pies.

—Oigan, tenemos un problema —dijo—. No saben dónde estamos.

—¿Qué quiere decir? —preguntó Paul—. Han dejado caer esa puta bengala justo encima de nosotros.

—Ya lo sé, pero no echarían bengalas allí si supieran dónde estamos.

Erik no se explicaba por qué el avión que había estado volando en círculo durante horas no había localizado su posición exacta. Lector casi obsesivo de informes de accidentes, recordó un artículo sobre un piloto perdido cuyo avión se había estrellado hacía unos años. Cuando los rescatadores encontraron al piloto, la primera pregunta de este fue: «¿Por qué han tardado tanto?».

Le contestaron que no se había recibido señal de emergencia del transmisor localizador del avión caído. No estaba encendido. A Erik lo asaltó la aterradora posibilidad de que el interruptor de la señal ELT no hubiese vuelto a activarse después de alguna de las inspecciones de mantenimiento de Wapiti.

Sabía que tenía una lesión grave en los pulmones y sentía una creciente opresión. Necesitaba atención médica cuanto antes, y también Scott y Larry. En un esfuerzo por conservar la calma, hizo partícipes de su teoría sobre la señal ELT a los demás. De algún modo debían asegurarse de que funcionaba.

Erik regresó lentamente al aparato seguido de Paul y Larry. Buscando a tientas en el fuselaje por detrás de la compuerta abierta, encontró por fin con sus manos insensibles el panel de la ELT en la zona de cola del avión vuelto del revés. Hurgó en el fino borde metálico con dedos torpes, pero estaba atornillado. Negó con la cabeza e informó a los otros de que sin una herramienta había pocas esperanzas de abrirlo.

Paul se llevó la mano al bolsillo de los vaqueros y sacó la navaja plegable.

—Tome —dijo, entregándosela a Erik.

El piloto enarcó las cejas, sorprendido. Con visible dificul-

143

tad, trató de desplegar el destornillador de la navaja, hasta que Paul se la arrancó de las manos, se colocó ante él y diestramente retiró el panel. Erik metió la mano en la abertura oscura y, palpando, buscó la unidad ELT. Encontró la caja de quince centímetros de ancho por veinticinco de largo y a continuación localizó el interruptor de palanca.

—¿Está encendido? —preguntó Paul con cierto tonillo sarcástico.

Erik recorrió el interruptor con los dedos, pero no tenía forma de saber en qué posición estaba.

—¿Quiere usar mi encendedor?

—¡No! —respondió con más aspereza de la que pretendía, pero no quería de ninguna manera una llama encendida allí, con aquel olor a combustible tan intenso. Con la mano metida en la sección de cola, vaciló, sin saber qué hacer.

—Púlselo, por el amor de Dios —lo instó Paul, y Erik se sintió un tanto irritado.

Si funcionaba, tendría un cincuenta por ciento de probabilidades de acertar al activar el interruptor. Pero si optaba por la posición incorrecta, se arriesgaba a cortar su única cuerda de salvamento con los rescatadores.

A Erik se le ocurrió entonces que si cambiaba la posición del interruptor de la ELT cada media hora, aumentaría las probabilidades al ciento por ciento. El problema era que no le quedaban fuerzas para seguir moviéndose mucho rato. Scott estaba inmovilizado, y a Larry cada vez le costaba más caminar. Y aunque pudiera hacerlo, no veía. Así pues, solo quedaba Paul. Erik sospechaba que había estado robando entre los restos del avión, y la navaja plegable se lo había confirmado. Lo último que deseaba era poner su vida y las de los pasajeros supervivientes en manos de aquel hombre. Pero no le quedaba más remedio. Tendría que confiar en él.

A cuatro mil pies de altura, muy por encima de las nubes, el Hercules volaba en línea recta desde el lugar del accidente hasta la supuesta posición de la partida de búsqueda por tierra. Cuando estallaron las bengalas, penachos con una estela anaranjada en la noche, Hale escrutó las espesas nubes con la esperanza de alcanzar a ver algo, lo que fuera, en tierra. Era inútil. Las bengalas bajas en sodio que empleaban con niebla densa ardían con gran intensidad y muy deprisa, consumiéndose en menos de mil pies para evitar el riesgo de prender fuego a algo —o a alguien— abajo. Hale volvió a concentrar la atención en el resplandor verde de los instrumentos de la cabina de mando. Entre ellos, vio el brillo rojo del avisador de uno de los motores. Hale y el piloto cruzaron una mirada de preocupación. Rápidamente analizaron las opciones y decidieron apagar el motor defectuoso, el número dos, para reservar combustible. Acto seguido se comunicaron por radio con Slave Lake para informar al comandante Dewar de la situación. Si bien el Hercules, ya un poco antiguo, era capaz de volar con tres motores, el comandante no estaba dispuesto a correr riesgos. Notificó al piloto que iba a solicitar un segundo Hercules con su tripulación para relevarlos.

En tierra, la partida de búsqueda de la Policía Montada hacía frente a sus propios retos. A pesar del equipo y los hombres añadidos, el avance era de una lentitud angustiosa. Incluso cuando conseguían despejar una sección de densa maleza y avanzar varios cientos de metros, no era fácil trazar un curso guiándose por las bengalas que estallaban en un cielo oscuro y nublado. Tras varias horas de esfuerzo agotador, los hombres estaban aún a quince kilómetros del lugar del accidente. Y el descomunal Hercules, pese a su poderío y majestuosidad, no podía hacer nada más que volar en círculo a ciegas, lanzando bengalas como flechas sin rumbo en la noche.

Entre tanto, el Chinook había captado la señal ELT y reducía las distancias entre el aeropuerto de Slave Lake y el lugar del accidente. Dunham confiaba en que si detectaban con toda precisión la señal, el piloto podría descender por debajo de las nubes para que él y el otro técnico SAR, Bill Barber, pudieran bajar a tierra. Cuando el piloto del Chinook estableció que se hallaba sobre el enclave, mantuvo el helicóptero suspendido en el aire. Permaneció allí durante casi una hora, a ratos inmóvil —durante diez o quince minutos, tanto como se atrevía sin recalentar el helicóptero—, y a ratos siguiendo un circuito de vuelo. Repitió la maniobra varias veces en espera de una brecha entre las nubes. No apareció.

En lugar de eso ocurrió algo totalmente imprevisto. La tripulación a bordo del helicóptero perdió de pronto la señal ELT. Se comunicaron por radio con el Hercules, y también ellos habían perdido la señal. ¿Qué demonios había pasado? Eran las 3.50 de la madrugada, y el piloto del helicóptero llamó a Slave Lake para informar de la situación. Al Chinook no solo le había sido imposible descender por debajo de las nubes, sino que además había perdido la señal, y ahora solo le quedaban unos minutos de tiempo de vuelo antes de verse obligado a regresar para repostar.

La respuesta del comandante Dewar fue inmediata: «Vuelva a tierra». Con un brusco viraje, el helicóptero se alejó de la zona del siniestro y enfiló rumbo a Slave Lake a esperar que mejorara el tiempo.

Delincuente

*E*n la profundidad de la noche, mientras el retumbo palpitante del helicóptero se reducía primero a un zumbido lejano y luego a un murmullo, la decepción se posó como un manto sobre los hombres acurrucados en torno al fuego chisporroteante. Durante largo rato, nadie se movió. Sentado sobre el maletín con los hombros encorvados, Erik escuchaba con atención en espera de que el helicóptero diera la vuelta y regresase; al ver que esto no ocurría, sintió una opresión en el pecho. El silencio dejado por el aparato en su estela era una pesada carga sobre sus espaldas. El frío y el dolor cabalgaban sobre sus huesos como jinetes crueles y tenía la boca seca como no recordaba haberla tenido nunca. Solo quería acostarse, pero temía no volver a levantarse.

No sabía bien cuánto tiempo había pasado hasta que consiguió obligarse a mirar de nuevo a sus pasajeros. A su derecha, Larry fumaba de pie, iluminado por el resplandor rojo del ascua de su cigarrillo. Le temblaba la mano cuando se lo llevaba a la boca, y vio que se estremecía. Le rogó que se sentara, pero Larry se negó.

—Estoy bien —dijo, pero Erik no le creyó.

Ahora una gruesa capa de nieve envolvía el abrigo que Larry había extendido sobre Scott, que temblaba incesantemente. Incluso Paul, que había estado parloteando sin interrupción desde hacía rato, no intentaba ya entretenerlos, y por más que sus chistes hubieran molestado a Erik, habría hecho cualquier cosa por oír uno en ese momento. Paul, enmudecido, daba caladas a un cigarrillo como si fuera el último del mundo.

—Hay demasiado silencio —apuntó—. Esto no me gusta.

Quizá los rescatadores los habían abandonado. La idea impulsó a Erik a ponerse en pie. Él era el culpable de la situación, y, herido o no, a él le correspondía ayudar a los pasajeros supervivientes.

—Voy a accionar el interruptor de la ELT —anunció. No tenía nada más que ofrecer.

—¿Cree que funciona? —preguntó Paul.

—Si cuando amanezca no nos han encontrado, lo sacaremos y lo traeremos aquí —dijo Erik—. Si no funciona, intentaremos arreglarlo. —Inestable, se tambaleó y le sobrevino una tos acompañada de un borboteo.

—¿Por qué no descansa? —aconsejó Larry.

—Sí, piloto —dijo Paul—. Ya voy yo.

Erik negó con la cabeza a la vez que levantaba la mano. Pese a su sufrimiento, estaba vivo. Eso era más de lo que podía decirse de los otros seis que seguían dentro del avión. Avanzó a trompicones por el sendero hacia los restos del aparato y en el camino se agachó para echarse un puñado de nieve a la boca.

Paul pensó en todas las veces que había orinado en el sendero al ir a buscar leña.

—Cuidado con esos huskies que rondan por ahí, y no se coma esa nieve amarilla —entonó, alzando la voz en dirección al piloto, pero nadie se rio.

Cuando Erik llegó al fuselaje, se apoyó en él pesadamente y sucumbió a otro arranque de tos. Notó un sabor a sangre en la boca y apuntaló las manos en las rodillas, intentando recobrar el aliento.

«¡Idiota! ¡Idiota! ¡Idiota!»

No podía asumir lo que había hecho. Comprendía vagamente que había permitido que la presión —las expectativas de la compañía, la necesidad de los pasajeros de llegar a casa, el intenso deseo de conservar el trabajo— se impusiera a su intuición, que le había dicho que no volara. Pero no alcanzaba a explicarse qué había ido mal durante el vuelo. En su obsesión por llegar a High Prairie, había cometido el pecado imperdonable de descender antes de dejar atrás la radiobaliza del aeropuerto, bajando a casi dos mil ochocientos pies sin saber cuál era su posición exacta. Y, sin embargo, estaba convencido de que se hallaba cerca.

Todo era muy confuso. Su mente traumatizada fue incapaz de relacionar el exceso de carga del aparato, el hielo en las hélices, tan grueso que, al romperse, los pedazos golpeaban el fuselaje como martillazos, y la imposibilidad de comunicarse con High Prairie por radio. No entendía cómo había podido incurrir en ese error de novato.

Avanzó lentamente, palpando con una mano el flanco del avión en su sección trasera hasta encontrar el panel abierto de la ELT. Tardó un momento en localizar el interruptor de palanca, y otro en obligar a sus dedos a accionarlo. Mientras regresaba con paso vacilante por el sendero hacia la hoguera, la única pregunta a la que no encontraba respuesta era: ¿por qué?

Erik había perdido la conciencia situacional: la comprensión de lo que ocurría en torno a él. Circunstancia asombrosamente frecuente en los percances aéreos, según la Dirección Federal de Aviación de Estados Unidos, la pérdida de la conciencia situacional es la causa hasta del quince por ciento de los accidentes fatales. En su mayoría se producen cuando los pilotos vuelan en la oscuridad o con mal tiempo.

Una noche tórrida y brumosa de mediados de julio de 1999, John F. Kennedy Jr. volaba con su esposa, Carolyn Bessette-Kennedy, y la hermana de esta, Lauren, cuando su Piper Saratoga se precipitó a las aguas del Atlántico ante la costa de Martha's Vineyard. La Comisión Nacional de Seguridad en el Transporte determinó como causa probable un error del piloto debido a la desorientación espacial. Relativamente inexperto, Kennedy volaba sin la ayuda de visión periférica o ambiental, percepciones que permiten a los pilotos juzgar y mantener la actitud de vuelo adecuada. Volando por la noche con niebla, no distinguía, literalmente, arriba o abajo ni izquierda o derecha.

Richard Leland, director del Instituto de Formación Aeromédica de Southampton, Pensilvania, explica que en tales circunstancias:

El cerebro consciente puede verse rápidamente desbordado, y pueden perderse importantes indicios para la conciencia situacional (es decir, altitud, régimen de descenso, etcétera). Las tareas en la cabina de mando son más difíciles. Cuesta más encontrar los interruptores y leer los indicadores con condiciones de iluminación débil en la cabina. Eso añade una mayor carga al cerebro consciente y, a la vez, aumenta las posibilidades de desorientación espacial no reconocida y de pérdida de la conciencia situacional.

La pérdida de la conciencia situacional no se limita a la industria de la aviación. Se sabe que se produce también en diversas actividades de alto riesgo, como el alpinismo, el paracaidismo y el submarinismo. No obstante, el fenómeno se ha estudiado más en aviación que en ningún otro campo. Cuando se trata de ciertas compañías de aerotaxis, muchos pilotos padecen un factor coadyuvante llamado a veces «fiebre de seguir adelante»: la presión para volar cuando no se debe. A menudo jóvenes e inexpertos, los pilotos que vuelan para pequeñas aerolíneas comerciales se ven metidos en entornos sumamente competitivos que los inducen a forzar los límites para llegar a su destino. La principal fuerza en la toma de decisiones es la emoción, no la lógica. Esta presión para tener éxito a toda costa intervino asimismo en dos malhadadas expediciones al Everest de 1996, narradas en el libro de Jon Krakauer *Mal de altura: crónica de una tragedia en el Everest*. Los jefes de la expedición y los escaladores se toparon con el equivalente en montañismo a la «fiebre de seguir adelante», impulsándolos a desatender la hora establecida para dar media vuelta en su obsesión por llegar a la cumbre, razón por la cual la noche los sorprendió en la montaña y estalló una tormenta.

Ya sea en aviación, en la montaña o en otras situaciones de alto riesgo, diversos factores pueden predisponer a los individuos a perder la conciencia situacional. En líneas generales, estos factores son ambientales, psicológicos y fisiológicos. Erik experimentó los tres. El mal tiempo redujo su información visual a cero, y la intensa formación de hielo había reducido la velocidad sobre tierra hasta tal punto que le faltaban veinte millas más de las que él calculaba para llegar a su destino. Los factores psicológicos —los que imponen una carga de procesado añadida al cerebro consciente— mermaron la capacidad de Erik para establecer su ubicación exacta usando la navegación por estima y lastraron su capacidad para tomar decisiones. Experimentó un estado conocido como saturación de tareas. Viajando solo, sin un piloto automático fiable, necesitaba manejar más información de la que podía procesar su cerebro en extremo estresado, y pasó por alto indicios importantes que lo habrían alertado del peligro. La saturación de tareas explica por qué Erik se permitió descender a una altitud tan poco segura, y permanecer allí hasta que no tuvo tiempo de corregir el rumbo. Los factores fisiológicos, muy en especial la fatiga, también disminuyeron su capacidad de actuación. La fatiga es con diferencia el factor fisiológico más común en los percances de aviación, y la falta de sueño acumulada por Erik en los días y semanas anteriores al accidente había limitado su capacidad de concentración hasta el punto en que estaba, literalmente, abocado a un accidente.

Mientras recorría el ya muy hollado camino de regreso a la fogata, Erik no podía descifrar esa mortífera sucesión de circunstancias. Al llegar junto a los supervivientes, bordeó el perímetro del claro con andar inestable y casi tropezó con Scott, ahora cubierto de nieve. Incluso en el tenue resplandor del fuego, se veía a Erik pálido y demacrado.

151

—Voy a desmayarme —anunció.

Paul se levantó de un salto y dio un rápido paso al frente justo cuando el piloto empezaba a desplomarse hacia el fuego. Cogiendo a Erik en brazos, lo depositó en el suelo, donde permanecería durante el resto de la noche.

Después de que Erik perdiera el conocimiento, la tarea de alimentar el fuego recayó exclusivamente en Paul. En las últimas horas había perdido la cuenta de las veces que se había adentrado en el bosque en busca de leña. Cada vez había vuelto más exhausto y desanimado. Cada quince minutos el fuego se consumía hasta quedar reducido a brasas, y Paul se veía obligado a levantarse una vez más.

Jamás en la vida le había apetecido menos moverse. Sacó el paquete de tabaco de Larry, lo abrió y miró dentro. Solo quedaba un cigarrillo. Lanzó una mirada a Larry. Este permanecía en pie, al otro lado del fuego, absorto en sus pensamientos, con la cabeza un poco gacha, brillando su amplia frente en el tenue resplandor. Tenía los ojos cerrados, y alrededor magulladuras oscuras y cortes allí donde las gafas se habían aplastado contra su cara.

—Voy a por leña —dijo Paul, y enfiló el sendero. Cuando se alejaba de la hoguera, sacó el último cigarrillo del paquete y lo encendió.

—Yo también voy —se ofreció Larry.

Paul apretó el paso, pero cuando llegó al árbol caído a través del sendero, se detuvo. Larry necesitaría su ayuda para pasar por encima. Cuando Larry lo alcanzó, él sujetó la boquilla del cigarrillo entre los labios y guio a Larry por encima del árbol.

—No me vendría mal uno de esos —dijo Larry al oler el humo.

Tras un largo silencio, Paul contestó:

—Se nos han acabado.

Hasta ese momento, Larry había conseguido mantener el equilibrio, pero la contestación de Paul lo alteró de manera irracional. «El muy capullo fuma como un carretero», pensó, arrepintiéndose de haberle confiado el tabaco.

Los dos hombres caminaron en absoluto silencio por el sendero que serpenteaba junto a los restos del aparato y luego siguieron unos ciento cincuenta metros más, adentrándose en la zona del impacto. Allí, el avión había arrasado una franja de bosque y era más fácil avanzar, pero donde antes el suelo estaba salpicado de grandes ramas rotas, ahora solo quedaban ramitas. A lo largo de la noche, los dos habían desarrollado una especie de ritmo: Larry a remolque de Paul, sujetándose con la mano a la espalda de su cazadora vaquera; Paul caminando despacio por delante, ensartando chistes para darle conversación. Ahora penetraban más en el bosque y se detenían a menudo, pero sin hablar. En vano, Paul intentó desenterrar de la nieve ramas más pesadas y cortar con la navaja las más pequeñas que crecían en estas. Los dos hombres se afanaron en silencio hasta que Larry dijo:

—Hábleme de su familia.

A Paul aquello le tomó por sorpresa. No era lo que esperaba. Pero, a regañadientes, empezó a hablar.

152

Paul era el mayor de cinco hijos, le respondió: tres hermanos y una hermana. Sus padres se habían divorciado cuando él tenía diez años. Pocos años después, su madre se había liado con un policía provincial de Quebec llamado Jean-Pierre Marceau, un borracho mezquino y maltratador. Su madre, Gayle, se llevó la peor parte de los malos tratos. Un día Paul, al llegar a casa, se encontró a su madre magullada, ensangrentada e inconsciente debajo de una silla. Jean-Pierre, borracho como de costumbre, limpiaba su pistola. Paul, encolerizado, se arrojó sobre él y le propinó una brutal paliza. Acto seguido se marchó de casa. Tenía quince años.

Durante unos años, dio tumbos entre Aylmer, Quebec y Toronto, Ontario, donde vivía su padre. Aunque no lo reconoció ante Larry, le encantaban el alcohol y la hierba, y cuando estaba colocado tendía a apropiarse de objetos ajenos. A los diecisiete años, dichos «objetos» incluían coches. Vivía con su padre en Toronto cuando una noche, después de una juerga hasta altas horas de la madrugada, se encontró en la otra punta de la ciudad. Decidió hacer un puente en un coche para volver a casa. Pocos días después la policía fue a buscarlo a casa de su padre y lo metió en la cárcel.

Eso ocurrió en 1976, y desde entonces había cumplido cuatro años de condena en centros penitenciarios de Ontario y Columbia Británica por varios delitos de allanamiento y robo. Al salir en libertad después de su última etapa en prisión, volvió a su casa de Aylmet y consiguió un empleo de mantenimiento en el club de golf Gatineau. El 12 de septiembre de 1983, mientras trabajaba allí, alguien entró por la fuerza en el club y robó diez mil dólares. Paul, acusado del delito, huyó al oeste.

Podría haberle contado a Larry muchas anécdotas sobre su periodo entre rejas, pero se las guardó. Si hubiese querido, habría podido entretener a aquellos hombres en torno al fuego durante toda la noche, mostrándoles cómo comía en la cárcel, encorvado sobre el plato, con los codos muy separados como alas de gallina, el tenedor firmemente agarrado en el puño. O les habría obsequiado con la historia de que, cuando trabajaba de mecánico en una cárcel, bajaba las revoluciones de todos los coches de policía que llevaban a reparar. Si le hu-

153

biese apetecido, podría haberles enseñado el tatuaje del águila en el bíceps derecho, que se había hecho durante un periodo en el trullo, o la serpiente verde enroscada que le había tatuado en el pecho un recluso durante otra condena. Pero para Paul la anécdota más disparatada de todas era la que lo había llevado a ese puto lío.

A primeras horas del domingo 5 de agosto, había salido con paso vacilante de la taberna del hotel Park de Grande Prairie. Aunque todavía era verano, empezaba a refrescar por las noches y se percibía en el aire la tenue promesa del frío otoñal. Tras tambalearse por un momento, se echó a caminar para cruzar la ancha acera, bajó el bordillo y atravesó la calle.

Los dobladillos raídos de sus vaqueros rozaban el asfalto y un coche pasó a toda velocidad dando un bocinazo. Entrando al trote en el Germaine Park, un solar abandonado que frecuentaban los borrachos y camellos de la zona, se ocultó entre las sombras para orinar. Luego, haciendo eses, se encaminó hacia el este, en dirección a la avenida 100, y dejó atrás las flechas de neón rojo intermitentes de Al's News y la fachada de ladrillo pintada del restaurante Imperial Garden. Se detuvo a encender un cigarrillo mientras, en la acera de enfrente, el Corona Pizza cerraba sus puertas por esa noche. Había perdido la noción del tiempo que había pasado desde que, después de fregar los platos, dio por concluida su jornada en el popular bar restaurante del barrio y se marchó a tomar unas cervezas con su amigo Blackie. Ahora que los bares habían cerrado y ya no podía seguir bebiendo, sabía que era hora de volver a casa.

Paul hundió las manos en los bolsillos del vaquero y cerró los dedos en torno a un juego de llaves. Pertenecían a un amigo que le había ofrecido su apartamento mientras él trabajaba en los pozos petrolíferos; era una solución temporal, pero a Paul le encantaba la sensación de disponer de un techo seguro sobre su cabeza. El apartamento se hallaba hacia la mitad de la manzana siguiente, a menos de un minuto a pie: una de la media docena de viviendas encajonadas en la segunda planta de un insulso edificio comercial de fachada plana en el centro de la ciudad.

Siguió hacia el este hasta llegar al edificio, en cuyos bajos tenían sus establecimientos Lee's Sub Shop y Baldwin Pianos; en la primera planta pasaba consulta un médico. Se detuvo ante la puerta de cristal con marco metálico. A través del amplio cristal veía la empinada escalera que subía hacia el rellano poco iluminado desde donde se accedía al apartamento de su amigo. Introdujo la llave en el ojo de la cerradura e intentó en vano hacerla girar. Recordó que el cerrojo tenía truco y movió un poco la llave. No hubo suerte. Accionó la llave más vigorosamente a la vez que tiraba del ancho picaporte metálico de la puerta. Al oír unas voces que se acercaban, se interrumpió y volvió la cabeza para mirar. Un hombre y una mujer jóvenes aparecieron en la acera, procedentes del bar. El hombre rodeaba con el brazo la cintura de la mujer, hundiendo la mano bajo la tela de los vaqueros ceñidos. Ella se reía.

Paul siguió observando a la pareja hasta que esta dobló la esquina y se perdió de vista; a continuación se volvió de nuevo hacia la puerta y probó otra vez. Sacudió la llave violentamente, y al final, en un arrebato de rabia, asestó un fuerte puntapié a la puerta. El cristal se hizo añicos y las esquirlas volaron hacia él como flechas traslúcidas antes de esparcirse ruidosamente por la acera. Tambaleante, retrocedió y miró alrededor, pero no había nadie. Sacó la llave de la cerradura, metió la mano a través del cristal roto y descorrió el cerrojo. Una vez dentro, subió por la empinada escalera enmoquetada, sujetándose a la gastada barandilla de madera. Al llegar al rellano, avanzó a tumbos por el corto pasillo hacia la puerta del apartamento de su amigo, abrió y entró. Sin encender las luces, se descalzó y fue a tientas hasta el dormitorio. Abalanzándose a través del umbral, tropezó con la cama y cayó de bruces en ella. Se dio la vuelta y se quedó mirando el techo. La cama parecía mecerse bajo él, y tras lo que tal vez fueran minutos o quizá horas, cerró los ojos. En algún lugar a lo lejos sonó una sirena. Paul se preguntó por un instante si iban a por él e intentó levantarse del colchón. Pero, rendido ya al alcohol y el agotamiento, se encontró con que los brazos y las piernas, pesados como el plomo, no le respondían. «No pasará nada», se dijo. Acto seguido lo venció el sueño.

Al cabo de unas horas, la policía estaba ante su puerta. Sa-

155

caron a Paul a la calle, donde esperaban más agentes. Cuando él los vio, enloqueció y, agitando los brazos, intentó echarse a correr. Los agentes lo inmovilizaron en el suelo, casi asfixiándolo, antes de llevarlo a la comisaría. Lo encerraron en una habitación de cemento sin ventanas, donde durmió en el suelo. Al despertar, llamó al celador.

—¿Qué quieres? —preguntó el hombre.

—Tengo que salir de aquí para ir al trabajo.

Paul era el encargado de mantenimiento en el Corona Pizza y su jornada empezaba a las doce del mediodía. Para él, era importante llegar puntualmente. Theodore Bougiridis, el dueño griego del restaurante, se había arriesgado a aceptarlo, y Paul no quería decepcionarlo. Por alguna razón, se había comportado honradamente con Teddy desde el primer momento, poniéndolo al corriente de su historial delictivo. Para sorpresa de Paul, el viejo le ofreció un empleo, a pesar de todo, y siempre lo había tratado con respeto.

Paul no podía decir lo mismo del celador, que hizo caso omiso de su súplica. Furioso, empezó a aporrear la puerta de acero.

—Gilipollas de mierda —vociferó—. Soy un ser humano como vosotros.

Golpeó con los puños la puerta hasta que la pequeña mirilla en el centro se abrió y apareció el rostro del celador.

—¡A ver si te callas! —ordenó.

—Tengo que ir a trabajar.

El celador lo observó desapasionadamente y cerró la mirilla.

—¿Es que queréis que robe para vivir? —preguntó Paul a gritos.

—Por lo que se ve, no tienes mucho inconveniente en violar la ley —contestó el celador desde detrás de la puerta cerrada.

—¡Vete a la mierda!

Una vez más, Paul descargó el puño contra la puerta. Furioso, empezó a pasearse por la celda, maldiciendo y golpeando la puerta en sus idas y venidas. Al final, a eso de las cuatro de la tarde, después de firmar un documento en el que se comprometía a comparecer en el juzgado más adelante ese mismo mes, acusado de daños contra la propiedad, lo pusieron en libertad. Al detenerlo, iba descalzo, así que tuvo que volver a toda prisa al apartamento de su amigo para recuperar las zapatillas y después ir corriendo al trabajo. Muerto de hambre, cogió algo de la cocina y pidió al camarero de la barra que le sirviera una cerveza para aplacar los nervios. Fue entonces cuando Teddy lo vio.

—¿Quieres venir aquí a beber pero no a trabajar? —preguntó—. Estás despedido.

Sus palabras fueron un golpe devastador para Paul, que disfrutaba con el trabajo y estaba orgulloso de la creciente confianza que Teddy había depositado en él. De un tiempo a esa parte, su jefe le permitía ingresar la recaudación nocturna. Apreciaba a sus compañeros de trabajo y le gustaba el hecho de que Teddy y su mujer, Donna, los trataran más como miembros de la familia que como empleados. Además, Paul, hacía poco, se había enamorado de una camarera del restaurante llamada Sue Wink.

Al día siguiente, regresó a la comisaría para prestar declaración. Se ofreció a pagar los daños si la policía lo dejaba ir sin cargos, pero para entonces tenían ya una copia de sus antecedentes penales y le preguntaron si podía ayudarlos con ciertos robos ocurridos en los últimos meses.

—Claro —mintió Paul—, pero no sé de nadie que se dedique a la mercancía robada. Si me entero de algo, se lo haré saber.

Se marchó de la comisaría preguntándose cómo la policía podía ser tan tonta como para pensar que delataría a otro hombre. Y aunque Grande Prairie se había convertido en el único hogar que había conocido desde que vagaba por el país, supo que no le quedaba más remedio que hacerse otra vez a la carretera.

Hielo

*T*endido en su lecho helado, Scott Deschamps vio a Erik desplomarse. Desde hacía rato Scott le preguntaba con inquietud cuánto tiempo aguantarían, y ahora sabía con desalentadora certidumbre que no les quedaba mucho. No recordaba la última vez que había rezado, pero ese parecía un buen momento para volver a hacerlo. A medida que se debilitaba el calor del fuego, la sensación de vulnerabilidad que había corroído a Scott toda la noche había crecido hasta convertirse en miedo en el sentido pleno de la palabra. Miró a Erik, allí tumbado en el suelo, y luego en dirección a los restos del avión, donde Paul y Larry habían desaparecido en la oscuridad hacía rato. Cerró los ojos e intentó invocar a un Dios olvidado hacía ya tiempo.

«Por favor —rogó en silencio—, vamos a morir todos aquí si no conseguimos un poco de calor.»

Poco después, mientras yacía allí temblando violentamente, Scott percibió un cálido resplandor amarillo ante sus párpados cerrados. Oyó crepitar la leña en el fuego y dio gracias por el calor que le llegaba. Cuando abrió los ojos, vio que los restos de leña habían estallado en llamas.

—Gracias —susurró.

Para su alivio, también vio a Larry y a Paul acercarse por el sendero. El sentimiento duró poco. Llegaban con las manos casi vacías. Los dos echaron su escasa recolecta a la hoguera y se arrimaron a las llamas, pero el calor duró solo un momento. Cuando se desvaneció, pareció llevarse consigo la poca determinación que les quedaba.

La hipotermia había iniciado su lento y letal avance en todos ellos, arrebatándoles el calor poco a poco. En tal situación, unos grados establecen la diferencia entre la vida y la muerte. En cuanto la temperatura corporal desciende por debajo de los treinta y siete °C, empiezan los problemas. Disminuye la coordinación y la capacidad de uno para desarrollar sus funciones. Ahora todos salvo Paul temblaban, y si bien eso los ayudaba a mantenerse en calor temporalmente, no duraría. Sin fuego, sus temperaturas seguirían cayendo, empezarían a hablar de manera confusa y se sentirían cada vez más desorientados. La hipotermia grave pronto se asentaría. Sus cuerpos experimentarían una pérdida absoluta de reflejos, seguida del coma, la fibrilación ventricular y, en último extremo, la muerte.

Scott sabía qué le estaba ocurriendo. Como miembro de la patrulla de esquí, había estudiado la hipotermia y ahora reconocía su seductora atracción, la manera en que arrullaba a sus víctimas eliminando el dolor y el frío, y cómo creaba una paradójica sensación de calor y bienestar que precedía a la muerte. Durante horas la había combatido, obligándose a aceptar el dolor y el frío: sensaciones que le indicaban que estaba vivo.

Ahora, con la mirada fija en el montículo de carbón ennegrecido y apagado, sus pensamientos se dirigieron hacia una terrible realidad: no iba a salir de allí con vida. Por su cabeza desfilaron su esposa, su futuro, sus sueños y ambiciones, como si su vida se proyectara ante sus ojos en avance rápido. Se representó una imagen de un anciano sentado en una mecedora en un porche amplio y confortable. Hablaba con un chico sobre todo aquello que no había hecho, los lugares donde no había estado, las lecciones que no había aprendido y las personas a quienes nunca conocería. Aconsejó al joven como un padre a su hijo, instándolo a aprovechar las oportunidades cuando se presentaban.

Scott deseaba mucho más que eso para sí mismo. Se dio cuenta de que quería vivir junto al mar y no en una comunidad aislada en el norte. Durante años había soñado con tener su propio velero y explorar la sobrecogedora y accidentada costa oeste. Quería viajar por el mundo, aprender otro idioma,

159

ir a la universidad, participar en un maratón. Sobre todo quería disfrutar de relaciones plenas y afectuosas con sus familiares y amigos. Se había criado como hijo único con pocos parientes cercanos, y ahora se daba cuenta de que nunca se había sentido verdaderamente unido a nadie. Su padre, que murió de cáncer cuando Scott tenía once años, había dejado, según se rumoreaba, una esposa y una hija pequeña en Zimbabue, donde estuvo destinado durante la guerra. Scott había pensado a menudo en esa otra familia, deseando conocer la verdad al respecto, igual que había anhelado la mano orientadora de un padre para guiarlo a través de los confusos años de la adolescencia y la primera juventud. La madre de Scott, viuda y trabajadora, había tenido poco tiempo para crear la clase de vida en familia que Scott deseaba.

Lamentaba haber disgustado a Mary cuando lo presionó con el asunto de los hijos. Con dolorosa claridad, comprendió que sí quería tener su propia familia. Hasta ese momento había descartado la idea, considerándolo solo un anacrónico impulso biológico. Ante la idea de no llegar a ser padre —de no realizar nunca sus sueños— se sumió en una devastadora pesadumbre que lo envolvió como una ola, arrastrándolo hacia abajo, sumergiéndolo, hasta que finalmente aceptó la inevitabilidad de su muerte.

Derrotado por el frío, el dolor y la tristeza, abrió los ojos. Por encima de él, la niebla se agazapaba como una pesada bestia en las copas de los árboles. Y de pronto, en medio de esa niebla, apareció él: un anciano barbudo de pelo largo y blanco, a un par de metros por encima de Scott. Vestía una gran túnica blanca y tenía entrelazadas sobre el regazo sus pálidas y curtidas manos. Su rostro, pese a las marcadas arrugas, no expresaba pena ni preocupación. Mirándolo, Scott experimentó una paz y una tranquilidad profundas, hasta entonces desconocidas para él. Aunque no era religioso, supo con absoluta certeza que estaba viendo el rostro de una presencia ultraterrena: Dios, un ángel o un espíritu benévolo, que cada cual elija. El anciano no habló, pero su presencia llevó a Scott a un estado de embeleso. Con los ojos muy abiertos, siguió con la mirada el movimiento de la digna figura, que flotaba en el perímetro de la hoguera. Durante los siguientes veinte minutos, el anciano veló a Scott y, al final, tal como había llegado, desapareció.

—Joder, me estoy pelando de frío —exclamó Paul.

Los otros, arrancados de sus ensoñaciones, miraron en dirección a él y vieron que el joven —hasta entonces, en apariencia, inmune al frío— era presa de un violento temblor. Olvidando de pronto sus propias privaciones, Larry se colocó detrás de Paul y lo envolvió en un estrecho abrazo.

La primera reacción de Paul fue apartarse. Se acordó de su padre, un hombre cuyo afecto había anhelado pero rara vez recibido. Este siempre había pensado que su hijo no servía para nada, y así se lo había dicho en varias ocasiones. Paul, incluso de niño, había percibido su permanente desaprobación. Rodeado por los brazos de Larry, pensó que pocas personas en su vida le habían dado el grado de afecto y comprensión incondicional que recibía en ese momento de un casi total desconocido.

Al cabo de unos minutos, Paul dejó de temblar y Larry bajó los brazos.

—¿Qué hora es? —preguntó Paul.

Scott miró con los ojos entornados la esfera de su reloj.

—Las siete y media.

—¡Mierda! La ELT.

Scott se quitó el reloj y se lo entregó a Paul, que lo aceptó sin comentarios, sabiendo que ahora la responsabilidad de accionar el interruptor de la ELT recaía en él. A rastras fue por el sendero hasta el avión.

En el aeropuerto de High Prairie, Luella Wood sintió el estómago revuelto al dejar la caravana y encaminarse a través del aparcamiento nevado hacia la terminal. A lo largo de la noche había vuelto cada una o dos horas para ver cómo seguía William Whitehead. Aquel indio esbelto y fibroso estaba sentado, solo, en un sofá del pequeño vestíbulo, a oscuras, con la espalda apoyada en el brazo, las rodillas encogidas contra el pecho y la cabeza gacha. Que Luella supiera, no había movido un solo músculo desde que había anunciado el accidente del avión hacía diez horas.

161

Nunca en la vida había visto tanto dolor en la cara de un hombre.

La noche anterior Whitehead había recorrido cien kilómetros por carretera hasta el aeropuerto desde la reserva india de Whitefish para recoger a su mujer, Elaine Noskeye, que debía llegar en el vuelo 402 de Wapiti. Dos semanas antes la habían trasladado en ambulancia al hospital de Edmonton con carácter de urgencia para dar a luz prematuramente al decimocuarto hijo de la pareja. El niño estaba en cuidados intensivos en espera de una intervención quirúrgica, y aunque en principio Elaine iba a recibir el alta el lunes, echaba mucho de menos a su familia. Así que la mujer de treinta y nueve años convenció a su médico de que le permitiera volver a casa antes para estar con su marido y sus hijos. Esa noche sería la primera vez que volaba en avión.

Cerca del aeropuerto, en High Prairie, una pesada sombra de temor pendía también sobre aquella comunidad pequeña y unida. El teléfono del destacamento de la Policía Montada había sonado sin cesar por las llamadas de gente de la zona que pedía información u ofrecía ayuda: granjeros, propietarios de pequeños comercios, ciudadanos preocupados y pilotos privados, todos deseosos de contribuir de la manera que fuese. La tienda de abastos de la cadena Tags enviaba sándwiches y café gratuitos al aeropuerto y la comisaría, y varios pilotos privados estaban a la espera de incorporarse a la búsqueda por aire tan pronto como amaneciera, a eso de las 8.30.

Hoppy sufría por sus agentes y por los voluntarios civiles que pugnaban en pleno monte. Debido al denso bosque, la copiosa nevada y los árboles caídos, la tarea de abrir un camino de veinte kilómetros a través de la espesura hasta el lugar del accidente era casi imposible. Aunque los hombres estaban ateridos de frío y agotados, en las últimas cuatro horas habían avanzado lentamente con la ayuda de las bengalas que los guiaban desde lo alto como cuerdas de salvamento anaranjadas.

Pese a las complicadas condiciones, Hoppy empezaba a pensar que habría preferido estar en el bosque luchando contra los elementos a hacer frente a la mierda que empezaba a echársele encima. No le importaban las llamadas de preocupación de los residentes de la zona. Pero la noticia del accidente —incluido el hecho de que Grant Notley y Larry Shaben viajaban a bordo del avión— se había filtrado a los medios y los cazadores de noticias no paraban de agobiarlo. Habían tenido al rojo las cinco líneas del destacamento, y Hoppy pronto había perdido la paciencia, después de intentar atender sus preguntas. A partir de ese momento había levantado un muro, advirtiendo al personal que no hablaría con nadie más que con los participantes en la operación de búsqueda y rescate.

Además de comunicarse con sus agentes en el bosque, Hoppy había estado en continuo contacto telefónico con Dave Heggie, en el aeropuerto de High Prairie. Heggie lo había mantenido al corriente de los esfuerzos del ejército en la búsqueda y rescate, y Hoppy sabía que los aviones que sobrevolaban la zona no lo tenían fácil para localizar el avión caído. Estaba enfrascado en una conversación con Heggie cuando advirtió que, desde el extremo opuesto de la sala, una de sus subalternas, con desesperados gestos, le indicaba que atendiera una llamada por otra línea.

—Sarg… —susurró con tono apremiante.

163

Hopkins levantó un dedo para obligarla a callar y poder oír el último informe sobre la actuación del ejército. El techo de nubes en el aeropuerto había bajado a menos de cincuenta pies, y eso descartaba toda posibilidad de un intento de rescate por aire hasta que llegara la luz del día o se abrieran las nubes. Ahora más que nunca sabía que era de vital importancia que su equipo de búsqueda terrestre accediera al lugar. Puso fin a la llamada y miró a su agente.

—¡Es el primer ministro! —informó ella.

Hopkins cogió la llamada. En efecto, era el jefe de Gobierno de Canadá, Brian Mulroney, que llamaba desde Ottawa. Había estado con Larry Shaben al menos una vez y deseaba que le confirmara que él, Notley y los demás pasajeros que viajaban a bordo seguían con vida. Hopkins no pudo complacerlo.

A bordo del Hercules encargado de relevar al otro aparato, averiado, el comandante Hazen Codner pasaba un mal rato.

Durante una hora, el segundo Hercules había avanzado a ciegas, pesadamente, a través de los arremolinados puños de nubosidad gris por encima del lugar del siniestro. Sin embargo, el navegante principal, de cuarenta y dos años, había sido incapaz de captar la menor señal del avión accidentado. Codner, al que habían puesto al corriente de la situación antes del precipitado despegue del Hercules desde Edmonton a las 5.48 de esa madrugada, preveía ya unas condiciones difíciles. La tripulación del anterior Hercules había contado que la señal ELT llegaba a ratos débil y distorsionada. Pero Codner no esperaba no captarla en absoluto. Expresaba su frustración al piloto cuando inexplicablemente la señal ELT resurgió.

Codner empezó de inmediato a trazar un rumbo. Pese a las prisas y a que estaba medio dormido cuando se vio obligado a entrar en acción, ahora se alegraba de un hecho afortunado: su bolsa de navegación contenía casualmente un mapa topográfico de la zona. En ese momento, cada vez que el Hercules sobrevolaba la señal y la aguja direccional giraba ciento ochenta grados, Codner marcaba manualmente la posición en su mapa. Llevaba treinta minutos trabajando en ello cuando la señal ELT desapareció. Codner y el piloto empezaron a buscar una posible explicación. ¿Se había agotado repentinamente la batería de la ELT? El mapa topográfico mostraba un terreno montañoso, lo que quizás explicara la transmisión irregular, pero no la aparición y desaparición alternas de la señal. El piloto del gigantesco Hercules trazó un círculo más.

Después de otra media hora volando en espiral por la zona, la señal ELT volvió. Con un respingo, Codner comprendió que abajo alguien tenía que estar vivo y alternaba la posición del interruptor. La tripulación del Hercules estaba acostumbrada a acudir a lugares de accidentes aéreos y encontrar solo cadáveres. La perspectiva de supervivientes en tierra renovó la sensación de urgencia de todos ellos, y Codner redobló sus esfuerzos para determinar con absoluta precisión la posición del siniestro. Observando la intersección de las líneas, tenía la casi total certeza, en un noventa por ciento, de que la ubicación del aparato era un monte alto al oeste del lago de los Esclavos. Compartió sus hallazgos con el piloto y le sugirió que se aproximase al lugar del accidente desde el noreste, descendiendo a baja altura sobre el amplio lago de los Esclavos, donde no había accidentes orográficos. Aunque, sobre el lago, el techo de nubes estaba a unos cientos de pies, el amanecer comenzaba a teñir la noche de un color plateado, y Codner sabía que, si lograban situarse por debajo de las nubes, quizá tuvieran contacto visual con el lugar del accidente. Los cinco miembros de la tripulación del Hercules comprendieron que la aproximación era arriesgada. Al oeste del lago, el terreno se elevaba empinadamente, y el piloto tendría que ascender deprisa para superar el monte de ochocientos metros. Era una maniobra que ningún piloto militar en exceso ordenancista intentaría jamás, pero la tripulación del escuadrón 435 decidió probar suerte.

En torno al vacilante fuego, los supervivientes necesitaban calor cada vez más desesperadamente. En algún lugar muy por encima, más allá del ceniciento manto de nubes, oyeron una vez más el grave gruñido de un aparato que volaba en círculo. Scott, que había intervenido en operaciones de búsqueda y rescate, sabía que cuando un avión pequeño se estrellaba en una zona de denso bosque como esa, algunos árboles se doblaban y tronchaban; otros recuperaban su posición vertical y ocultaban la trayectoria del accidente. Incluso a la luz del día, los buscadores a menudo veían solo un fino trazo de flora alterada desde lo alto. La copiosa nevada habría tapado rápidamente todo camino que pudiera llevar a los rescatadores hasta ellos. Comprendía que los rescatadores acabarían encontrando el lugar del accidente, pero ¿llegarían a tiempo? Tenía vívidamente grabadas en la mente las imágenes de cadáveres congelados e inertes en los accidentes de tráfico a los que había acudido durante su época de agente de la Policía Montada en el norte de Alberta.

—¿Cree que nos ven? —dijo Paul.

Paul había estado preguntándose toda la noche qué podía utilizar para captar la atención del gigantesco avión que los sobrevolaba. Deseaba desesperadamente encontrar el maletín negro de Scott, sabiendo que la pistola estaba dentro. Paul

165

creía que si conseguía echarle mano y disparaba un par de tiros, tal vez atraería de vuelta a los aviones. Antes incluso había propuesto convertir una de las alas cargadas de combustible en antorcha, pero Erik, por temor a que el fuego se propagara y devorara el fuselaje, lo había disuadido. Ahora Paul no solo se había quedado sin ideas sobre cómo atraer la atención, sino que además tenía por completo abandonada la fogata. A su izquierda, Erik yacía inmóvil y en silencio. Paul alargó el brazo y le dio una sacudida en la pierna.

—Si nosotros no podemos verlos, ellos no pueden vernos a nosotros —musitó Erik.

Paul sintió deseos de gritar a pleno pulmón: «¡Estamos vivos! ¡Estamos aquí!». Pero sabía que el esfuerzo no servía de nada.

Poco después Erik volvió a hablar:

—Mi billetero. Todavía está en el avión.

Los demás no entendieron por qué de pronto el billetero de Erik tenía tanta importancia. No sabían que en ese momento contemplaba su muerte. Sin su carné de identidad, el piloto temía que las autoridades no pudieran identificar su cadáver.

Larry, de pie, temblaba, aterido de frío como nunca en su vida. Estaba ciego, a efectos prácticos; tenía las costillas, la rabadilla y el dedo índice de la mano derecha fracturados; y había perdido los dientes delanteros. Mantenía la mano hundida en el bolsillo del pantalón del traje. Con delicadeza la cerró en torno a su propio billetero, un prendedor de oro que sujetaba su carné de identidad y su dinero. Sacó el clip y retiró el grueso fajo de billetes. Lentamente los dejó volar hacia las brasas humeantes. El dinero ardió con una pequeña llama y Larry la observó vacilar brevemente hasta extinguirse; los ángulos de los billetes se abarquillaron y se ennegrecieron antes de que la ceniza se alejara flotando. Contempló las formas inertes de los otros supervivientes tendidos a sus pies.

—Si tuvieran un deseo que pudieran hacer realidad ahora mismo —preguntó Larry—, ¿cuál sería?

—Echar una calada a una buena hierba —contestó Paul.

Larry soltó una carcajada. Durante la adolescencia de sus hijos, les había hablado incontables veces sobre los efectos

166

dañinos de la marihuana. Se preguntó qué dirían ellos si oyeran esa conversación.

—Me encantaría tomar algo frío —dijo Erik.

La respuesta sorprendió a Larry, pero enseguida se acordó de que el piloto se había quejado de la mucha sed que tenía durante casi toda la noche; había consumido incesantemente puñados de nieve para aplacarla.

—¿Scott? —preguntó Larry.

Scott había estado pensando en Mary, que le hacía señas para que la siguiera por un largo túnel, cálido y confortable.

—Le pediría perdón a mi mujer —dijo Scott—, le diría que podemos tener un hijo y conseguir que las cosas salgan bien.

Por un momento, Larry dejó flotar en el aire las palabras de Scott, antes de decir:

—A mí me apetecería un agradable baño caliente.

Cuanto más se acercaban a la muerte, más sencillas eran sus necesidades, pensó Larry.

Al cabo de un momento, Scott volvió a hablar:

—No creo que yo aguante mucho más.

Paul había pensado eso mismo: que simplemente debía dejarse vencer por el sueño y morir donde estaba. Pero lo enfureció el hecho mismo de aceptar semejante idea.

—¡A la mierda! —exclamó, poniéndose en pie—. Usted no va a morir —le dijo a Scott—. Yo voy a salir de esta, y ustedes tres van a venir conmigo porque no es nuestro destino morir así. Cuando esto acabe, nos reuniremos y tomaremos unas copas. Vamos —instó a Larry—, debe de haber algo más que quemar.

El político, agotado, se alejó del fuego y siguió a Paul hacia los restos del avión. El cielo había clareado un poco, y por primera vez Larry distinguió las líneas desdibujadas del paisaje alrededor. Mientras pasaban junto al fuselaje, Larry vio dos formas oscuras en la nieve.

—¿Qué es eso? —preguntó.

Paul le dijo que eran los dos asientos del avión que había lanzado fuera del aparato la noche anterior. Scott les había asegurado que los asientos no eran inflamables, pero decidieron llevar uno a rastras hasta la hoguera e intentar quemarlo. El

167

asiento prendió como una antorcha y enormes lenguas de fuego blanco se alzaron inmediatamente en el aire. Larry lanzó un chillido cuando una de ellas le chamuscó la cabeza.

—Se me ha quemado el pelo.

Paul lo miró con expresión burlona y sonrió. Por lo que él veía, Larry no tenía mucho pelo que quemar.

—Me estoy asando —exclamó Scott—. ¡Esto da demasiado calor!

Paul corrió junto a él y le tapó la cabeza con el abrigo de Larry para protegerlo del calor. Aun así, Scott protestó. Paul, arrastrándolo, empezó a apartarlo del fuego.

—¡Alto! —gritó, dolorido—. Déjeme aquí.

Paul lo dejó.

—Es usted un quejica, ¿sabe? O tiene demasiado calor, o tiene demasiado frío.

Scott pasó por alto la pulla y volvió a tenderse, esperando a que el dolor remitiera. Durante quince minutos el asiento ardió con una llama viva, infundiendo un grato calor a los supervivientes. Decidieron guardar el segundo asiento para hacer señales con el fuego, pero pronto tuvieron tanto frío que Paul regresó por el sendero en busca del otro; de paso, se detuvo a cambiar la posición del interruptor de ELT.

Dos mil pies por encima de ellos, el Hercules captó la señal. Cuando Paul arrastraba cansinamente el segundo asiento del avión hacia la hoguera, el avión viraba por encima del Pequeño Lago de los Esclavos, una extensión de mil kilómetros cuadrados, y se dirigía hacia el monte alto establecido por Codner. Sujeto con correas en la parte de atrás, el cabo Claude Castonguay, el jefe de carga a bordo del segundo Hercules, se preparó para abrir la enorme rampa de lanzamiento de carga. Mientras el Hercules recortaba la distancia en dirección a la señal de socorro, el piloto redujo la velocidad aerodinámica a ciento setenta nudos. El viento y la nieve azotaron a Castonguay cuando se asomó y, aguzando la vista, intentó ver entre las nubes. El piloto empujó la palanca de mando para descender poco a poco hacia el lago. Por fin, a una altura escalofriantemente baja de solo doscientos pies, el Hercules se situó por debajo del techo de nubes, tan cerca de la superficie de color ébano del lago que la tripulación veía las crestas del agua encrespada por el viento. El avión la sobrevoló con Castonguay suspendido por encima de la rampa abierta. Al llegar a la orilla sudoeste del lago, el piloto remontó el vuelo bruscamente para rebasar el monte ya cercano. El enorme aparato ascendió con dificultad, vibrando por el esfuerzo. Las nubes, un espeso manto gris por encima de ellos, empezaron a envolver el Hercules cuando superaba la cresta del monte. El morro del avión había penetrado ya en la turbiedad del aire y el resto era engullido rápidamente cuando Castonguay anunció a voz en grito:

—¡Hoguera en tierra!

La tripulación prorrumpió en vítores. El eco de sus exclamaciones de júbilo resonó en tierra: en la base de mando avanzada de Slave Lake y en el Centro de Coordinación de Rescates de Edmonton, en la pequeña caravana del aeropuerto de High Prairie donde Dave Heggie controlaba la transmisión en VHF del avión, y en diversos receptores de radio en tierra y aire donde otros escuchaban con impaciencia.

En la pequeña caravana de Luella, Heggie distendió los hombros de alivio. Al enterarse de que el Hercules delimitaba la zona de búsqueda a un monte alto al oeste del Pequeño Lago de los Esclavos, se había temido lo peor. Si el avión de Wapiti se había estrellado frontalmente, las probabilidades de que alguien hubiera sobrevivido eran escasas. Cuando Heggie supo que se había avistado una hoguera, sintió júbilo y asombro a la vez. Por la radio oyó a la tripulación del Hercules solicitar permiso para lanzar paracaidistas en el lugar del accidente. El comandante de la base avanzada lo denegó. Dewar sabía que la visibilidad era demasiado mala y el terreno demasiado peligroso para saltar.

Heggie cogió el teléfono para llamar a Hopkins. Durante las últimas ocho horas, no había hecho más que dar malas noticias sobre los esfuerzos del ejército en la búsqueda y rescate por aire. Ahora, cuando Heggie le comunicó a Hoppy que habían visto la hoguera, su voz rebosaba optimismo.

También Hoppy tenía razones para ser optimista. Según sus hombres en tierra, la partida de búsqueda se encontraba a pocos kilómetros del lugar del accidente. Los supervivientes solo tenían que aguantar una o dos horas más hasta que ellos llegaran allí.

Rescate

*E*n el crepúsculo matutino del sábado 20 de octubre de 1984, Paul Archambault se hallaba dentro del Piper Navajo destruido. Aunque poco antes deseaba que llegara la luz del día, en ese momento hubiese preferido que fuera aún de noche. A la luz del día lo veía todo con horripilante detalle.

Vacilante, tocó el brazo de uno de los pasajeros muertos, notándolo frío y pegajoso, como una piel de serpiente. El hombre tenía los ojos entreabiertos y la cara hinchada. Una esfera de hielo del tamaño de una pelota de raquetbol colgaba de su boca.

Paul se llevó la mano al bolsillo y extrajo la cámara de Erik. No habría sabido decir por qué, pero en algún recóndito rincón de su subconsciente pensó que debía dejar constancia de lo sucedido. Tomó un par de fotos de los fallecidos, y cuando se disponía a salir del avión, algo vagamente familiar captó su atención: el petate. Lo abrió y revolvió sus escasas pertenencias, y sacó lo único que le importaba: dos fotografías de su familia y el billetero, que contenía los ahorros de toda su vida: 66,35 dólares. Se metió el billetero y las fotos en los bolsillos, se echó al hombro el petate, y cuando estaba a punto de volver a la fogata, vio un objeto pequeño y oscuro semioculto entre la nieve, casi al fondo del fuselaje. Al acercarse, reconoció el maletín de Scott. Paul desprendió el maletín a tirones e intentó abrirlo, pero estaba cerrado con llave. Lo sacudió y oyó el golpeteo de la pesada arma en el interior. Agarrando el maletín, regresó a la fogata, donde repartió la ropa del petate entre Erik y Larry.

Scott solo era vagamente consciente de que Paul llevaba mucho tiempo ausente cuando alguien lo sacudió. Al abrir los ojos, vio ante él el rostro de Paul.

—He encontrado su maletín.

Scott examinó a su detenido sin saber qué pensar y enseguida vio que Paul dejaba el maletín a su lado. Scott fijó la mirada por un momento en el rostro de Paul y luego la dirigió más allá, hacia los árboles. En la débil luz, todo ofrecía un aspecto descarnado. La espesa niebla que antes ocultaba incluso las copas de los alisos deshojados era ahora más clara. Oyó la voz de Paul, como si hablara desde muy lejos, mientras describía la horripilante escena que acababa de ver dentro del avión. Scott no podía responder, y en ese momento no le importaban los muertos. Bastantes problemas tenía él para conservar la vida.

En algún lugar a su derecha, fuera de su ángulo visual, estaba Erik. Scott ignoraba si vivía o había muerto. Miró hacia la izquierda y vio a Larry encogido en el suelo en posición fetal, con la ropa salpicada de nieve y los ojos cerrados.

—¡Larry! —exclamó Scott, y la voz salió de su garganta en un susurro quebrado—. ¡Larry, despierte!

Larry gimió y se movió un poco. Con un parpadeo abrió los ojos y fijó al frente una mirada inexpresiva. Pensaba en su casa, su mujer y sus hijos. A diferencia de los otros supervivientes, sabía que su casa estaba cerca de allí, a solo unos kilómetros. La frustración de hallarse a tan corta distancia resultaba desgarradora. Observándolo, Scott vio cambiar la expresión en su rostro.

—¡Oigo ruido en el bosque!

Larry, dolorido, se puso en pie con dificultad, manteniendo la cabeza ladeada.

Scott también aguzó el oído, pero no oyó nada salvo el motor de un avión muy lejano.

—Debe de estar colocado o algo —dijo Paul.

—Me voy a buscar ayuda —anunció Larry a los demás. Estaba seguro de haber oído unas motonieves a lo lejos.

—Van a encontrarnos aquí, así que nos quedaremos juntos —afirmó Paul.

Larry se mantuvo en sus trece. Con paso vacilante, se alejaba ya del fuego cuando Paul tiró de él para obligarlo a retroceder. Le recordó que no veía más allá de un palmo de su cara, y que incluso en el supuesto de que viera, si abandonaba el lugar del accidente y se perdía en el bosque, nadie lo encontraría jamás. Erik y Scott sumaron sus propios argumentos para disuadirlo. Finalmente, Larry se rindió.

Scott temía que Larry, al igual que él, estuviera perdiendo la capacidad de pensar con claridad debido a la hipotermia.

—La verdad es que necesitamos ayuda, Viejo —susurró Scott en voz alta—. No vamos a durar mucho más.

A las ocho y media de esa mañana, la base de las Fuerzas Canadienses en Edmonton, previendo una mejoría del tiempo, envió un Twin Otter para que intentara volar por debajo de las nubes. Solo un minuto más tarde el piloto fue informado de que el Hercules había avistado una fogata en tierra. Ahora existían grandes esperanzas de que el pequeño avión pudiera ver el lugar del accidente. El comandante Dewar emplazó de nuevo a la tripulación del helicóptero Chinook y a los técnicos SAR, que habían ido a un hotel cercano para dormir un rato.

Poco después de las nueve, cuando Scott miraba a lo alto, vio abrirse una porción de cielo azul en la densa niebla. Mientras contemplaba ese claro, un avión amarillo lo surcó de pronto como un ave brillante y hermosa. En silencio dio las gracias al Viejo por responder a sus plegarias.

El avión desapareció por un momento al escorarse e iniciar el regreso hacia la abertura. Cuando reapareció, Larry y Paul, ya de pie, gritaban y agitaban frenéticamente las prendas de Paul. El avión dio un brusco viraje hacia la derecha, cambiando el rumbo drásticamente. Esta vez trazó un cerrado arco de regreso a la abertura, y los supervivientes, cuando el aparato los sobrevoló justo por encima de los árboles, vieron que ladeaba las alas para saludarlos. Y con la misma claridad con que veían el cielo sobre ellos, vieron la cara del piloto que los miraba.

173

Y

En la localidad de Slave Lake, Brian Dunham y el resto de la tripulación del Chinook habían vuelto apresuradamente al aeropuerto, y llegaron justo cuando el segundo Hercules tocaba tierra. Dos técnicos SAR se apearon para unirse al equipo de Dunham en el Chinook. Estaban ya todos a bordo preparándose para el despegue cuando el piloto del Twin Otter informó por radio de que había avistado el avión caído y a cuatro personas en torno a una fogata ennegrecida. Al confirmarse que había supervivientes, los esfuerzos de búsqueda y rescate se redoblaron. A las 9.12, el Chinook que transportaba a Dunham, a otros técnicos SAR y a un equipo médico de cinco miembros estaba en el aire, acercándose rápidamente al lugar del accidente.

En la ladera noroeste del monte alto, justo por debajo de los supervivientes, el grupo de agentes de la Policía Montada y voluntarios, todos agotados y ateridos, despejaba el último kilómetro de monte que los separaba del lugar del siniestro, e informaron de que acababan de ver el Chinook pasar estruendosamente por el barranco cercano. Hoppy, por el transmisor-receptor que supervisaba desde hacía doce horas, oyó a uno de sus hombres exclamar: «¡Dios santo! Ese helicóptero ha pasado por debajo de nosotros».

En el interior del Chinook, Billy Burton escrutaba la sólida y blanca capa de nubes. Pasadas las doce de la noche, el joven técnico SAR había obligado a su cansado cuerpo a salir de la cama. La noche anterior, ya tarde, Burton había regresado a la base después de una ausencia de dos semanas por unas prácticas en Columbia Británica. Agotado, tenía previsto dormir hasta tarde. Pero lo despertó una llamada que le comunicaba que se requería su presencia en una misión urgente. Se puso el mismo traje de vuelo sucio de color naranja que se había quitado solo dos horas antes y se encaminó al trabajo. Cuando el novato, de metro ochenta y siete y cien kilos, llegó allí, se enteró de que debía participar en una misión de búsqueda y rescate organizada en respuesta a una importante catástrofe aérea. Era su primera gran misión y estaba ilusionado por tener la oportunidad de llevar a cabo la labor para la que se había preparado.

Cuando el Chinook se aproximaba al lugar del accidente,

Burton vio aparecer un pequeño claro, como si de repente un trozo de cielo hubiese abierto un agujero perfecto en la capa de nubes ininterrumpida. Entre los miembros de los equipos de búsqueda y rescate, esas aberturas se conocen como «agujeros aspiradores», porque pueden atraer a un aparato aéreo a una zona de tiempo en apariencia benévolo, pero luego las nubes pueden cerrarse en torno a ellos. El piloto del helicóptero alteró de inmediato el rumbo y voló directo hacia la ventana abierta en el cielo. Burton aguzó la vista cuando el aparato se acercaba al orificio, y pronto avistó un paisaje blanco en el que sobresalían los árboles como manchas negras. Entre sus ramas austeras y deshojadas le pareció ver una gran canoa azul.

Lo primero que Burton pensó fue: «Qué raro». Intentó entender qué hacía una canoa en medio del bosque. De repente cayó en la cuenta: no era una canoa, sino el fuselaje vuelto del revés de un avión pequeño. El corazón se le aceleró.

Pronto el helicóptero se hallaba suspendido sobre el lugar del accidente, esparciendo la nieve acumulada en los árboles de alrededor con sus dos enormes rotores y levantando una polvareda blanca. El piloto enseguida comprendió que el denso bosque y los árboles caídos impedirían el aterrizaje y permaneció en una posición estática a unos cien metros de donde se hallaban acurrucados los supervivientes para que no los afectara la intensa deflexión descendente del Chinook. El jefe de equipo Brian Dunham ya se había puesto el arnés y había cogido las raquetas de nieve, una radio portátil y un equipo de penetración para bajar a tierra. Junto a él, los otros técnicos SAR lo imitaban, aprovisionándose de raquetas de nieve, equipos de oxígeno y material médico, y preparando el equipo de extracción para bajarlo y tenerlo todo listo en previsión de lo que pudieran encontrarse en tierra.

Dunham prendió el gancho del cabrestante a su arnés. Recibió la señal de seguridad, avanzó hacia la puerta abierta en la parte delantera del helicóptero y aflojó un trozo de cable. Asomándose, escrutó el terreno en busca de peligros justo debajo de ellos: el espacio de riesgo operacional conocido como «zona de la muerte». Más adelante, un poco a la dere-

175

cha, vio el avión boca arriba, y justo debajo del helicóptero, una maraña de maleza parcialmente oculta por la nieve que levantaban los rotores. No era el sitio idóneo para descender, pero tendría que bastar.

Con un Chinook tan cargado como ese, e inmóvil en el aire a una altitud peligrosamente baja, setenta y cinco pies, necesitaba desprenderse rápidamente del cable suspendido en cuanto tocara tierra para poder alejarse del helicóptero sin pérdida de tiempo. Dunham aguardó a que el ingeniero de vuelo le diera el visto bueno. Cuando lo recibió, un tripulante empezó a bajar a Dunham a tierra. Al acercarse al suelo, se preparó para una descarga eléctrica. Las puntas de los rotores de un Chinook se mueven a velocidad supersónica, creando una cantidad tremenda de electricidad estática, y Duncan sabía que, como era el primero en tocar tierra, iba a sufrir el impacto. Lo que no se esperaba era la intensidad de la descarga. Cuando se soltó del cable y se dejó caer en la nieve, una sacudida lo levantó dos palmos del suelo. Cayó bruscamente de espaldas y permaneció inmóvil durante medio minuto, con un intenso escozor en las extremidades, paralizadas. Para cuando volvió en sí y se puso en pie, otro técnico SAR estaba a su lado y un tercero bajaba. Se calzaron las raquetas y, avanzando con dificultad por la espesa maleza y la nieve, se encaminaron hacia la fogata.

A veinte metros del fuselaje aplastado, Dunham veía claramente la pequeña hoguera. Distinguió a dos hombres de pie en torno al hoyo de nieve fundida y a otros dos tendidos en él, con los rostros recubiertos de sangre seca. Un hombre de mediana edad y piel aceitunada con una gabardina que no era de su talla los llamó casi de inmediato.

—No se preocupen por nosotros —dijo, señalándose a sí mismo y al joven desaliñado junto a él—. Son los que están en el suelo quienes necesitan su ayuda.

Dunham, atento al triaje, siguió su indicación y fue derecho a los heridos más graves.

—¿No llevarán por casualidad un termo de café en la mochila? —preguntó el hombre desaliñado.

—Lo siento pero no —contestó Dunham.

Los técnicos SAR evaluaron rápidamente a los supervivientes y luego corrieron hacia el aparato a través de la nieve de medio metro de profundidad. Cuando Dunham se acercó a los restos del avión, cabeceó en un gesto de incredulidad, sin entender cómo era posible que hubiera sobrevivido alguien. La masa de metal era apenas reconocible. No tenía morro ni alas, y la sección delantera derecha había quedado reducida a un amasijo. Dunham entró por la compuerta abierta y contuvo el aliento. Dentro había cuatro pasajeros muertos. Retrocedió, circundó la cabina hasta la parte delantera y, entrando a rastras, encontró a otros dos fallecidos. Un pasajero tenía cercenada la parte superior del cráneo y otro había quedado empalado. Dunham tardó un momento en recobrar la calma; luego, por medio de la radio portátil, informó del lúgubre hallazgo: seis negros, cuatro rojos.

En términos de búsqueda y rescate, «rojo» alude a los supervivientes que requieren tratamiento y evacuación inmediatos; «negro» hace referencia a los muertos. Mientras Dunham transmitía su información, el tráfico aéreo civil en la zona empezaba a ser un problema. El informe inicial del piloto del Twin Otter que vio a los supervivientes en tierra se había difundido entre otros que permanecían atentos al canal 122.8 de VHF, y pronto varios medios de comunicación tenían aviones sobrevolando la zona con la esperanza de obtener una primicia. Considerándolos un peligro para los esfuerzos de la búsqueda y rescate, la Policía Montada enseguida declaró zona de exclusión el amplio espacio aéreo sobre el lugar del accidente. Pero cuando Dunham y su equipo se preparaban para izar a los supervivientes a bordo del Chinook, una pregunta importante rondaba por la cabeza de todos aquellos que se habían enterado de que en tierra había supervivientes: ¿quiénes eran los afortunados?

En su casa de High Prairie, Alma se había retirado al piso de arriba con sus tres hijos menores para huir de la muchedumbre de vecinos congregados en su cocina y su sala de estar, y para alejarse de los periodistas reunidos en la calle más allá del camino de acceso. También ella tenía ya noticia de que habían encontrado a cuatro supervivientes en el lugar del siniestro. Eran casi las diez de la mañana, y sus hijos, Larry y James, y su hija, Joan, acababan de llegar de Edmonton. Al romper el alba, el piloto jefe del Gobierno de Alberta, John Tenzer, había comunicado que ya era posible volar sin peligro a High Prairie, y los chicos, junto con Bob Giffin y Hugh Planche, habían subido a bordo del King Air oficial de nueve plazas para emprender el vuelo. El avión llegó solo hasta Slave Lake, porque en High Prairie el mal tiempo aún impedía aterrizar. Así pues, los hijos de Alma pidieron prestado un coche a un concesionario local y recorrieron por carretera los cien kilómetros restantes.

Giffin y Planche, entre tanto, permanecieron en el aeropuerto de Slave Lake, aguardando intranquilos la llegada de los cuatro supervivientes que, una vez allí, serían trasladados a Edmonton a bordo del Hercules que los esperaba.

178

Más o menos a la misma hora que el avión oficial abandonó Edmonton, Sandra Notley estaba en la cafetería del motel y recibió un aviso en el busca para que atendiera una llamada urgente. Uno de los ayudantes de su marido le dijo que el avión de Grant se había estrellado cerca de High Prairie la noche anterior. Pero tenían noticias esperanzadoras. El avión caído había sido localizado y se había visto con vida en tierra a cuatro personas.

«Recuerdo que pensé en lo complicado que sería organizar las idas y venidas al hospital, de tan segura como estaba de que Grant era uno de los supervivientes —rememoró Sandra—. Luego me dije que quizá ni siquiera estaban tan heridos como para tener que ingresar en el hospital.»

La Policía Montada local se ofreció a llevarla a Fairview. Cuando llegó, sus tres hijos conocían ya la muerte de su padre. Rachel, la hija de veinte años de Sandra —en la actualidad miembro de la Asamblea Legislativa de Alberta por el Nuevo Partido Demócrata— dio a su madre la terrible noticia.

«Creo que ya lo sospechaba, porque los agentes de la Policía Montada habían apagado la radio», dijo Rachel.

Y

En medio del tumulto del rescate, Paul, de pie con una manta térmica sobre los hombros, fumaba nerviosamente un cigarrillo que había gorroneado a uno de los rescatadores. En lo alto, un enorme helicóptero levantaba una gran polvareda blanca, y el grave chop, chop, chop de sus dos gigantescos rotores le resonaba en los oídos. Mientras observaba cómo izaban a Erik, se preguntó por un momento si saldría en las noticias y qué dirían sus padres en la otra punta del país si veían en televisión a su hijo ausente desde hacía tanto tiempo. Se pelaba de frío y se moría de ganas de largarse de allí. Mientras esperaba impacientemente a que los rescatadores entablillaran a Scott antes de subirlo al helicóptero, sacó la navaja de bolsillo que había encontrado en el avión y empezó a juguetear con ella. Scott, al verlo, le pidió que se acercara.

—¿Qué hace con esa navaja? Deshágase de ella.

Paul tiró la navaja a la nieve y reparó en el maletín de Scott. Lo cogió y se lo entregó a uno de los rescatadores.

—No puede dejárselo porque lleva dentro la pistola y las esposas.

El rescatador dirigió a Paul una mirada de perplejidad antes de aceptar el maletín. Luego Scott desapareció en medio de una nube de nieve revuelta.

A continuación los auxiliares sanitarios metieron a Larry en una bolsa de evacuación y subieron la cremallera hasta taparle completamente la cabeza. Mientras esperaban a que bajara el cable del cabrestante del Chinook, Larry le pidió a Paul:

—¿Puede abrir esto para que vea lo que está pasando?

Una sonrisa asomó al rostro ensangrentado de Paul. El viejo no había visto nada en toda la noche, ¿por qué, pues, ahora le preocupaba tanto si veía o no? De todos modos, Paul lo complació.

El helicóptero había abandonado por un momento su posición fija encima de ellos, pero volvió a ocuparla una vez más, generando otra intensa deflexión descendente y atronando con sus poderosos rotores. Uno de los rescatadores indicó a Paul a gritos que se pusiera a cuatro patas y se protegiera. Él obedeció de mala gana, pero la maniobra pareció prolongarse una eternidad. Al final, aterido y harto, perdió la paciencia. Se irguió, tiró la manta, y se alejaba ya de la ventisca cuando un rescatador tiró de él para obligarlo a volver. El hombre le puso el arnés y se prendieron los dos al cable del cabrestante.

A las 11.25, quince horas después del accidente del vuelo 402 de Wapiti Aviation, fue izado el último superviviente, Paul Archambault. Por encima de él, los rotores palpitaban con un latido ensordecedor; por debajo, el lugar del accidente desaparecía en medio de un remolino blanco de nieve. Paul estaba helado, dolorido y famélico, pero entonces eso no habría podido importarle menos.

«Fue la sensación más maravillosa del mundo», escribiría más tarde.

CUARTA PARTE

Cuando avances por el camino de la vida,
verás un gran abismo.
Salta.
No es tan ancho como te piensas.

PROVERBIO INDIO

Héroe

*P*ara Brian Dunham, la misión de búsqueda y rescate del avión de Wapiti y su inverosímil grupo de supervivientes fue una de las más extrañas y memorables en sus veinticinco años de carrera como técnico SAR. Cuando subió a los cuatro supervivientes a bordo del Chinook, el doctor Kenneth Betts, oficial médico del Ejército, atendió sus heridas. El médico había reconocido rápidamente a los dos hombres izados en camillas, Erik y Scott. Lo que Betts observó no era bueno. El piloto tenía un neumotórax, una afección con grave riesgo para la vida, y una herida en la cabeza; además había perdido mucha sangre. Scott padecía un traumatismo torácico e hipotermia, y su dolor era extremo. Larry se había roto las costillas y tenía una probable fractura compresiva de la columna. Por su parte, Paul parecía haber sufrido solo rasguños. Betts se puso en contacto por radio con Slave Lake para solicitar el traslado inmediato de los cuatro supervivientes a Edmonton a fin de llevar a cabo un reconocimiento más completo y administrar el tratamiento adecuado. Enseguida se le comunicó que el Hercules había repostado y aguardaba para llevar a los cuatro hombres al sur.

Al oír esto, Larry insistió en que no lo enviaran a Edmonton, y el equipo médico del helicóptero decidió que Paul y él, con heridas menores, ingresaran en el hospital de Slave Lake. Paul, que estaba recostado en la parte de atrás del Chinook, se irguió.

—Yo tengo que estar con Scott —dijo—. A donde vaya él, voy yo.

—¿Por qué? —preguntó el doctor Betts.

—Soy un detenido y estoy bajo su custodia —contestó Paul.

Betts miró a Paul con cara de escepticismo y luego se volvió hacia Scott. Este asintió y dijo:

—Me ha salvado la vida.

Justo antes de las once de la mañana, el Chinook descendió de las nubes sobre Slave Lake como un pájaro ruidoso y poco elegante. Cuando tomó tierra, un pequeño regimiento de personal sanitario y médico aguardaba allí para recibirlos. También estaba Bob Giffin. La mano derecha del *premier* observó con atención mientras los auxiliares descargaban del aparato a los dos hombres en camilla. Ambos tenían vías intravenosas y los rostros ensangrentados medio ocultos bajo mantas. Giffin no reconoció a ninguno de los dos, ni al muchacho tendido en la tercera camilla. Nervioso, avanzó hacia la rampa abierta del helicóptero y echó un vistazo al interior. Allí estaba su viejo amigo, con el rostro magullado, atenazado por el dolor y visiblemente cojo, pese a lo cual se negaba a que lo bajaran en camilla. Larry quiso salir del helicóptero por su propio pie.

—¡Larry! —exclamó Giffin.

—Bob —contestó Larry—, llama a Alma de inmediato y dile que estoy bien.

Giffin corrió a la terminal. Cuando consiguió ponerse en contacto con la casa de los Shaben en High Prairie y preguntó por Alma, una mujer cuya voz no reconoció le pidió que esperara. Giffin oyó una sombría conversación de fondo. Tuvo que aguardar largo rato hasta que la mujer regresó.

—Alma no quiere ponerse.

Después admitió que se temía lo peor y que no pudo soportar la idea de coger el teléfono.

—Dígale que Larry está bien.

—¡Está bien! —oyó gritar a la mujer, y luego todos en la sala prorrumpieron en gritos de alegría.

Alma no lloró al oír la noticia. Abrazó estrechamente a sus tres hijos ya mayores. A continuación los cuatro cogieron sus abrigos y, junto con varios amigos íntimos de la familia, fueron en coche a Slave Lake.

«Entré en el hospital, y allí estaba —recordó Alma—. Tenía un ojo morado y la cara llena de arañazos. Había gente de los medios por todas partes, pero yo solo lo veía a él.»

Larry rodeó a su esposa con los brazos y la estrechó como si no fuera a soltarla nunca.

«Las lágrimas se me escaparon entonces», dijo Alma.

Pero las noticias no eran buenas para la familia y los amigos de la mayoría de los pasajeros. Varios habían viajado hasta el aeropuerto de Slave Lake, anticipándose a la llegada del Chinook. El periodista Byron Christopher estaba allí ese día. Se había subido a un avión en Edmonton en cuanto se había difundido la noticia de que habían encontrado supervivientes. Christopher se hallaba junto a un teléfono público en la terminal cuando dos chicas adolescentes irrumpieron por una cercana puerta lateral.

—¿Sabe algo sobre el accidente de avión? —preguntó la mayor con tono de desesperación.

—Han sobrevivido cuatro.

—Mi madre, Pad Blaskovits, viajaba en ese avión. ¿Está viva?

—No lo sé —respondió Christopher, pese a que sí lo sabía. Había visto a los supervivientes al abandonar el aparato y sabía que eran todos hombres. Pero no quería ser él quien diera la noticia a las chicas, así que las envió a una oficina reservada para las familias, al final del pasillo.

«Las chicas corrieron por el pasillo, llamaron a la puerta y entraron —recordaba—. La puerta se cerró. Oí voces y llantos. Las chicas llevaban allí dentro solo unos minutos cuando la puerta se abrió de par en par y pasaron corriendo junto a mí, abrieron la puerta exterior y siguieron hacia un vehículo estacionado en el aparcamiento. La mayor se cubría la cara con una mano. Sollozaba descontroladamente. Fue una escena horrible. Tengo grabado en la memoria el recuerdo de esas dos chicas al pasar junto a mí, llorando. Es como si hubiera ocurrido ayer.»

Esa escena se repetiría con varias familias más, pero con ninguna tan públicamente como con la familia de Grant Notley.

En el destacamento de la Policía Montada en High Prairie, la larga noche de Marv Hopkins dio paso a un día interminablemente largo. Llevaba catorce horas coordinando y dando apoyo al equipo de búsqueda terrestre cuando este por fin se abrió camino a través de la espesura hasta el lugar del accidente poco después de que el Chinook se marchara con los supervivientes. Extenuados y ateridos, se enfrentaban ahora a la espeluznante tarea de ayudar a retirar seis cadáveres. Brian Dunham y otro técnico SAR se habían quedado allí para rescatar los cuerpos de los fallecidos y prepararlos para el traslado a High Prairie cuando regresara el helicóptero.

El comandante Dewar había llamado desde Slave Lake para comunicar a Hopkins los nombres de los rojos y los negros, y decirle que estos serían trasladados a High Prairie para la autopsia. Entre los muertos se encontraban dos vecinos del pueblo y otras cuatro personas de comunidades cercanas. Como si vérselas con el devastador impacto que el accidente tendría en aquel pueblo no bastara, Hopkins se veía en la necesidad de eludir la avalancha de representantes de los medios que había caído sobre su destacamento. Se había negado a hablar con ellos mientras la búsqueda se llevaba a cabo, pero, ahora que el avión había aparecido, los periodistas lo acosaban sin cesar en pos de cualquier retazo de información. Los indicadores de las cinco líneas telefónicas se encendían sin cesar, sonando todas continuamente, pero Hoppy estaba empeñado en no dar ningún dato antes de comunicarse con los allegados de los difuntos.

Entonces recibió una llamada de Ray Martin, representante en la Asamblea Legislativa del Nuevo Partido Demócrata, desesperado por saber algo de Notley. Los dos hombres eran mucho más que colegas en la política; eran íntimos amigos, y habían sido padrinos en sus respectivas bodas. Por lo que a Martin se refería, eso los convertía en familia. Hoppy explicó que no estaba autorizado a dar esa información, pero Martin insistió. De fondo, oía un murmullo de voces: eran seguidores incondicionales del partido y colegas del mundo de la política, como sabría más tarde, que se habían reunido en la Asamblea Legislativa de Alberta para esperar noticias.

—Como vicepresidente del partido, necesito saberlo —recuerda que le dijo Martin—. Habría que tomar disposiciones políticas.

Hoppy vaciló.

—¿Ha muerto o no? —lo presionó Marty.

—Solo para su información —contestó Hoppy con un titubeo—. Ha fallecido.

—Grant nos ha dejado —oyó exclamar a Martin, y un coro de voces afligidas prorrumpió en torno a él.

La noticia se propagó con la fuerza de un huracán. Pronto las emisoras de radio y las cadenas de televisión informaban sin cesar de la muerte del icónico líder de la oposición de Alberta desde hacía tantos años. Los detalles del accidente se difundieron por toda la nación y luego a través de las agencias de prensa internacionales, y se hicieron eco de ello muchos periódicos, desde el *New York Times* hasta el *Jerusalem Post*.

Así fue como yo me enteré.

El verano que cumplí veintidós años, abandoné Canadá para llevar a cabo un viaje educativo por Jordania, Israel y los Territorios Palestinos Ocupados. Al final de cinco semanas —la mañana que el grupo de catorce estudiantes universitarios norteamericanos de origen árabe con el que yo había estado viajando salió de Nueva York— me quedé en la entrada del YMCA de Jerusalén y los despedí. El día anterior había conseguido espontáneamente un empleo en una agencia de noticias local. No tenía ni idea de dónde iba a vivir ni de cómo me las arreglaría con el sueldo de doscientos dólares al mes que me habían prometido, pero, ingenua e idealista como era, no me importaba.

Perdí parte de esa despreocupación durante los tres meses siguientes al experimentar de primera mano la ocupación militar, pero no tomé verdadera conciencia de la fragilidad de la vida hasta la mañana que cogí el *Jerusalem Post* y leí la pequeña nota sobre el accidente de un aerotaxi canadiense cerca de mi pueblo natal, a diez mil kilómetros de allí. Ver el nombre de mi padre al final del artículo se me antojó irreal, por decir poco. Lo leí por segunda vez, reprimiendo una burbuja de histeria que se formaba en mi pecho. Las palabras estaban allí clarísimamente: mi padre era una de las cuatro personas que habían sobrevivido al accidente de aviación en que otras seis habían muerto.

Pasaron dos meses hasta que pude tomarme unos días libres en mi empleo para volver a casa por Navidad. Ese retraso fue un suplicio. Telefoneaba a mi familia todos los domingos, y siempre pedía que se pusiera mi padre al aparato, para asegurarme de que, en efecto, estaba vivo. Por teléfono lo notaba tranquilo y reconfortante, como si la vida fuese la misma de siempre.

Pero no lo era. Si yo hubiese podido seguir los titulares que dominaron los periódicos locales y nacionales después del accidente, habría sabido que este cambió muchas vidas para siempre. Pese a que durante los primeros días la muerte de Grant Notley acaparó casi toda la atención de los medios, pronto empezó a cobrar forma otra historia a partir de los rumores difundidos por las personas próximas a la operación de búsqueda y rescate, la historia de cómo un delincuente detenido que viajaba a bordo del avión supuestamente había salvado la vida a su escolta de la Policía Montada y a los otros dos supervivientes.

Inmediatamente después del accidente, el protagonista de dicha historia fue puesto bajo vigilancia en el hospital Royal Alexandra de Edmonton. Tras lavarlo, hacerle radiografías, proporcionarle ropa para cambiarse y darle de comer, ingresaron a Paul para someterlo a observación. Incluso le dejaron pasar por la habitación de Scott para devolverle el reloj antes de que lo llevaran a una habitación privada en la tercera planta del hospital. El director del centro de retención de Edmonton fue a ver a Paul, y, después de interrogarlo, lo dejó en compañía de un vigilante. Cuando los dos se quedaron solos en la habitación, el celador sacó unas esposas.

—¿De verdad es necesario? —preguntó Paul.

188

—Es la norma.

Paul montó en cólera.

«Vaya gilipollez —escribiría más tarde—. Tengo un accidente de avión. Ayudo a los otros a seguir con vida hasta que llega el rescate. Está claro que pasé por una experiencia muy traumática, y van y me encadenan a la cama como a un animal.»

Esa misma tarde, mientras metían a mi padre en una ambulancia para trasladarlo del hospital de Slave Lake al de High Prairie, aquello estaba plagado de enviados de los medios. Uno de los periodistas lo felicitó por haber sobrevivido a semejante experiencia, afirmando que había tenido un comportamiento heroico.

«No —lo corrigió Larry—. El héroe es Archambault. Le salvó la vida a Deschamps.»

Esa noche, el jefe de policía hizo una visita personal a Paul y le dio la enhorabuena por un trabajo bien hecho. Después, cuando Paul bajó acompañado de su vigilante, la mujer de Scott, Mary Clarkson —recién llegada de la costa oeste—, lo buscó y le dio las gracias.

El domingo 21 de octubre, Paul despertó entumecido y todavía esposado a la cama. Lo único bueno que recordaba de esa mañana era la inyección de Demerol que, después de mucho insistir al médico, le habían administrado. Suavizó las aristas de su dolor y se sintió mejor que con cualquiera de las hierbas que había fumado en la vida. Después de otro reconocimiento, el médico dictaminó que estaba en condiciones de recibir el alta. Paul adujo con vehemencia las más diversas razones para que le dieran otra inyección de Demerol, pero el médico, tras una larga y perspicaz mirada, negó con la cabeza. Al cabo de un rato, un policía lo escoltó al centro de retención de Edmonton. Nada más llegar lo cachearon y lo despojaron de sus escasas pertenencias, incluida la cámara de Erik, que se había metido en el bolsillo. Las autoridades consignaron el ingreso en prisión, le entregaron ropa de recluso y lo dejaron en aislamiento.

Paul se sumió en un profundo desánimo. Aborrecía la cárcel, y allí estaba, encerrado una vez más. Empezó a pensar en lo corta que era la vida y en que necesitaba labrarse un porvenir. Esa noche pidió papel y lápiz, y se los entregaron. Con eso, empezó a escribir el relato del accidente. Había llenado cinco páginas cuando, por alguna razón inexplicable, las rompió y las tiró al váter.

Entre tanto, en el hospital Royal Alexandra, Erik hacía frente a su propio calvario. Se hallaba en un estado grave cuando los auxiliares sanitarios lo llevaron a la sala de urgencias. Los médicos y las enfermeras se afanaron en torno a su cama como fantasmas, sus rostros tensos y serios. Las palabras flotaban en el aire mientras él perdía y recuperaba la conciencia: «hemorragia interna», «cirugía» y «parientes más cercanos». Erik no tenía ni idea de si sobreviviría a sus heridas ni si lo deseaba. Si sobrevivía, ¿cómo podría soportar la angustia por lo que había provocado?

Fuera de su habitación, los periodistas rondaban como mendigos esperando una limosna. Estaba solo y semiconsciente cuando una enfermera se inclinó junto a su cama para hablarle en susurros.

—Hay un hombre en la sala de espera que quiere verlo —recuerda Erik que le dijo.

La miró con perplejidad.

Sus padres aún no habían llegado de la costa oeste y él no tenía familia en Edmonton.

—No se irá —aseguró la enfermera, y añadió que el hombre había dicho que era amigo suyo.

Erik solo pudo mover la cabeza en un débil gesto de asentimiento antes de cerrar los párpados. Cuando los abrió, cobró forma lentamente ante sus ojos un rostro conocido. Era Duncan Bell.

Duncan le cogió la mano a Erik y se la sostuvo durante tanto rato que Erik se sintió incómodo.

—Sé lo que ocurrió —dijo Duncan—. He supuesto que si alguien necesitaba comprensión ahora mismo, ese eras tú.

Erik se sintió abrumado, pese a que inicialmente vio una amarga ironía en la presencia allí de Duncan, teniendo en cuenta que él, hacía dos años, había sido tan poco comprensivo con su error.

Su amigo se quedó con Erik durante el resto del día y la mayor parte de la noche. En cierto momento, mientras observaba su cuerpo maltrecho, comentó en broma:

—Vas a tener las mismas cicatrices que yo.

La comprensión de Duncan lo reconfortó de manera inconmensurable, y ese apoyo incondicional le ayudó a hacerse fuerte para enfrentarse a lo que se avecinaba.

El lunes 22 de octubre, Paul despertó en la celda. Totalmente aislado, desconocía que el accidente dominaba los titulares nacionales. «Muere Notley», proclamaba un periódico. «El dirigente político y otras cinco personas fallecieron en un accidente de aviación», rezaba otro. «El pueblo desolado», afirmaba un tercero. El recuento oficial de muertos:

GRANT NOTLEY: 45, representante electo desde hace trece años de la Asamblea de Alberta, marido de Sandra Notley y padre de tres hijos.

CHRISTOPHER VINCE: 30, administrador de personal en el Departamento de Servicios Sociales y Salud Pública del Gobierno de Alberta, que recientemente se había trasladado al norte desde Calgary con su joven esposa, Frances.

ELAINE NOSKEYE: 39, de la reserva india Atikameg, esposa de William Whitehead y madre de catorce hijos.

GORDON PEEVER: 33, director financiero de la Escuela de Formación Profesional Alberta, cerca de High Prairie, marido de Virginia y padre de seis hijos.

PATRICIA BLASKOVITS: 51, subdirectora de Enfermería en Fairview, casada con Norman y madre de ocho hijos.

TERRANCE SWANSON: 28, doctor en patología de las plantas, que había obtenido su primer empleo en el Departamento de Agricultura de Alberta; deja atrás a sus dos hijas pequeñas y a su mujer, Sally, embarazada.

Paul no sabía nada de los nombres e identidades de los muertos, pero las imágenes de los rostros magullados de los otros supervivientes permanecían grabadas en su memoria. Le remordía la culpabilidad por el pasajero atrapado al que no había podido salvar. Y estaba furioso. Esa mañana exigió ver al director. Al cabo de unas horas, el subdirector lo visitó.

—¿Por qué no puedo estar con los demás? —preguntó Paul—. No soy un violador ni un chivato. ¿Por qué, pues, el aislamiento?

El subdirector movió la cabeza en un pensativo gesto de asentimiento. Poco después lo trasladaron a una celda normal. No se quedaría allí mucho tiempo. Después del almuerzo, un agente de policía llegó para acompañarlo al aeropuerto. Le dijo que esa tarde volarían a Grand Prairie para que afrontara por fin los cargos que lo habían obligado a subir a un avión inicialmente. Cuando salía del centro de retención, alzó la vista y en un televisor vio el rostro de Larry en las noticias. No le dejaron pararse a mirar, así que ignoraba que su vida estaba a punto de cambiar drásticamente.

192

Larry Shaben lucía un albornoz y una sonrisa cansina. Le faltaban los dos dientes delanteros y tenía el rostro magullado e hinchado mientras hablaba a la prensa en su habitación del hospital de High Prairie. Después del rescate, mi padre insistió en que lo trasladaran al hospital de su pueblo. El domingo por la mañana accedió finalmente a recibir a los medios. Sus declaraciones dieron fuerza a los rumores que corrían ya sobre los heroicos esfuerzos de un detenido que viajaba a bordo del avión.

—Creo que casi todo el mérito corresponde a ese joven, Paul Archambault —declaró mi padre a los periodistas—. Salvó la vida al agente de la Policía Montada sacándolo del avión. Paul Archambault hizo un trabajo digno de mención.

La historia de Paul pronto capturó la imaginación de todo un país. Los periodistas persiguieron el coche de la policía en el que viajaba de camino al aeropuerto de Edmonton y lo asediaron cuando llegó allí. Vestido con la ropa que le había dado el hospital a su llegada, que ni siquiera era de su talla, Paul retrocedió ante los periodistas cuando empezaron a acribillarlo a preguntas desde todas las direcciones.

—¿Murió Grant Notley en el impacto o después? —preguntó uno.

—No lo sé —contestó Paul—. No conocía a nadie, aparte de Scott, mi escolta.

—Cuéntenos qué pasó —quiso saber otro—. ¿Cree que es un héroe?

—Solo hice lo que consideré que tenía que hacer —respondió.

Ese lunes después del accidente, olvidando el pacto con Larry y los otros supervivientes, Paul le dijo a la prensa: «Lo que más me afectó fue oír los gemidos de un hombre hasta que murió. Me siento muy mal por no haber podido sacar a esa única persona que aún estaba viva. Aguantó unas horas».

Mientras Paul volaba hacia el norte para comparecer ante el juez, se celebraba una sesión en la Asamblea Legislativa de Alberta. Duró solo treinta y seis minutos, y el *premier* presentó una única moción: que la Asamblea suspendiera sus actividades hasta el viernes a las diez de la mañana, en memoria de su difunto colega. Los representantes de todos los partidos, algunos conteniendo las lágrimas mientras hablaban, rindieron homenaje a Grant Notley y a los otros tres fallecidos que eran funcionarios públicos y miembros de la Administración: la señora Swanson, el señor Vince y el señor Peever; y a las familias de la señora Noskeye y la señora Blaskovitz. A continuación, todos se pusieron en pie para permanecer un minuto en silencio.

Cuando el avión de Paul aterrizó en Grande Prairie, un pequeño desfile de vehículos de los medios de comunicación siguió al coche de policía que lo condujo desde el aeropuerto hasta el juzgado. Varios periodistas habían viajado en el avión con Paul, dispuestos a informar sobre el juicio del héroe. Él sintió una mezcla de miedo y nostalgia cuando contempló la ciudad de la que había huido. La nieve cubría las carreteras y los campos, y el gran cielo de la pradera brillaba con una luminosidad azul y dura como un diamante. Miró las calles conocidas, los lejanos edificios del centro cerca de los bares donde se había emborrachado más veces de las que podía recordar y el valle del río donde había dormido en las noches cálidas de verano. Pronto el coche se acercó al centro de la ciudad donde se agrupaban el destacamento de la Policía Montada, el juzgado y otros edificios municipales. Cuando el auto llegó al juzgado, descendió por una rampa que accedía a una entrada de servicio bajo el lúgubre edificio de cemento. El hielo crujió bajo los neumáticos mientras transportaban a Paul desde la quebradiza luminosidad del día a las oscuras sombras.

Lo llevaron a la sala del juzgado antes de que llegara el juez, y se sentó junto a su vigilante. La sala era pequeña pero majestuosa, decorada con distintos tonos de beis y óxido. La atravesaba un ancho pasillo central, que conducía hasta el imponente estrado del juez. Detrás colgaba un descomunal escudo de armas de la provincia, en una pared de obra vista. En la parte delantera de la sala había dos mesas para los abogados y una modesta zona de asientos donde Paul aguardó, nervioso. El juez entró y llamaron a Paul para que se sentara en el banquillo del acusado.

El juez Kenneth Staples tenía poco más de cuarenta años, cabello castaño oscuro y una actitud amable y reservada. El caso que tenía ante sí era en extremo insólito. El acusado había salvado la vida a su escolta de la Policía Montada después de un accidente aéreo, y había recogido leña y alimentado una hoguera durante la noche para mantener con vida a los supervivientes.

El juez Staples escuchó con atención primero al fiscal, que presentó los detalles de la acusación, y luego al acusado, que contestó a sus preguntas con voz comedida.

«Me gustó su comportamiento —diría después Staples—. No alardeaba. Era discreto y respetuoso.»

El juez permaneció pensativo por un momento después de escuchar al fiscal y al acusado; luego pidió a Paul que abandonara el banquillo y se acercara al estrado.

—Su conducta ha sido muy digna de elogio —afirmó Staples. Acto seguido, sobreseyó la causa por daños contra la propiedad y dictaminó que el periodo que Paul había pasado

194

bajo custodia desde su detención el 15 de octubre era condena suficiente para el cargo de incomparecencia. A continuación, el juez lo autorizó a abandonar la sala.

Paul Archambault era un hombre libre.

No se lo podía creer. Una enorme sonrisa se dibujó en su rostro mientras un edil del juzgado lo llevaba a la planta baja a recoger sus efectos personales. Desde detrás del largo mostrador una mujer le entregó una bolsa verde de basura. Complacido, dentro encontró sus vaqueros, su camisa y su cazadora tejana, que se puso de inmediato en un lavabo cercano. Apestaba todo a humo.

Su satisfacción no duró mucho. Al buscar en los bolsillos, descubrió que el billetero había desaparecido. El centro de retención de Edmonton no se lo había devuelto al marcharse esa mañana. Lamentó profundamente no haberlo escondido en algún sitio donde no lo encontraran. Así y todo, cuando abandonó el juzgado provincial y salió a la soleada tarde, caminaba con paso vigoroso. Fuera lo rodeó un grupo de periodistas. Con las cámaras encendidas y los micrófonos tendidos hacia él, Paul se vio convertido de nuevo en blanco de una embelesada atención.

—¿Y ahora qué va a hacer? —quiso saber un periodista.

Era una cuestión en la que Paul no había tenido ocasión de pensar. Había previsto pasar un tiempo encerrado. No quería revelar demasiados detalles sobre su vida, pero dijo a los periodistas que ni siquiera tenía unas monedas para llevar a la lavandería su ropa con olor a humo. Le habría gustado decir que volvería al este, a Aylmer, para ver a su madre, pero eso, estando sin un céntimo, quedaba descartado. Además, en Quebec pesaba una orden de detención contra él a raíz del allanamiento y robo en el club de golf donde había trabajado el año anterior.

Aunque carecía de dirección permanente, Paul tenía un apartado de correos en un pueblo justo al otro lado de la línea de demarcación entre Alberta y Columbia Británica. Pensando deprisa, dijo a los periodistas que si alguien quería encontrarlo, podía escribirle a la oficina de correos de Dawson Creek.

—¿Cómo llegará allí? —preguntó un periodista.

—Viajaré como más me gusta: a dedo —respondió Paul—. Así mantengo los pies en el suelo y disfruto de la vista.

Paul se quedó en Grande Prairie durante unos cuantos días, pero su nueva posición de héroe lo incomodaba.

«Me asustaba mucho que me llamaran así —recordó—. Resultaba difícil pasear por la calle porque todo el mundo se quedaba mirándome, y eso me sacaba de quicio. O sea, antes les importaba un carajo quién era yo, y de pronto me convierto en una persona importante.»

En una entrevista realizada el día después de su exoneración, Paul se sinceró con los periodistas: «Les voy a hablar claramente. Estoy harto de que todos me llamen héroe. Yo no hice nada que no hubiera hecho casi cualquier persona en esa misma situación».

Pero la mayoría de la gente no lo vio así, entre ellas Teddy Bougiridis, el dueño del Corona Pizza, que lo había despedido hacía dos meses.

—Conque ahora eres un héroe, ¿eh? —dijo con una sonrisa feliz cuando Paul apareció en el local. Viniendo de su antiguo jefe, no le molestó. Se sintió muy dolido cuando Teddy lo despidió, y fue para él una satisfacción redimirse ante sus ojos.

Paul también agradeció que personas absolutamente desconocidas se ofrecieran a ayudarlo. Poco después de su exoneración el *Daily Herald Tribune* de Grande Prairie creó un fondo para ayudarlo a rehacer su vida. Al cabo de unos días, había recaudado trescientos dólares de los habitantes de la ciudad. Pero sus generosos donativos no bastaron para que se quedara en Grande Prairie.

«Necesitaba un tiempo para poner en orden mis pensamientos», recordó Paul. Varios días después abandonó discretamente la ciudad.

«No haré públicos mis planes —fue lo único que dijo—. Quiero llevar mi propia vida. No quiero que me persigan.»

Después de marcharse de la ciudad, una de las cosas que hizo fue visitar a su tío, Denis Archambault, un abogado penal de Prince George, Columbia Británica. Denis no solo era comprensivo con individuos que se apartaban del buen camino, sino que entendía y apreciaba a su sobrino como poca gente. En su actividad jurídica, se había cruzado con un innovador psiquiatra llamado Bennet Wong, un asesor del Departamento de Justicia que ayudaba a rehabilitar a jóvenes conflictivos. Wong y su colaborador, Jock McKeen, habían abierto recientemente The Haven Institute, una residencia para el desarrollo personal en una isla en la costa oeste de Canadá. Tenían fama de ser pioneros en una terapia en grupo con personas que pugnaban por reinsertarse en el mundo. Denis propuso a Paul que participara en un curso de un mes en The Haven Institute y se ofreció a correr con los gastos. Paul accedió.

Entre tanto, la historia del heroísmo de Paul siguió atrayendo donativos de personas en toda la provincia, deseosas de ayudarlo a rehacer su vida. Eso también lo incomodaba. Dijo a un periodista que esperaba que los ciudadanos de Alberta interesados en hacer una aportación a un fondo para él «no enloquecieran». Lo único que necesitaba, declaró, era dinero para mantenerse un mes en la isla.

«Tengo que conocerme un poco más y recomponerme mentalmente», explicó.

Al cabo de unos días, cuando el látigo frío del invierno azotaba el resto del país, Paul viajaba a bordo de un transbordador de Columbia Británica a través del estrecho de Georgia rumbo a la isla de Gabriola.

Investigación

*E*rik Vogel se hallaba en tierra de nadie entre la vida y la muerte en el hospital Royal Alexandra de Edmonton. La información sobre el accidente se filtraba a través de su cerebro semiconsciente como unas sombras oscuras en lento movimiento.

Cuando sus padres llegaron junto a su lecho, las primeras palabras que dijo su padre fueron: «¿En qué demonios estabas pensando?».

Piloto de grandes aviones de pasajeros que jamás había experimentado el ambiente de olla a presión habitual en las pequeñas compañías comerciales, el padre de Erik no se explicaba que su hijo hubiera podido cometer un error tan garrafal. Él se encogió por la vergüenza que había causado a su padre, que gozaba de una buena reputación en los círculos de la aviación, así como en la política municipal de Lower Mainland, en Columbia Británica.

El peso del dolor y el sufrimiento que había infligido a sus pasajeros y a sus familias, así como la mancha que había dejado en el buen nombre de los suyos, consumían a Erik. Su estado se agravó. Su prometida llegó para estar a su lado, y un viejo amigo del colegio, temiéndose lo peor, telefoneó para despedirse.

Erik tenía la impresión de que su futuro se había hecho añicos de manera irremediable. Mientras entraba y salía del estado de conciencia, intentó recordar el deseo de volar que lo había impulsado hacia ese terrible destino. Hasta poco tiempo antes tenía la absoluta certeza de que volar era su sino. Ahora tenía igual certeza de que su carrera en la aviación había terminado.

Mientras Erik perdía la voluntad de vivir, los acontecimientos se confabulaban para apartarlo del borde del abismo. El primero surgió de un giro afortunado del destino, que llevó a Erik y Scott brevemente a la misma habitación de hospital. Horas después de salir del servicio de urgencias, varios agentes de la Policía Montada lo visitaron para obtener una declaración. Débil y corroído por el sentimiento de culpa, estaba dispuesto a asumir toda la responsabilidad y contarles las cosas tal como habían ocurrido. Scott, tendido en la cama junto a él, le dijo que mantuviera la boca cerrada.

«No tiene que hablar con nadie hasta que consiga un abogado —le dijo Scott, según recuerda Erik—. Van a utilizar cualquier declaración que haga para presentar cargos.»

La intervención de Scott le dio que pensar. Los cargos que, como presuponía Erik, las autoridades presentarían contra él tal vez no fueran tan inapelables.

Luego recibió una llamada telefónica de Sandra Notley, que había leído que el joven piloto se hallaba en estado crítico. Su perdón lo llenó de gratitud.

El último acontecimiento fue una interacción con los investigadores de la Comisión de Seguridad Aérea Canadiense, o CASB por sus siglas en inglés, que lo visitaron en algún momento durante sus primeros días en el hospital. Creada por una ley del Parlamento, la CASB llevaba en activo menos de un mes. La incipiente comisión de seguridad debía su existencia al juez Charles Dubin, un destacado magistrado provincial de Ontario que desde 1979 era el único miembro de un comité encargado de la investigación de la seguridad aérea, a raíz de una serie de accidentes de aviación. Durante sus indagaciones, Dubin descubrió que el Departamento de Seguridad Aérea había destruido pruebas y llegó a la conclusión de que dicho organismo, con hondas raíces en la aparatosa burocracia del Departamento de Transporte de Canadá, no podía investigar objetivamente cuestiones de seguridad aérea cuando era también responsable de establecer la normativa y de conceder licencias a los pilotos y las compañías aéreas. Dubin recomendó que el Departamento de Seguridad

Aérea fuese disuelto y se creara un tribunal independiente para analizar los accidentes de aviación y llevar a cabo investigaciones públicas.

El accidente del vuelo 402 de Wapiti, con su amplia difusión mediática, fue precisamente lo que necesitaban los investigadores de la recién fundada CASB para cimentar su función como perro guardián eficaz y poderoso. Y su as en la manga era Erik Vogel. En la mayoría de los accidentes aéreos en los que había numerosas víctimas mortales, los pilotos no sobreviven. Por consiguiente, las autoridades a menudo atribuyen oportunamente la causa a un error del piloto, práctica conocida en la industria de la aviación como «acusar al muerto». Sin embargo, esta vez la CASB contaba con un piloto que podía ofrecer su versión de los hechos.

El lunes 22 de octubre iniciaron las pesquisas sobre el accidente. Un equipo nacional de investigadores se reunió junto a la cama de hospital de Erik. Lo que le dijeron durante esa primera reunión hizo mella: ya un año y medio antes del accidente, el Departamento de Transporte de Canadá sabía que Wapiti Aviation había incumplido repetidamente las normas de seguridad. De hecho, en agosto de 1984, Dai Griffiths, un inspector del Departamento de Transporte, había escrito un extenso memorando dirigido a las autoridades oficiales sobre las transgresiones de la aerolínea en el terreno de la seguridad, basándose en entrevistas a tres pilotos, dos de los cuales habían sido despedidos de Wapiti en fecha reciente. Los pilotos contaron a los funcionarios que Wapiti los presionaba indirectamente para que volasen con mal tiempo y que tenían la sensación de que los despedirían si no completaban ciertos vuelos. El memorando afirmaba: «Se observa una absoluta falta de respeto a las normas, los derechos de los demás y la seguridad de los pasajeros. Si persisten en su actuación durante mucho más tiempo, casi con toda seguridad ocurrirá una desgracia».

Los investigadores de la CASB estaban seguros de que, con la ayuda de Erik, no solo conseguirían cerrar Wapiti, sino también restaurar el resquebrajado sistema de seguridad aérea canadiense.

Erik Vogel ya tenía una razón para vivir.

Y

Incluso con una causa que defender, las semanas y los meses posteriores al accidente fueron en extremo difíciles para Erik. Conforme averiguaba nuevos detalles sobre los pasajeros a los que había llevado a la muerte, mientras la noticia del accidente seguía dominando los titulares, se le formaba un creciente nudo en el estómago, por el sentimiento de culpabilidad y los remordimientos, que no conseguía disolver de modo alguno.

Después de diez días en el hospital, regresó a White Rock. A mediados de noviembre, la CASB finalizó su investigación de campo en el lugar del accidente y escribió una carta a las más altas instancias del Gobierno solicitando una vigilancia especial a las actividades de Wapiti Aviation. La CASB anunció asimismo que llevaría a cabo una investigación pública, y en enero de 1986 llamó a declarar a su principal testigo, Erik Vogel. Durante las siguientes semanas, los investigadores de la CASB le remitieron un aluvión de expedientes y lo sometieron a agotadoras entrevistas durante la preparación del caso.

No pasaba un día sin que Erik pensara en el accidente, pero la insistencia de la CASB en que la culpa era de Wapiti y del inadecuado sistema de seguridad aérea canadiense le permitió concebir la esperanza de poder resucitar su carrera de piloto. La esperanza duró poco.

«Nadie quería saber nada de mí», dijo Erik al recordar los crudos meses posteriores a su mediático accidente. Solicitó docenas de empleos en aviación, tanto a nivel local como en la otra punta del país, del continente, del planeta. Envió currículos a compañías tan diversas como Georgian Bay Airways en el este de Canadá; United Airlines, en Estados Unidos, y desconocidas aerolíneas de las Maldivas. Las cartas de rechazo llegaron una tras otra. Su única cuerda de salvamento era la convicción de que él no era el único culpable de lo ocurrido aquella noche de octubre.

En Grande Prairie, Dale Wells se enfrentaba a su propio infierno. La noche del siniestro fue él quien hizo la difícil lla-

201

mada a los padres de Erik para anunciarles que el avión de su hijo había sufrido un accidente. Desde entonces apenas había tenido un momento de respiro. El lunes 22 de octubre de 1984, unos inspectores del Departamento de Transporte se presentaron en Wapiti Aviation, incautaron sus archivos y sometieron a Dale y a su padre a cuatro días consecutivos de interrogatorios, pese a que aún no se habían recuperado del devastador impacto del accidente. También unos funcionarios de Aviación habían presentado a los medios una declaración condenatoria: «La inspección básica más reciente realizada a Wapiti Aviation fue una de mantenimiento llevada a cabo el 1 de octubre de 1984. En ese momento se descubrió que la compañía no sometía a parte de su flota al control de mantenimiento regular».

Si Dale no hubiese estado tan indignado, tal vez habría soltado una carcajada. Por lo que a él se refería, sus aviones podían utilizarse perfectamente, y la única deficiencia hallada por los inspectores durante su reciente auditoría de mantenimiento para la aeronavegabilidad era que Wapiti no había realizado las inspecciones «especiales» de las quinientas y las mil horas en algunos de los aparatos de su flota. Lo que los funcionarios de Aviación no mencionaban era que Wapiti sí se había sometido a todas las inspecciones exigidas de las cien horas, que la compañía había completado las demás inspecciones y que los aviones en cuestión volvían a estar en el aire en menos de veinticuatro horas.

Poco después del accidente Dale había comentado a uno de sus pilotos que le «sorprendía que Vogel se hubiera estrellado porque se lo consideraba un piloto cuidadoso y concienzudo». Pero no había hablado con Erik desde el accidente, ni lo había visto el día que Erik volvió a Grande Prairie a recoger su furgoneta del patio ante el hangar de Wapiti.

Con el paso de las semanas, Dale tuvo la sensación de que sus detractores solo se conformarían con la destrucción total de Wapiti. Los inspectores de Aviación supervisaron sus operaciones como aves rapaces de fina vista, controlando las actividades de mantenimiento, observando las salidas desde Edmonton y acosando sin cesar a los pilotos para exigirles que enseñaran licencias válidas, revisiones médicas y el certifi-

202

cado de aptitud para el vuelo. A primeros de noviembre, la familia de una de las víctimas había demandado a Wapiti aduciendo «un proceder arbitrario y temerario».

El 10 de diciembre, tres inspectores llegaron a Wapiti para efectuar una auditoría completa. Los resultados de ese calvario de varios días quedaron recogidos en una carta certificada y enviada por correo exprés, que llegó el día de Nochebuena de 1984. En ella, el Departamento de Transporte comunicaba a Dale que, por razones de seguridad, quedaba anulada parte de las operaciones del certificado de actividades de Wapiti, incluidos el derecho de la compañía a volar por instrumentos con un solo piloto y los vuelos a varios aeropuertos del norte. Además, Dale perdería su posición como ingeniero jefe. Pero un resultado de la auditoría de ese año, incluso más devastador para su persona, afectó al padre de Dale, el hombre que había vendido literalmente su granja para respaldar el sueño de su hijo: crear una próspera aerolínea en el norte. A juicio del Departamento de Transporte, Delbert Wells, presidente de Wapiti desde hacía catorce años, «no conoce suficientemente las complejidades de las operaciones actuales para permitirle asumir de manera competente sus obligaciones como director de operaciones».

El 26 de febrero de 1985, la CASB inició una investigación pública del accidente en el Golden Inn de Grande Prairie, un desangelado edificio de diez plantas a solo unos minutos en coche del aeropuerto, tomando la autovía en dirección este. Atemorizado, Erik se asesoró con James Duke, el abogado contratado por su padre para que lo representara en el proceso, que tuvo lugar en la amplia sala de reuniones de techo abovedado del hotel.

Fuera, los tres pasajeros supervivientes experimentaban emociones muy distintas. Larry, Paul y Scott no se habían visto en el breve tiempo transcurrido desde el rescate, y la alegría de su reencuentro fue enorme. Se estrecharon las manos y se dieron palmadas en la espalda. Larry abrazó afectuosamente a Paul. Este sintió una oleada de aprecio por los dos hombres bien vestidos que tenía a su lado: uno, su anterior captor; el otro, un político que había respondido por él. Paul sostenía en la mano una carpeta con las páginas iniciales de un manuscrito que había empezado a escribir durante su mes en The Haven. El ejercicio había sido una revelación, y le había proporcionado el valor necesario para comenzar a cambiar su vida.

Una de las promesas de Paul durante su retiro fue que se mantendría en más estrecho contacto con su familia. Había hablado con sus padres después del accidente, y cuando se marchó de la isla, estos le pagaron el viaje al este para que los visitara. Paul voló primero a Montreal, donde vivía su padre. De allí fue en autobús hasta Ottawa, que estaba a solo quince kilómetros de su pueblo natal de Aymler, Quebec, al otro lado de la línea de demarcación de la provincia.

Mujer esbelta y atractiva de unos cincuenta y cinco años, Gayle Archambault aguardaba impacientemente la llegada de su hijo en el banco de una estación de autobús de Ottawa. Llevaba bien peinado el pelo corto y de color castaño rojizo, como de peluquería, y se había aplicado cuidadosamente una sombra en forma de media luna sobre los ojos azules. Vestía un voluminoso abrigo de piel y sujetaba recatadamente sobre el regazo un gran bolso negro. A Gayle se la veía cohibida bajo el resplandor de las cámaras de televisión; mantenía apretados sus labios de un rojo vivo en una fina línea. Los medios habían localizado a Gayle en Aylmer poco después del accidente del avión, y ella había comunicado a la prensa con entusiasmo que su hijo volvería a casa. Es imposible saber si se sintió honrada o molesta por la atención de los medios ese día, pero es evidente que, en cuanto vio llegar el autobús de Paul a la estación, se olvidó de las cámaras. Expectante, se deslizó hacia el borde del asiento cuando vio a su hijo bajar por la escalerilla del autobús, se le iluminaron los ojos y una enorme sonrisa se le dibujó en la cara.

Sin saber que los periodistas y los cámaras de televisión se habían congregado para presenciar su vuelta a casa, Paul bajó a la acera despreocupadamente. Recién afeitado, lucía su habitual uniforme: unos vaqueros azules y una cazadora tejana, y llevaba colgado al hombro un petate negro nuevo. Destelló el flash de una cámara. Sorprendido por un instante, Paul dirigió una mirada inquieta hacia las cámaras que lo apuntaban y luego a la pequeña multitud que esperaba. Cuando vio a su madre, corrió hacia ella y la abrazó. Paul la estrechó durante largo rato.

La noticia de su regreso salió en los telediarios locales de esa noche. Al día siguiente, la policía de Aylmer fue a llamar a la puerta de su madre. Detuvieron a Paul en aplicación de una orden pendiente de ejecución del 12 de septiembre de 1983, supuestamente por entrar sin permiso en la tienda del club de golf Gatineau y apropiarse de diez mil dólares de la caja registradora. La acusación era mucho más grave que la presentada en Grande Prairie, pero el juez se mostró igual de comprensivo. Pese a que Paul se declaró culpable, el juez lo condenó solo a un año en libertad condicional sin vigilancia.

Por primera vez en muchos años, se sintió realmente libre. En una entrevista concedida a la prensa después de su comparecencia ante el tribunal, declaró: «Siento que mi vida podría dar un giro. Quiero dejar el pasado atrás, a partir de hoy».

Pese a que su madre deseaba a toda costa que su hijo mayor se estableciera en Aylmer, él sabía que su estancia allí sería solo temporal. Lo que lo atrajo de nuevo al oeste no fue únicamente la citación que lo instaba a permanecer en Grande Prairie durante la investigación del accidente; también lo llevaron allí sus sentimientos por una mujer que no había podido quitarse de la cabeza.

205

Setenta personas, sentadas en filas de sillas metálicas de respaldo recto, atestaban la sala de reuniones A. El clamor de las voces llenaba el aire y las cámaras de televisión y los equipos de los medios de comunicación salpicaban el perímetro de la sala. En la pared del fondo había una sucesión de ventanales con cortinas marrones corridas. De estas pendía una gran bandera canadiense prendida con alfileres. En un estrado ante la bandera, tras una mesa revestida de tela, tres hombres con trajes oscuros permanecían sentados como jueces: altos cargos de la Comisión de Seguridad Aérea de Canadá que habían viajado desde Ottawa. En la sala, ante ellos, en torno a otra mesa larga, se hallaban sentados los representantes de los departamentos federales de Transporte y Justicia, los investigadores del accidente y sus asesores legales, Dale Wells con su equipo jurídico, y Erik Vogel y su abogado. Era la primera vez que Erik veía a su antiguo jefe desde el accidente; tenía el estómago revuelto.

Bernard Deschenes, el presidente de la investigación, inició la sesión, indicando al público que el único objetivo era averiguar los hechos a fin de identificar las deficiencias en materia de seguridad que habían causado el accidente y hacer recomendaciones que pudieran contribuir a evitar futuras reincidencias. «No señalaremos con un dedo acusador a nadie», dijo.

Después de presentar las pruebas y proporcionar una sinopsis objetiva del accidente, Normal Hull, presidente del panel técnico de la CASB, llamó a Erik al estrado. Aunque había repasado los detalles de su declaración media docena de veces con Hull y otros miembros del panel, tenía la mente torpe y espesa a causa del estrés. Superó el testimonio sobre su experiencia de aviador y los acontecimientos previos al vuelo sin problemas, pero vaciló cuando llegó al «segmento 3 del accidente de vuelo», tal como Hull llamaba a esa parte de las preguntas: «Acciones y acontecimientos desde el inicio del descenso hasta el impacto». El sudor le corría por las axilas mientras contaba los detalles de su descenso, y una y otra vez posaba la mirada en Dale Wells, sentado con el rostro inexpresivo en la primera fila de la sala de audiencia, acompañado de tres abogados. Los hombres cruzaban palabras entre ellos a menudo, y Erik los vio tomar nota mientras hablaba. Incluso a él mismo sus explicaciones le sonaron poco convincentes. En realidad, la aproximación de Erik a High Prairie esa noche era ilegal. Si Hull le hubiera pedido que justificara por qué había obrado así, le habría sido muy difícil dar una respuesta.

En cierto momento, durante su angustiosa declaración, dirigió la mirada al público y vio a Larry, advirtiendo la expresión cálida y comprensiva de sus ojos castaños detrás de las lentes gruesas y grandes. Larry nunca había juzgado a Erik y era evidente que no lo juzgaba ahora. Continuó decla-

206

rando, y a las 11.15 horas Deschenes suspendió la sesión para hacer un descanso de cinco minutos.

Mientras Erik permanecía desmadejado en la mesa de los testigos, Paul apareció a su lado. Tras un breve saludo, este se inclinó hacia Erik como si se propusiera hablar, apoyando las manos en el respaldo de una silla cercana. Erik alzó la vista con semblante interrogativo y, en ese instante, vio a un fotógrafo que los apuntaba con una cámara enorme. Erik lanzó a Paul una mirada fulminante y luego fijó la vista al frente con expresión sombría mientras destellaba el flash de la cámara. Para irritación suya, esa fotografía, una maniobra de los medios, que habían pedido a Paul que se colocara cerca de él, sería recogida por las agencias de prensa y saldría en los periódicos de todo el país al día siguiente.

Después de un descanso de quince minutos, Erik regresó al estrado, donde el doctor Bryce Hansen, el experto de la CASB en la incidencia de los factores humanos en aviación, tomó la palabra. El enfoque de las preguntas del doctor Hansen se centró en el tenso ambiente de trabajo de Wapiti, sacando a la luz información sobre la difícil relación entre Erik y la dirección de la compañía, la considerable pérdida de peso del piloto después de incorporarse a la aerolínea y, por último, su estado crónico de fatiga. Cuando los investigadores entrevistaron a Erik después del accidente, establecieron de inmediato que seguramente el estrés y la fatiga habían desempeñado un papel crítico en el accidente. Aunque Erik no tenía a mano su diario de navegación para remitirse a él, narró el agotador horario en los días anteriores al accidente, incluido el vuelo de evacuación médica imprevisto y la avería del motor de arranque, que lo había obligado a pasar una tétrica noche en la caravana de repostaje del aeropuerto municipal de Edmonton el 17 de octubre. Los investigadores lo habían interrogado repetidamente sobre su agenda previa al accidente, tomando cuidadosas notas, que después transcribieron en un informe preliminar. Erik tenía ante sí un resumen de dicho informe y a menudo hizo referencia a él durante su testimonio.

—¿Tuvo usted ocasión de dormir? —preguntó el doctor Hansen.

207

—No.

—¿A qué hora pudo marcharse por fin de Edmonton al día siguiente?

—Creo que fue a eso de las diez de la noche.

—¿Y a qué hora llegó a su casa?

—Debían de ser pasadas las doce —respondió Erik.

—¿A qué hora se retiró a descansar esa noche?

—Hice una llamada a casa. Mi prometida vive en Vancouver, y después me retiré. A las doce y media o la una.

—Por lo tanto, su tiempo de servicio ascendería a un total de quince horas o quince horas y media, ¿me equivoco?

—Parece correcto —confirmó Erik.

—¿Y eso fue después de haber dormido dos horas y media?

—Sí.

—¿Cómo se sentía cuando se acostó esa noche? —preguntó el doctor Hansen.

—Estaba cansado —dijo Erik, añadiendo que había dejado el mando a su copiloto en el regreso desde Edmonton, para poder descansar.

El doctor Hansen asintió.

—Pero, insisto, ¿no tuvo ocasión de dormir durante el día o durante el vuelo?

Erik contestó que no. También contó los tres intercambios desagradables con la dirección de la compañía.

—¿Podría describir cómo afectaron esos incidentes a su estado de ánimo en ese momento? —preguntó el doctor Hansen.

—Eso, añadido a la tensión, tuvo un peso considerable. Uno no dejaba de preguntarse si conservaría el trabajo al día siguiente.

Llegados a este punto, el joven piloto contaba con la comprensión del público. Susurros de consternación empezaron a recorrer la sala, y los periodistas tomaban nota frenéticamente. El doctor Hansen cobró impulso a medida que se acercaba a la línea de meta.

—Y si calculamos el tiempo de servicio durante los tres días anteriores, el tiempo de sueño a lo largo de ese mismo periodo fue de nueve horas… ¿Son correctos esos datos?

—Parecen correctos —contestó Erik.

—Una última pregunta —concluyó el doctor Hansen—: ¿en algún momento durante su formación como piloto profesional se le ha exigido recibir instrucción sobre temas aeromédicos, tales como la desorientación, la hipoglucemia, la fatiga, la enfermedad...?

—No, señor.

—De acuerdo. Gracias —dijo el doctor Hansen, rotundamente satisfecho—. No tengo ninguna pregunta más.

Con esto, el presidente de la investigación dio por concluidas las sesiones de la primera jornada. Eran las cinco y media de la tarde, y Erik había pasado seis horas en el estrado. Estaba totalmente agotado, pero cuando se congregaron alrededor de su abogado los investigadores de la CASB, su padre, y muchos expilotos de Wapiti allí presentes para darle apoyo, sintió un amago de redención. Cuando se dispersó la multitud, Erik vio a dos mujeres que aguardaban pacientemente para hablar con él: Sally Swanson y Virginia Peever, las viudas de los dos hombres fallecidos en el vuelo 402.

Le dieron las gracias por decir la verdad.

209

A la mañana siguiente, caminó un poco más erguido al entrar en la sala de reuniones A. Tenía los nervios menos crispados y encontró un momento para hablar con los otros supervivientes. Los periodistas pidieron a los cuatro hombres que posaran para una fotografía, y ahí Erik aparece con una amplia sonrisa.

A las 9.05 subió al estrado para iniciar el segundo día de declaraciones. En esta ocasión atendió a las preguntas de John Bassie, el principal abogado en representación de Wapiti Aviation. No había pasado ni un minuto cuando Bassie preguntó a Erik dónde estaba su diario de navegación.

—Lo quemé en la hoguera —contestó Erik.

—Entiendo —respondió Bassie, y a continuación le preguntó qué eran las notas que tenía ante sí en el estrado de los testigos el día anterior.

Erik frunció el entrecejo.

—Un resumen de uno de los informes.

Bassie lo miró fijamente.

—Y de ahí deduzco que tiene usted problemas de memoria.

Una sensación de inquietud asaltó a Erik. Después de dar un rodeo en torno a cuestiones en apariencia tangenciales sobre lista de acciones y procedimientos previos al despegue y el sistema de expedición de Wapiti, Bassie arremetió.

—Señor Vogel, ayer mencionó un vuelo de evacuación médica que, según usted, tuvo lugar el 17 de octubre de 1984. ¿Eso es correcto?

—Sí, señor…

—¿Y está usted seguro de que la fecha era el 17 de octubre de 1984?

—Sí, creo que sí.

Bassie se volvió y cogió un papel de la mesa situada detrás de él.

—¿Ha visto usted esto alguna vez?

En la mano sostenía una factura de un chárter de Wapiti. Bassie la colocó en el estrado bajo la nariz de Erik, y este asintió.

—¿Y reconoce usted su firma donde pone «firma del piloto»?

—Sí.

—¿Y la fecha de ese documento es el 16 de octubre de 1984?

—Correcto.

—Así que su vuelo de evacuación médica tuvo lugar el 16 de octubre de 1984. ¿Es correcto?

—Ese vuelo, sí.

—Ese es el vuelo del que usted habló ayer, ¿correcto?

—Creo que sí —contestó Erik.

—Señor Vogel, ahora que sabemos que el vuelo de evacuación médica tuvo lugar el 16 y no el 17, ¿puede decirnos qué hizo el día 17?

Erik, quedándose totalmente en blanco, se sonrojó.

—Me temo que no puedo. Tenía la impresión…, en el hospital, cuando repasamos esto, que esa era la fecha…

—Si le digo que fue usted a Fort McMurray a las 14.05 con el señor Powell, ¿lo recuerda?

Erik empezó a sudar.

—Lo recuerdo, sí.

—Ese no fue un vuelo autorizado por la compañía, ¿verdad?

Erik tragó saliva. Su abogado, Jim Duke, se apresuró a preguntar al presidente:

—Señor, ¿esto tiene que ver con la seguridad? ¿Adónde se quiere llegar con esta serie de preguntas?

—No he oído la pregunta —contestó el presidente—. ¿Señor Bassie...?

—¿Fue autorizado? —repitió Bassie.

—El vuelo en sí era un vuelo programado y autorizado —contestó Erik.

—Pero ¿usted no estaba autorizado a ir en él?

Erik sintió que el aire escapaba de sus pulmones.

—No.

—Ese problema con el motor de arranque se produjo, pues, el día 16, ¿no es así?

—Fue el día de la evacuación médica, sí.

—¿Sería exacto decir que el 17 de octubre de 1984 usted no trabajó?

A esas alturas, Erik ya estaba ruborizado.

—¿No estaba yo...? ¿No hay constancia de mis vuelos? —preguntó tartamudeando.

—Le enseñaré los archivos de la compañía —ofreció Bassie, casi amablemente—. He señalado la parte pertinente en las fotocopias, señor Vogel, para ayudarlo.

Erik examinó el registro de vuelos que tenía ante sí. Allí estaba: el vuelo de evacuación médica a Edmonton no se había realizado el miércoles 17, sino el martes 16. Había dormido en la caravana de repostaje la noche del martes al miércoles; por hacer un favor a Jim Powell, había volado a Fort McMurray como copiloto mientras esperaba a que se reparara el motor de arranque. Eso significaba que las noches del miércoles y jueves supuestamente había tenido tiempo de sobra para dormir.

Más tarde, después de dar vueltas y más vueltas a lo sucedido esa semana, Erik consiguió encajar las piezas: que había llegado a su casa después de la avería del motor de arranque el miércoles 17 de octubre ya tarde, su día libre de esa semana, y que había vuelto a volar al día siguiente, el jueves 18 de octubre. El jueves fue el día que había recogido las hélices en Edmonton, había retirado el hielo de las alas con el palo de una escoba y había luchado contra el feroz frente tormentoso que derribaría su avión al día siguiente, el 19 de octubre. Pero en ese momento de la investigación, Erik, con el cerebro bloqueado, enmudeció.

En la mesa, a sus espaldas, los miembros del equipo de investigación de la CASB estaban atónitos. No se les había ocurrido la posibilidad de que a Erik le fallara la memoria, ni contrastar sus recuerdos con los archivos de la compañía. Phyllis Smith, la abogada de la CASB, fue la primera en hablar.

—Señor presidente…, quisiera expresar un motivo de preocupación… El señor Bassie y Wapiti han tenido los informes conjuntos durante unas cinco semanas, y en ningún momento se ha llamado la atención del panel técnico respecto a estos datos… Y una de las cosas que se trataron detenidamente en la reunión previa a la vista es que debía evitarse una encerrona como esta que acaba de producirse.

Bassie, fogueado en las pugnas de juzgado, no se inmutó.

—Ese es un problema inevitable en una investigación como esta —rebatió—. Quienquiera que haya llevado a cabo las indagaciones ha tenido acceso a todos estos libros. No se ha escondido nada. Aquí no hay ninguna encerrona. Es sencillamente una situación en la que algo ha dejado de hacerse.

—O se ha pasado por alto —indicó el presidente.

—O se ha pasado por alto —coincidió Bassie.

—Sí —cedió el presidente, mirando a Bassie—. Creo que le concederemos el beneficio de la duda.

Bassie aprovechó su ventaja.

—Y el otro problema al que nos enfrentamos aquí es que no sabíamos qué diría el señor Vogel. Sabíamos que perdió todo un día, sabíamos que esa idea de que trabajó intensamente esos dos o tres días… no era correcta. Pensábamos que el señor Vogel miraría los datos y se daría cuenta de que estaba equivocado y lo diría tal cual. Pero no ha sido así.

—Señor presidente… —volvió a intentarlo la abogada de la CASB.

—Se acabó la discusión —la interrumpió el presidente—. Archive los documentos.

El resto del testimonio de Erik fue como una lenta tortura. El espíritu de «respeto y cooperación» predicado por el presidente durante la investigación no parecía incluirse, pensó Erik, en el repertorio del señor Bassie. Tuvo que ponerse continuamente a la defensiva, viendo cuestionada y minada su credibilidad a cada paso. Después de otra hora de repreguntas, fue el presidente de la investigación quien por fin formuló la pregunta que Erik temía:

—¿Ha encontrado una explicación de por qué descendió a la altitud de dos mil ochocientos pies estando aún sobre Swan Hills?

—Cometí un error de navegación —admitió Erik—. Creí que estaba más adelante.

Cuando abandonó el estrado, se sintió como si lo hubieran destripado ante el público.

Su testimonio dio pie a un sinfín de artículos sensacionalistas contando con todo detalle que Erik se había retractado de su versión original de los acontecimientos. Su relato contradictorio del segundo día de la investigación no solo indujo a poner en duda su credibilidad y su competencia como piloto, sino que socavó plenamente el intento de la CASB de demostrar que los factores humanos —en especial la fatiga— eran una causa básica del accidente. En cuanto a las esperanzas de la CASB de presentar el vuelo 402 de Wapiti como un precedente para mejorar la seguridad aérea, habían quedado frustradas.

Para cuando Dale Wells ocupó el estrado más tarde, ese mismo día, el equipo de investigadores de la CASB había optado por eludir el ahora incierto asunto de la fatiga del piloto y concentrarse en los niveles de seguridad de Wapiti. Harry Boyko, jefe de operaciones de la CASB, lo interrogó acerca de todo, desde las recientes auditorías de mantenimiento de la aerolínea hasta las acusaciones de que la dirección se negaba a asignar copilotos cuando la meteorología estaba por debajo de los mínimos para el vuelo con un solo piloto.

213

—Dígame: ¿ha rechazado su jefe de operaciones alguna vez una solicitud de copiloto por parte de un piloto? —preguntó Boyko, basándose en el testimonio de Erik del día anterior, cuando había reproducido su incómoda conversación con Delbert Wells acerca de su deseo de que lo acompañara un segundo piloto para la evacuación médica del 16 de octubre.

—No que yo sepa, en circunstancias normales —contestó Dale.

—¿Ha rechazado usted alguna vez esa solicitud?

—No cuando la meteorología lo exigía.

Boyko insistió, probando otra táctica.

—¿Cuántas veces en situaciones en que un piloto ha solicitado un segundo piloto se le ha negado ese segundo piloto?

—No recuerdo ningún caso.

—¿Está diciéndonos, pues, que en realidad nunca ha negado la incorporación de un copiloto en los últimos doce meses?

—No que yo sepa.

Boyko interrogó después a Dale sobre otro aspecto de la declaración de Erik: cuando afirmó que, a fin de complacer a su jefe, consideró necesario descender a una altitud tan escasa como los ochocientos pies para acceder a High Prairie antes de renunciar al intento de aterrizaje.

La respuesta de Dale fue inequívoca:

—Yo nunca le he aconsejado que baje a ochocientos pies para echar un vistazo. Como usted imaginará, nos preocupaba actuar con seguridad, mantener alta nuestra reputación y aumentar el tráfico de pasajeros. En ningún momento le he dicho a ningún piloto que baje a ochocientos pies a echar un vistazo.

Fue John Bassie, el principal abogado de Dale, quien abordó de nuevo el tema de la fatiga de Erik. Con sumo cuidado, Bassie guio a Dale por la reconstrucción del horario de los vuelos programados para Erik durante los días previos al accidente y el propio día del siniestro, empezando por la evacuación médica urgente del 16 de octubre, debido a la cual Erik pasó la noche en la caravana del puesto de repostaje.

—¿Hay alguna razón por la que el señor Vogel no des-

214

cansó debidamente la noche del 16 de octubre de 1984? ¿Tiene usted alguna explicación?

—No hay ninguna razón para ello por lo que atañe a las actividades de nuestro servicio aéreo —contestó Dale.

—Y cuando regresó a Grande Prairie el 17 de octubre, ¿se le asignaron tareas para el 18 de octubre?

—Se le asignó el vuelo nocturno que salía de Grande Prairie.

—¿Debo interpretar, pues, que no se le asignó ninguna obligación por la mañana?

—No se le asignaron obligaciones por la mañana.

—De acuerdo. Si el señor Vogel padeció falta de sueño la noche del 17 de octubre, ¿puede usted ofrecer alguna explicación desde el punto de vista de la compañía acerca de por qué pudo haber ocurrido eso?

—No veo ninguna razón para esa posible falta de sueño —respondió Dale.

—De acuerdo. ¿Y el señor Vogel llevó a cabo los vuelos en la tarde del 18 de octubre?

—Sí, eso es correcto.

—¿Y eso cuántas horas de vuelo son? —preguntó Bassie.

—Tres horas de tiempo de vuelo.

—¿Cuándo tenía programado volver a volar para su compañía?

—Verá, su siguiente horario de vuelos era el mismo para el viernes que para el jueves, es decir, la salida de las cinco de la tarde desde Grande Prairie con destino a Edmonton y el viaje de regreso con escalas en High Prairie y Peace River-Fairview.

—Deduzco de nuevo que no se le asignó ninguna obligación para la mañana del 19 de octubre.

—Es correcto.

—Y si no durmió toda la noche el 18 de octubre, ¿puede usted dar alguna razón que lo explique desde el punto de vista de su compañía?

—Nada en las actividades de la compañía le impidió descansar debidamente —aseguró Dale.

—¿Es correcto decir, pues, señor Dale —concluyó Bassie—, que el señor Vogel no tuvo ninguna obligación de volar con su compañía la mañana del 17 de octubre, la mañana del 18 de octubre y la mañana del 19 de octubre de 1984?

—Es correcto.

—¿Y es también correcto que el 17, el 18 y el 19 de octubre voló solo por la tarde?

—En cuanto a deberes asignados, es correcto.

—¿En ninguno de esos días, el 16, el 17, el 18 o el 19 de octubre, se quejó el señor Vogel a usted de cansancio o fatiga?

—No, señor.

—Señor Wells, ¿existe alguna duda de que el señor Vogel era el piloto al mando... en el momento del fatídico accidente?

—No existe la menor duda.

—¿Era él el piloto al mando en el momento en que el aparato despegó?

—Sí.

—Y como piloto al mando, ¿no es correcto afirmar que podría haberse negado a salir si lo hubiera deseado?

Sin titubeos, Dale contestó:

—Sí, es correcto.

Durante la investigación, más de veinte testigos subirían al estrado, incluidos Larry, Paul y Scott. Mecánicos, pasajeros y pilotos —en su mayoría exempleados de Wapiti— cerraron filas en torno a Erik para admitir que también ellos habían experimentado deficiencias en la seguridad. Al final del proceso quedaron muchas preguntas sin responder. Para Erik, no obstante, había sido una pesadilla casi tan atroz como el propio accidente.

La vista de cuatro días concluyó el 1 de marzo de 1985. Tras sus comentarios finales, Deschenes, el presidente, anunció que la Policía Montada y la Asociación de Ambulancias St. John de Canadá deseaban presentar una declaración especial. El inspector Donald Webster, del destacamento local de la Policía Montada, se colocó al frente de la sala, con un gran certificado enmarcado en la mano, y llamó a Scott Deschamps, que iba elegantemente vestido con su uniforme azul marino de la Policía Montada, para que se colocara junto a Paul. Scott sonrió mientras el inspector Webster pedía a Paul que diera un paso al frente. Entonces, ante un revuelo de flashes, el inspector le entregó un certificado en el que se especificaba que Paul había salvado unas vidas.

Él sonrió tímidamente al aceptar el galardón.

—Estoy muy conmovido —dijo—. Solo hice lo que tenía que hacer.

Al recibir el premio, sintió una especie de asombro. Nunca en su vida se le había reconocido ningún logro. Cuando los periodistas terminaron por fin de hacerle preguntas, se escabulló discretamente de la sala de vistas y se quedó solo bajo una de las grandes ventanas de la segunda planta del hotel. Sosteniendo en alto el certificado, Paul lo examinó orgulloso bajo el sol que entraba a raudales.

—¿Qué va a hacer con él? —preguntó un periodista. Era Byron Christopher, el mismo que estaba en el aeropuerto de Slave Lake el día del rescate y que vio a las dos chicas justo después de enterarse de la muerte de su madre. Conoció a Paul dos días después en el juzgado de Grande Prairie.

—Se lo enviaré por correo a mi padre. Quizás ahora se enorgullezca de mí.

Pese a que Paul no había dado la vuelta a su vida totalmente, se sentía como si fuera bien encaminado. Unas semanas antes, al regresar a Grande Prairie, había ido en busca de Sue Wink, la camarera del Corona Pizza de quien se había enamorado. Para satisfacción suya, en lugar de rechazar sus propuestas como había hecho cuando trabajaban juntos meses antes, pareció haber cambiado de opinión. Lo vio distinto, le dijo que había madurado mucho. Incluso le ofreció alojamiento, y su historia de amor enseguida floreció. Paul reconoció los amagos de una felicidad que no experimentaba desde hacía muchos años.

Mientras que la vida de Paul iba viento en popa, la de Erik iba en dirección contraria. Deseaba desesperadamente dejar atrás el accidente y la humillación pública de la investigación. Pero eso era como desear la Luna. En junio de 1985, el Departamento de Transporte le retiró la licencia de piloto. Las familias de los fallecidos presentaron una avalancha de demandas contra él, Wapiti Aviation y el Departamento de Transporte de Canadá. La provincia de Alberta inició una investigación de las causas de aquel accidente que había acabado con la vida de seis pasajeros, prevista para el 17 de junio en el juzgado de Grande Prairie, y citó a Erik. Por suerte para él, la investigación se aplazó por problemas de agenda, lo que le evitó el suplicio de volver a prestar declaración tan pronto. Se reprogramó para finales de octubre, y pendió sobre él como una sombra amenazadora.

Abatido, sin dinero y sin empleo, necesitaba con desesperación dejar atrás el accidente. Pronto haría precisamente eso, desapareciendo en los bosques de la costa oeste junto con un hombre a cuya vida casi había puesto fin.

Vida después de la muerte

*C*uando Scott Deschamps salió del hospital, estuvo un mes de baja en White Rock intentando hacer balance. Poco después le dijo a un periodista: «De pronto era un hombre sano de veintiocho años que había vuelto a nacer, con toda una vida por delante. Esa experiencia cambió definitivamente mi visión de las cosas, en el sentido de que ahora aprecio más la vida».

Sin embargo, Scott no sabía cómo dar sentido a todo eso. En diciembre, tras ver rechazada su solicitud de traslado a la costa oeste, regresó a su puesto en Grande Prairie. La realidad de volver al trabajo fue para él causa de un profundo malestar. Al principio lo sobrellevó concentrándose en la preparación de su testimonio para la investigación. Había rescatado de la memoria la lista de material de seguridad que había pedido a Erik la noche del accidente, y que el avión no llevaba: bengalas, un botiquín de primeros auxilios, un hacha, cualquier cosa que hubiera podido aliviar el suplicio físico que él y los demás habían soportado. Pero volvía una y otra vez a las preguntas para las que no tenía respuesta: ¿qué había experimentado en aquella colina nevada mientras yacía agonizante? ¿Qué había originado la aparición del Viejo? ¿Por qué solo lo había visto él?

Scott estaba seguro de que no encontraría las respuestas patrullando por las calles de Grande Prairie. Al día siguiente de su declaración en la investigación de la CASB, anunció su decisión de abandonar la Policía Montada.

«Durante el accidente pasé catorce horas tendido en la

nieve, incapaz de moverme —dijo a los periodistas frente a la sala de reuniones A—. En ese entorno dispuse de un tiempo para la reflexión, y eso me llevó a tomar la decisión. Desde que tengo memoria he querido ir a la universidad, y nunca lo he hecho. Siempre he estado trabajando. Ahora he tomado conciencia de la fragilidad de la vida. La gente habla del derecho a la vida. Yo no hablo del derecho a la vida; hablo del privilegio que es vivir porque cualquiera de nosotros puede morir en cualquier momento. Es muy fácil y ocurre en un instante. Así que si uno no ha hecho las cosas que siempre ha querido hacer, ya es hora de hacerlas.»

Varios meses después de esta declaración, Scott, sentado en el cubículo de un puesto fronterizo desierto entre Canadá y Estados Unidos, verificaba la documentación de los vehículos que pasaban. Había conseguido un empleo como agente de la patrulla fronteriza una semana después de su regreso a White Rock. Durante el posterior periodo de instrucción de dos meses se matriculó en un curso de educación a distancia para obtener el título de estudios generales en la Universidad de Athabasca, en Alberta. Aun así, ninguno de estos cambios bastó para disipar la apremiante sensación de que la vida se le escapaba.

Scott cerró los ojos por un momento para descansar la vista del resplandor de los fluorescentes del techo. Fuera, solo algún que otro par de faros traspasaba la noche. Eran más de las doce y se sentía inquieto. Confinado. Observó unas luces que aumentaban de intensidad, y al cabo de un momento un coche se detuvo ante la ventanilla. Expeditivamente, pidió al conductor su pasaporte, lo examinó, lo devolvió y dio paso al coche. Cuando las luces rojas de posición se alejaron por el oscuro tramo de carretera, Scott se preguntó: «¿Qué hago aquí, perdiendo el tiempo?».

Lo cierto era que nunca había organizado su vida conforme a un plan premeditado. Al acabar secundaria, llamó a la puerta de un centro de detención de menores y lo contrataron en el acto. En su día, Scott se enorgulleció de ser, a sus dieciocho años, el celador más joven que el reformatorio había contratado jamás. Por su experiencia en entornos naturales, pronto le pidieron que llevara a los jóvenes delincuentes al monte para enseñarles los rudimentos de la supervivencia. Cinco años después, cuando presentó su solicitud a la Policía Montada, su determinación obedeció más a una progresión natural que a la pasión por ese trabajo. De pronto comprendió que su decisión de incorporarse a la patrulla fronteriza había sido un error.

Scott no quería perder más tiempo en cosas insignificantes, pensó en ese momento. Necesitaba respuestas. Precisaba la comprensión de las cosas necesarias para verle de nuevo sentido a la vida. Empezó de inmediato a mecanografiar una carta de renuncia, que dejó en la mesa de su jefe esa misma noche al final de su turno.

Sin la distracción de un empleo, el mundo antes ordenado de Scott empezó a descomponerse. La principal víctima fue su matrimonio. Mary y él eran muy jóvenes cuando se conocieron, y actuaron de manera muy impulsiva. Si bien los primeros años de la pareja estuvieron bien, les fue difícil mantener la relación cuando ella se marchó de Grande Prairie para trabajar en la costa. Scott albergaba la esperanza de que las cosas se arreglarían tras abandonar la Policía Montada y regresar a White Rock. Pero pecaba de ingenuo. La experiencia en la noche del accidente lo había cambiado profundamente y tenía la impresión de que era imposible volver atrás: a su carrera en la Policía Montada, a su vida no cuestionada, a su relación. Poco después de dejar el trabajo en la patrulla fronteriza, puso fin a su matrimonio.

Pese a que habían transcurrido más de seis meses desde el accidente, aún se tambaleaba a causa de sus efectos. Las personas cercanas a él, desconcertadas, esperaban que el joven sensato, razonable y metódico que siempre había sido lo superara. Pero no era tan sencillo. Pesaban sobre él ciertas preguntas, grandes preguntas. ¿Qué era la visión que había presenciado? ¿Era un milagro? ¿Una señal del Creador? Había tocado la cara de la muerte antes de que el Viejo lo apartara del borde del abismo. ¿Cómo iba a superar una cosa así?

Según el psiquiatra y autor estadounidense Robert Jay Lifton, entre los supervivientes de acontecimientos horren-

221

dos no es anormal sentirse personalmente a la deriva. Después de una experiencia próxima a la muerte, los supervivientes pueden cerrarse al exterior y permanecer aturdidos e incapacitados, o pueden hacer frente a lo ocurrido, abriéndose a una mayor apreciación de la vida, aguzada por la experiencia de la supervivencia. Si bien Scott no era del todo consciente de ello, se sentía impulsado en esta dirección. Ahora bien, antes de poder iniciar la búsqueda de la sabiduría, la espiritualidad y la comprensión, tenía que hacer frente a la realidad decididamente mundana de estar sin trabajo, soltero y sin hogar. Solo podía pensar en una persona capaz de entender plenamente su estado de ánimo. Así pues, en la primavera de 1985, Scott Deschamps se fue a vivir con Erik Vogel.

El día de la mudanza fue gris y lluvioso. Ambos llevaron las escasas pertenencias de Scott al bungaló de setenta y cinco metros cuadrados que Erik había comprado durante su etapa de dos años como conductor de autobús, previa a su incorporación a Wapiti. La casa, situada en Habgood Street, a solo unas manzanas del puerto de White Rock, era pequeña, pero Scott, por suerte para Erik, había abandonado muchas de sus posesiones materiales junto con su antigua vida. No obstante, sí se quedó un sólido mueble: una mesa maciza hecha a mano. Forcejeando, los dos acarrearon la pesada y robusta superficie de madera con patas hasta la reducida cocina de la casa de Erik.

Cuando la primavera de 1985 dio paso a un desasosegado verano, caluroso y seco, Scott y Erik iniciaron una excursión por el escabroso Sendero de la Costa Oeste de Canadá. Ese recorrido de setenta y cinco kilómetros a lo largo de la costa suroccidental de la isla de Vancouver —parte de una traicionera franja litoral conocida entre los marineros como la Tumba del Pacífico—, en plena naturaleza, es uno de los senderos más duros de Norteamérica. Quebrados escollos y gigantescas olas a lo ancho de casi treinta kilómetros mar adentro, en combinación con las frecuentes y violentas tormentas, han causado la desaparición de cientos de grandes barcos y petroleros. Algunos dicen que en la Tumba del Pacífico ha naufragado un barco por cada milla de costa.

222

Mientras Scott y Erik avanzaban con dificultad por la orilla rocosa, un cortante viento levantaba grandes olas en el tramo meridional de esa remota franja costera. Scott, montañero fuerte y avezado, había calculado cinco días para superar todo el Sendero de la Costa Oeste, andadura que solía recorrerse en siete. Era ya última hora del cuarto día cuando los dos cruzaban una resbaladiza repisa de roca arenisca, lastrados por los veinte kilos de peso de sus mochilas. Mar adentro, uno de los diez o doce barcos embarrancados que habían visto asomaba como un cadáver herrumbroso en la luz declinante.

Durante los tres primeros días, Scott y Erik habían salvado más de la mitad de la distancia entre Port Renfrew y el final septentrional del sendero, situado en la aldea de pescadores de Bamfield. A lo largo del arduo camino, habían encontrado docenas de peligrosos canales de marea, habían atravesado cauces de agua por medio de rudimentarios teleféricos de tracción manual, habían avanzado penosamente a través de un pantanoso bosque tropical primario, habían cruzado escarpados cañones por inestables puentes y habían escalado empinados barrancos verdes por incontables escaleras de madera toscamente labradas. Habían visto babosas del tamaño de un plátano y habían colgado la comida de un árbol todas las noches para no atraer a los osos ni a los pumas. Pero también habían contemplado paisajes espectaculares. Las negras aletas dorsales de las orcas surcaban las olas de la costa del Pacífico y las águilas volaban en círculo sobre ellos, sus cabezas blancas claramente visibles en el cielo azul. Los leones marinos avanzaban pesadamente por las repisas rocosas en la orilla, y la vida bullía en las pozas de marea. Se sintieron insignificantes al lado de aquellas agrestes playas salpicadas de troncos, y el musgoso resplandor de la luz solar al filtrarse por el follaje antiguo y gigantesco del bosque se les antojó ultraterreno.

Para Scott, regresar a la naturaleza fue como volver a casa. De joven, había pasado mucho tiempo en el monte con su padre, un entusiasta de la vida al aire libre. Uno de los pocos legados que Joseph Deschamps había dejado a su hijo era el amor por la vida al aire libre. Juntos habían dedicado mu-

223

chas horas a la caza y la pesca en los parajes próximos a su casa en Delta. Tras la muerte de su padre, Scott encontró en esos lugares indómitos una rara sensación de conexión y arraigo que no había experimentado en ninguna otra parte.

La idea de recorrer el Sendero de la Costa Oeste había salido de Scott. Convenció a Erik de que los dos, cargados con mochilas ligeras, podían completar fácilmente el trayecto. Erik accedió solo cuando Scott le prometió que no se morirían de hambre. Incumpliendo su promesa, este solo incluyó en el equipaje los víveres que cabían en una caja de zapatos e hizo al trote largos tramos de la ruta, obligando a Erik a mantener un ritmo agotador. Ahora, mientras avanzaban a trompicones por un trecho brumoso de playa arenosa salpicada de conchas, Scott de pronto se dio cuenta de que tenía muy claras sus prioridades. Buscaría una explicación al milagro que había ocurrido la noche del accidente, y haría realidad la lista de deseos que había empezado a elaborar mientras yacía moribundo en aquella ladera nevada. Pensó en lo que esa noche le había parecido de una importancia vital: conseguir un título universitario, viajar, navegar en velero ante la costa oeste, aprender un idioma, correr un maratón y simplemente pasar más tiempo al aire libre, dedicándose a actividades como esa, con las que se sentía vivo y vital. Mientras caminaba, la lista de deseos fue desplegándose, consolidándose, un objetivo tras otro, hasta incluir todo aquello que Scott deseaba de la vida.

Aunque cansado, volvió a imprimir cierta ingravidez a su paso cuando Erik y él rodearon por fin un largo saliente y vieron al frente su campamento. Enormes troncos cubrían la amplia curva de playa y volutas de humo se elevaban en el aire desde las fogatas. Mar adentro, el sol se fundía como un desdibujado rombo anaranjado en medio de la neblina del Pacífico, y a lo lejos se oía el suave murmullo de las cascadas de Tsusiat. Extenuados pero contentos, llegaron al campamento, sorprendentemente concurrido, y dejaron sus mochilas en la arena. Otros excursionistas ya habían ocupado el terreno más alto, y Erik y Scott, después de disfrutar de un baño en el agua fresca de las cascadas, montaron la tienda cerca de la orilla.

Esa noche, cuando varios excursionistas se reunieron en torno a una vigorosa fogata, Scott contó su historia de supervivencia. Los rostros de quienes estaban sentados en torno al fuego resplandecieron de asombro mientras él relataba el accidente de avión y la larga noche en el bosque. Junto a él, Erik permaneció lúgubremente alicaído, pero Scott no pareció darse cuenta. Señalándolo, concluyó su narración con mejor humor del que había sentido en muchos meses: «Este es el hombre que pilotaba el avión».

Se oyeron ahogadas exclamaciones de incredulidad, y varios excursionistas pusieron en duda la afirmación de Scott. Sentado entre las sombras, Erik, incómodo, no se dio prisa en corroborar las palabras de su amigo.

Aquella noche Scott durmió a pierna suelta. Fue Erik quien se despertó gritando cuando la marea creciente empezó a entrar en la tienda de campaña. Se apresuró a plegar las varillas y, tirando de Scott, intentó despertarlo. Al hacerlo, tuvo que esquivar su puño, que había lanzado desde el saco de dormir directamente hacia su cara. Aunque desconcertado, Erik se reiría más tarde de la reacción de Scott, cuando este le recordó la advertencia que le había hecho semanas atrás cuando se planteaban compartir la tienda: «No me toques nunca mientras duermo, o te daré un puñetazo».

No sería la última vez que Scott sorprendería a Erik. Después de marcharse de su casa a finales del verano, un día se presentó de nuevo con seis cervezas y un documento jurídico mecanografiado de siete páginas. Era el escrito de la demanda presentada por Scott en los juzgados de Alberta por los daños causados en el accidente de aviación. Mencionaba a Wapiti Aviation, Delbert y Dale Wells, y Erik Vogel. Scott insistió en que no era personal. Erik dijo que lo comprendía.

Durante una semana breve e intensa en los parajes naturales de Columbia Británica, Erik consiguió dejar de lado sus problemas. Pero ya de regreso en White Rock volvieron con saña. Un día de agosto, a última hora de la tarde, de pie ante la gran mesa de madera maciza de la cocina, abría una carta de rechazo tras otra. Inhabilitado para trabajar como piloto después de retirada la licencia, había presentado solicitudes a docenas de empleos distintos, todas en vano. Finalmente, un vecino suyo había intercedido por él para optar a un empleo temporal en el que se dedicaría a cortar césped al servicio de la Comisión de Gestión de la Vivienda de Columbia Británica. La última carta era un sobre beis con el membrete de la comisión. Erik lo abrió. La breve nota decía:

Querido Erik:

Nos complace confirmar nuestro ofrecimiento verbal para el puesto provisional de cuidador de jardines en la región de Burrard, que será efectivo a partir del 3 de septiembre de 1985. El sueldo de cuidador es de 12,03 dólares por hora y tus servicios se requerirán aproximadamente hasta el 11 de octubre de 1985.

Aquello no se parecía en nada a volar, pero al menos lo ayudaría a pagar el alquiler. En algún momento, antes de empezar a trabajar como cuidador de jardines, llamaron a su puerta. Al abrir, vio en el umbral a un hombre con aspecto de funcionario.

—¿Erik Hunter Vogel? —preguntó.

Erik era reacio a reconocer su identidad. Cuando por fin asintió, el desconocido le entregó una citación para comparecer en la investigación oficial de Alberta sobre las causas del accidente con resultado de muerte, que había sido aplazada. Sintió náuseas. En la primera investigación había cooperado abiertamente con las autoridades, se había puesto a su disposición y había intentado hacer lo correcto. Como consecuencia, había padecido una humillación pública y había perdido la licencia de piloto. No tenía perspectiva de trabajo, aparte de cinco semanas cortando césped, ni dinero. Además, había hecho pasar a su padre por la humillación de tener que respaldar a un hijo cuyo grave error había costado la vida a seis personas, por no hablar ya de la carga económica que suponía correr con los elevados gastos de las minutas de los abogados. Erik examinó la citación por un momento. La fecha de comparecencia era el 30 de octubre de 1985. Eso implicaba regresar a Grande Prairie. Esa ciudad no le traía más que malos recuerdos. Con el puño cerrado en torno a la citación, entró en su cocina, abrió el armario de debajo del fregadero y tiró el documento a la basura.

En tanto que Grande Prairie representaba solo dolor para Erik, para Paul Archambault no contenía más que promesas. Después de la investigación de la CASB, lo aceptaron de nuevo en su antiguo empleo y se estableció allí.

Silbando felizmente, ya casi al final de su turno de siete a tres, pasaba la fregona húmeda por el linóleo gastado del suelo de la cocina del Corona Pizza. Paul había abierto el restaurante esa mañana temprano, como venía haciendo en los últimos seis meses. Era ya casi la hora de irse cuando vaciaba el agua gris del cubo en un fregadero de tamaño industrial de la cocina del restaurante y enjuagaba la fregona. Cerró con un nudo un par de grandes bolsas verdes de basura, se las cargó al hombro y bajó por la escalera de detrás hasta el callejón. Fuera, el ambiente era cálido y todo parecía en calma. Paul echó las bolsas al contenedor metálico y se apartó el espeso cabello de la frente con el antebrazo desnudo. Llevaba el pelo un poco más corto que antes del accidente, y una de las chicas del trabajo le había hecho una ligera permanente, que le quedaba bien. Estaba un poco moreno, y si bien había aumentado unos kilos durante los meses de buena vida, aún se lo veía en forma con su camiseta negra de cuello redondo en cuyo pecho se leía «Corona Mafia» en letras amarillas.

La camiseta arrancaba muchas risas a los clientes y el personal, pero, en lo que se refería a Paul, esas palabras contenían una pizca de verdad. Después de la investigación, Teddy Bougiridis lo había vuelto a contratar como encargado de mantenimiento. Era un hombre corpulento de gran corazón, un inmigrante que dirigía su negocio como un benévolo padrino. El número de empleados a tiempo completo o parcial en su boyante restaurante y salón recreativo ascendía a más de sesenta. Muchos llevaban con Teddy y Donna más de una década. Paul se consideraba afortunado de volver a estar entre ellos.

227

Desde su regreso, Teddy le había asignado cada vez más responsabilidades. Además de la limpieza del local, su jefe solía encargarle que recogiera pedidos de bebidas alcohólicas y llevara a empleados al trabajo o a su casa, tareas para las que le prestaba el coche. Alguna que otra vez incluso le permitía cocinar. Paul había abandonado el alcohol y era la persona a la que Teddy y Donna recurrían para llevar a casa sanos y salvos a los clientes que habían tomado alguna copa de más. Los Bougiridis exigían disciplina en su negocio, pero con mucho gusto ofrecían trabajo a cualquiera dispuesto a ajustarse a las normas, y esta vez Paul puso especial empeño en situarse entre los primeros de su lista.

La hija de Teddy, Elpedia Palmer, tenía veinte años la primera vez que su padre contrató a Paul. Cuando le habló de los antecedentes penales de Paul, ella discrepó de él a la hora de contratarlo. Pero, desde el punto de vista de Teddy, todo el mundo merecía una oportunidad para demostrar su valía. Al fin y al cabo, él mismo había llegado a Canadá desde Grecia con solo unos cientos de dólares en el bolsillo. Elpedia no había dejado atrás sus preocupaciones la segunda vez que su padre contrató a Paul después del accidente, pero no tardó en cogerle afecto.

«Parecía un Grizzly Adams», comentó, añadiendo que Paul era listo y capaz.

Pronto empezó a verlo como a un hermano mayor y a agradecer su amabilidad, sobre todo con su hermana Sabina, que padecía trastorno bipolar, así como con sus hermanas y otros miembros de la familia. Elpedia acabó confiando en Paul hasta tal punto que lo dejaba al cuidado de su hija de dos años cuando iba al restaurante de visita.

Paul, por su parte, estaba dispuesto a hacer cualquier cosa que Teddy y Donna le pidieran, y ellos le correspondían encargándole tareas extra con que complementar sus ingresos. El cobertizo de almacenamiento que Paul les construyó en el jardín trasero con madera de desecho todavía sigue en pie después de más de un cuarto de siglo.

«Paul tenía una relación cercana con todo el mundo y era muy leal», recordó Donna Bougiridis. Ella y otras personas que lo habían conocido antes del accidente advirtieron un cambio en su personalidad. Era menos egoísta, más atento. Había jurado poner fin a sus conflictos con la ley y, hasta el momento, había cumplido su palabra. Y los agentes de la Policía Montada, como Paul había salvado a uno de los suyos, lo trataban bien siempre que lo veían, que era a menudo. El Corona Pizza no era solo una casa de comidas popular entre la gente del barrio; la sala de la planta baja era un bar nocturno frecuentado por muchos policías.

Paul se ganó la simpatía de la ecléctica mezcla de habitantes de Grande Prairie, personas que encontraban un sentido de la comunidad entre los individuos sin pretensiones y con iniciativa que poblaban la aislada llanura septentrional de Canadá. En el norte eran pocos quienes juzgaban a un hombre por su pasado o por su familia. Gracias a las acciones heroicas de Paul y a su presencia en uno de los restaurantes más populares de Grande Prairie, contaba con la aceptación de un amplio círculo de gente. Afable, modesto y buen anecdotista, se llevaba bien con casi todos aquellos a quienes conocía.

Paul recordaba esa época de su vida: «Me esfuerzo por ser mejor para mí mismo —mental, física y moralmente—, y tampoco estoy haciéndolo tan mal».

Pero la mayor razón de la felicidad de Paul era la mujer de quien se había enamorado. A sus treinta y seis años, Sue Wink era nueve años mayor que él y tenía dos hijos de un matrimonio anterior. Cuando abandonó a su marido, se trasladó al lado este de la ciudad, donde vivía en medio dúplex de alquiler propiedad de Teddy y Donna. Para Paul aquello se había convertido en su hogar.

Trabajaban y vivían juntos. Sue y él se hicieron inseparables durante los meses posteriores a su regreso a Grande Prairie; a menudo actuaban como adolescentes que experimentaban su primer amor. Durante esa época, Paul había pasado del estatus de héroe local al de celebridad nacional. El acontecimiento que lo catapultó al reconocimiento generalizado fue su aparición, en mayo de 1985, en *Front Page Challenge*, un popular programa de actualidad considerado una institución en la televisión canadiense. Presentaba a un grupo de destacados periodistas que debían adivinar una noticia in-

229

terrogando a un invitado oculto. Muchas personalidades destacadas, incluidos Indira Gandhi, Malcolm X, Boris Karloff y Ed Sullivan, habían salido en el programa.

Los productores de la Corporación de Radiodifusión Canadiense se ofrecieron a pagarle a Paul el coche de alquiler, la habitación de hotel y el viaje hasta Prince Albert, Saskatchewan, donde se grababa un episodio del programa ante el público local. Paul alquiló un Mustang flamante e invitó a Sue a que lo acompañara en el viaje de ocho horas por carretera. Durante esa semana los dos se sintieron como unos novios en su luna de miel. Sue recordaba solo una desavenencia. Tuvo lugar en un tramo desierto de carretera en la llanura, cuando Paul empezó a aflojar la marcha para recoger a un autoestopista andrajoso que parecía borracho. Ella le rogó que siguiera adelante, pero Paul no le hizo caso.

«Sue —recuerda ella que le dijo—, así iba yo por la vida.»

En el inicio del programa de televisión, Paul estaba en una tarima detrás del grupo de participantes y de un moderador. Vestido con vaqueros, una camiseta azul celeste y una cazadora tejana, bajo el resplandor de los focos, recibía los atronadores aplausos de los cientos de espectadores que abarrotaban el amplio auditorio. El sudor perló su frente cuando los periodistas empezaron a formularle preguntas para averiguar quién era. Tal era su nerviosismo que al principio se equivocó en varias respuestas, obligando al moderador a corregirlo con delicadeza. Quizá fue la inseguridad de Paul lo que al final indujo al tercer participante, el autor y periodista canadiense Pierre Berton, a preguntar:

—¿Es una historia con final feliz? —preguntó Burton.

—No.

—¿Incluye alguna muerte?

—Sí.

—¿Más de una muerte?

—Sí.

—¿Más de diez?

—No.

—¿Es el accidente de avión en que murió Grant Notley?

—Sí —contestó Paul.

De nuevo el público prorrumpió en aplausos y los participantes se volvieron todos al mismo tiempo para contemplar a su inusual invitado.

Durante el posterior descanso publicitario, acompañaron a Paul a una silla colocada en el escenario, donde los participantes siguieron interrogándolo, esta vez sobre sus acciones durante aquella fatídica noche.

Betty Kennedy, hablando con una mezcla de reverencia y orgullo maternal, preguntó a Paul sobre sus aptitudes para la supervivencia:

—¿Cómo sabía usted todas esas cosas?

—Probablemente había oído muchas de ellas en el pasado sin darles la menor importancia —contestó—, pero las tenía enterradas en el subconsciente. Cuando las necesité, simplemente escarbé en las profundidades y las cogí.

—¿Es usted un superviviente, pues?

Paul sonrió.

—Eso puede tenerlo por seguro.

—¿Le han ocurrido muchas cosas buenas a raíz de aquello? ¿Ha cambiado el rumbo de su vida?

—Ha cambiado en el sentido de que recibo mucha atención de los medios, y gente que no conozco se acerca a mí y me dice cosas buenas, y sencillamente alucino.

—¿Y eso antes nunca ocurría? —preguntó Kennedy con tono comprensivo, claramente conmovida por el modesto joven que tenía ante sí—. ¿Antes no había mucha gente que le dijera cosas buenas?

—Sí me las decían —respondió Paul, y una sonrisa pícara suavizó su expresión—. Pero yo antes no conocía a tanta gente.

Kennedy dejó escapar una sincera carcajada, y el público prorrumpió en risas de aprobación antes de que el participante invitado Laurier LaPierre tomara la palabra.

—¿En qué medida esa experiencia ha cambiado sus valores y su alma?

—¿Mis valores? —Por un momento Paul pareció no saber qué decir—. Probablemente mis valores siguen siendo los mismos; es solo que aprecio más las cosas. En cuanto a lo que hice —dijo en voz baja—, lo hice porque era el que estaba menos herido. Era capaz de hacerlo. Tenía el estado de ánimo adecuado. Y eso fue una experiencia en sí misma.

231

Después de varios minutos de preguntas, Pierre Burton hizo la última:

—¿Se considera usted un hombre valiente?

Paul bajó la mirada como si pensara por un momento.

—No lo sé —dijo por fin.

Cuando Paul y Sue regresaron a Grande Prairie, la vida recuperó su ritmo fluido. Para alivio de Paul, la atención de los medios remitió, y aunque se inquietaba un poco cuando la gente decía: «¡Hola, héroe!», procuró tomarse su nuevo estatus con calma. Naturalmente había ventajas. En una discoteca local de la zona que Sue y él frecuentaban, mujeres a quienes no conocía lo invitaban a bailar, y aunque él estaba comprometido con Sue, tales atenciones no le molestaban.

En algún momento de ese verano, Sue pasó de servir mesas en el piso de arriba a atender la barra en el salón de abajo. Paul sabía que el cambio era razonable, y les permitía turnarse para cuidar de los hijos de Sue, pero no le gustó. El salón abría hasta las dos de la madrugada y atraía a una clientela principalmente masculina. Aunque las propinas eran buenas, Paul detestaba la idea de que Sue confraternizara con los parroquianos del bar, sobre todo hacia el final del turno, cuando muy posiblemente estaban ebrios y alborotaban. Así y todo, procuró tomárselo de la mejor manera posible.

Un veraniego día de julio, a primera hora de la tarde, Paul, en cuanto terminaron sus obligaciones como encargado de mantenimiento, se despidió de su jefe y sus compañeros de trabajo y se dirigió hacia la puerta. Sue y Paul vivían a tres kilómetros de allí, pero si él, al volver a pie, se apresuraba, aún podía pasar una o dos horas con ella antes de que se marchara para empezar su turno. El sol del norte estaba alto en el cielo y las aceras irradiaban calor. Las moscas zumbaban perezosamente dentro de los escaparates, y los niños pasaban en bicicleta; sus polos se fundían enseguida a causa del calor. Paul aceleró el paso y, con andar brioso, el mentón ligeramente en alto, avanzó entre el sopor vespertino de la ciudad. Ahora cuando se cruzaba con gente por la calle, la miraba a los ojos, a menudo saludándola.

Siguió hacia el sudeste, recorriendo un kilómetro por las vías del ferrocarril, acompañado por el crujido de los guijarros de la entrevía bajo sus zapatillas deportivas, hasta que llegó a la calle que llevaba a su casa. Al acercarse, dobló por un callejón trasero. Los dientes de león le guiñaban sus ojos de vivo color amarillo a lo largo de las cercas de madera, y al frente veía ya su jardín. A Paul le encantaba acercarse a la casa por ese camino. A principios de ese mismo verano había expurgado de mala hierba el jardín trasero, había cortado la descontrolada grama y había sembrado un enorme huerto. Al entrar, examinó orgulloso las pulcras hileras de hortalizas. Frondosas matas de zanahorias y rábanos se alineaban en el lado más cercano del huerto; las seguían filas de guisantes y judías verdes arrodrigadas. Paul arrancó una judía tierna del tallo y se la echó a la boca. Los niños, Sue y él habían empezado a comer recientemente los frutos del huerto y les encantaba. Paul también había construido una barbacoa al aire libre con ladrillos y preparaba muchas comidas allí.

Cuando subía alegremente por los peldaños de dos en dos, oyó la risa de Sue procedente de la cocina. A ambos lados de la escalera pendían de las parras tomates todavía verdes, que absorbían el calor que irradiaba la pared trasera de la casa. Al abrir la puerta mosquitera, vio a Sue al teléfono, su pelo rojizo en encantador contraste con la palidez de su rostro, las mejillas sonrosadas bajo la montura de unas enormes gafas redondas. Al verlo, ella se apresuró a dar por concluida la llamada.

—¿Con quién hablabas? —preguntó Paul.

Algo en la expresión de Sue lo llevó a sentir una punzada de celos. Ella a veces charlaba con Scott Thorne, uno de los agentes de la Policía Montada que frecuentaba el Corona Pizza después del turno de Paul. Era apuesto, con una mata de pelo oscuro y un poblado bigote que parecía peinarse durante horas, o eso pensaba. A diferencia de otros agentes de la Policía Montada, con quienes Paul simpatizaba, Thorne no le caía bien. Tampoco le gustaba su jactancia ni los aires de superioridad que, a juicio de Paul, se daba al hablar con las mujeres. Pero lo que más le disgustaba era el coqueteo que advertía entre Sue y él cuando estaban juntos.

233

Paul sintió aflorar una intensa ira dentro de él.

—No es más que un buen amigo —insistió Sue, pero a él le costó creerlo.

Esa tarde de julio, Paul no esperó a que Sue contestara. Golpeó violentamente el marco de la puerta con la palma de la mano, se volvió y se dirigió de nuevo hacia el huerto. Esta vez pisoteó los bancales sin la menor consideración a los tiernos tallos.

El verano inusualmente seco de 1985 dio paso al otoño. En la costa oeste los días amanecían despejados una mañana tras otra, pero Erik no era capaz de apreciar el buen tiempo. Las semanas se sucedían en una continua degradación del alma mientras cortaba césped en las «viviendas protegidas» de la zona desfavorecida del lado oeste de Vancouver. Pasaba los días cavilando sobre los detalles de aquella aciaga noche. Como le dijo a un periodista en su día: «Me he pasado todo el año intentando olvidarlo, pero no hay día que no piense en ello».

Su contrato de trabajo terminó y el aniversario del accidente llegó y quedó atrás. Seguían sin aparecer empleos de piloto. Aunque le habían devuelto la licencia, el aspecto público y notorio del accidente le cerraba firmemente las puertas antes de que pudiese siquiera meter un pie. Erik se había convertido en un paria en la industria de la aviación. Presentó solicitudes a cuerpos de bomberos locales en Lower Mainland y esperó, intentando a toda costa enterrar el pasado.

Pero el pasado lo alcanzó el 30 de octubre de 1985. Aunque Erik había hecho caso omiso a la citación de comparecencia en la investigación provincial aplazada sobre las causas del accidente con resultado de muerte, los tribunales no se habían olvidado. La investigación se inició aquel día en Grande Prairie, presidida por el juez Carl Rolf. Cuando se descubrió que el testigo principal no se había dignado presentarse, el juez declaró inmediatamente a Erik Vogel en desacato al tribunal y dictó una orden de detención.

Aunque Erik no lo sabía, la orden solo era válida en Alberta; si no, tal vez habría acabado en la cárcel. Así y todo, se negó a asistir a la investigación, y acabó mirando por encima del hombro a todas horas, estremeciéndose cada vez que llamaban inesperadamente a su puerta.

Sus amigos lo instaron a prestar declaración.

«Nos estás haciendo quedar mal», le dijo un piloto y antiguo compañero suyo.

A primeros de noviembre, Erik recibió una llamada telefónica del Departamento de Bomberos de Burnaby para convocarlo a una entrevista. Elegantemente vestido con traje y corbata, causó buena impresión a sus entrevistadores. No era algo frecuente que un piloto experimentado se presentara para trabajar como bombero. Cuando le preguntaron si podía empezar la instrucción inmediatamente, Erik se irguió en la silla, su rostro serio e iluminado por la esperanza:

—Por supuesto —contestó.

El entrevistador sentado en la silla frente a él se inclinó y, mirándolo fijamente a los ojos, preguntó:

—Antes de ofrecerle el empleo, dígame: ¿tiene usted algún asunto pendiente con la ley?

A Erik se le secó la boca y se le revolvió el estómago. Había jurado no participar en ninguna otra investigación, y menos en una dirigida por personas que no tenían nada que ver con la aviación, pero ahora el asunto de la orden de detención pendiente podía costarle la oportunidad de una nueva carrera.

—Nada que no pueda resolver —respondió.

Erik regresó a Grande Prairie en diciembre de 1985 para atestiguar en la investigación sobre las causas del accidente con resultado de muerte. Esta vez, sin embargo, su misión no era cambiar el curso de la seguridad en la aviación, sino cambiar su propia vida.

«Esa noche no debería haber salido —admitió Erik, por aquel entonces en una entrevista concedida a los medios—. El avión no debería haber despegado. Busqué un atajo, cosa que no debería haber hecho. No estoy orgulloso de ello. Sé que cometí una estupidez. Estaba agotado. Estaba cansado. Tenía prisa. Sencillamente fue así.»

Erik aceptó la responsabilidad de sus acciones con estoicismo. Cuando concluyó el testimonio y subió a bordo de un avión para marcharse de Grande Prairie, cargaba aún con el gran peso de la culpabilidad, pero por primera vez desde el accidente tenía la sensación de que por fin le había llegado la oportunidad de volver a empezar.

Destino

$\mathcal{A}$unque cuando volví a Canadá a finales de 1985 mi padre parecía haber superado el accidente, yo sabía que aún pesaba en su mente. Más de una vez caviló sobre su decisión, en el último momento, de renunciar a su habitual asiento junto al piloto después de subir a bordo del vuelo 402. ¿Qué lo había inducido a ello? ¿Por qué había vivido mientras que otros —colegas, vecinos y votantes— habían muerto? ¿Se debía a una intervención divina? Estas preguntas sin duda lo atormentaron cuando regresó al sombrío ambiente de las cámaras gubernamentales de la Asamblea Legislativa de Alberta, donde el escaño de respaldo alto tapizado de cuero que había pertenecido a Grant Notley permanecía vacío. Sus colegas no recuerdan que mi padre hablara mucho del accidente, pero dijeron que se lo vio intranquilo durante un tiempo después de aquello.

Pese a una vida pública muy visible, en muchos sentidos fue un hombre intensamente privado, que rara vez compartía con nadie sus sentimientos más íntimos. Habló poco de los pasajeros que habían muerto, pero sé que la pregunta «¿Por qué yo no?» afloraba cada fin de semana cuando volvía a High Prairie y pasaba por delante de la casa de los Peever o veía a la viuda de Gordon, Virginia, o a uno de sus hijos. Después del accidente llamó a Sandra Notley y a Virginia Peever, pero no dio detalles de esas conversaciones. Aun así, no pude evitar preguntarme si la inexplicable realidad de haber sobrevivido restó peso a sus palabras de condolencia, desvirtuándolas.

Cuando le dieron el alta en el hospital, viajó a la reserva

india de Atikameg, en el norte, para visitar al marido y a los catorce hijos de Elaine Noskeye. Devoto cabeza de familia, mi padre debió de advertir que su ausencia llenaba todos los rincones de aquella modesta casa; la incertidumbre de un futuro sin esposa y sin madre debió de reflejarse lúgubremente en quince pares de ojos.

Sin duda el accidente proyectaba una sombra sobre la periferia de sus días y noches. Durante meses después de eso, contó mi madre, él se despertaba con pesadillas y lo obsesionaban las muertes de los demás pasajeros, tanto los que conocía como los que no. Randy Wright, su ayudante ejecutivo, recordaba un día de la primavera siguiente en que las autoridades entregaron una caja en su despacho de la Asamblea Legislativa. Contenía algunos enseres que habían rescatado del lugar del accidente después del deshielo.

«El señor Shaben me pidió que le echara un vistazo —me contó Randy—. No se atrevió a examinar el contenido de la caja.»

Mi padre tampoco mostró el menor interés en examinar los escombros que el accidente podía haber dejado dentro de él. Volvió a entregarse a su vida política. Eso incluía ir y venir de High Prairie en aviones de Wapiti Aviation casi todos los fines de semana. Un mes después del accidente, la compañía aérea se había visto asediada por la publicidad negativa en los medios, y los lugareños habían empezado a llamarla *What a pity* («Qué lástima»). Mi padre sabía que Wapiti necesitaba desesperadamente un voto de confianza público. Reconoció que le daba pavor volver a subirse a un avión, pero también era consciente de lo vital que resultaba el servicio de pasajeros de la aerolínea para los habitantes de las comunidades aisladas del norte de Alberta. Grant y él habían luchado denodadamente por ese servicio, y mi padre no estaba dispuesto a darle la espalda. Confesó a Randy que existía otra razón más privada: «Tenía que demostrarme que no había perdido el valor». Así que mi padre, estoicamente y con pocas alharacas, como era propio de él, volvió a subir a un avión.

En su labor política manifestaba esa misma actitud firme. Al margen de la posible confusión o incertidumbre que experimentara, por fuera se mostraba paciente, resuelto y exquisitamente racional. En su andadura política estuvo entregado a sus electores y trabajó con ahínco, sobre todo para las desfavorecidas comunidades métis e indias, mejorando las infraestructuras y asegurándoles el agua potable, nuevas carreteras y colegios y una mejor recepción televisiva. Por entonces ministro de la Vivienda, tuvo que vérselas con un tambaleante programa gubernamental destinado a proporcionar nuevos hogares a los necesitados de las zonas rurales de Alberta, incluidas las familias métis que no vivían en reservas indias y a las familias aborígenes que formaban parte de los tratados. El programa había sufrido problemas como los retrasos en el pago de las hipotecas o la morosidad, el vandalismo y los daños contra la propiedad. Mi padre respaldó un cambio monumental en el programa: ofreció la oportunidad de ser propietarios de sus casas si pagaban religiosamente el alquiler sin interrupción durante ocho años. Casi de inmediato los alquileres se pagaron con puntualidad; cesó el vandalismo y el mantenimiento mejoró espectacularmente. También apoyó iniciativas que ofrecían formación en construcción a los candidatos a recibir una vivienda, a quienes luego se exigía el compromiso de construir su propia casa. Como ventaja añadida, las aptitudes recién adquiridas por los residentes dieron lugar a mayores oportunidades de empleo.

239

«Consistía en devolver a los pueblos el orgullo o el sentido de la responsabilidad», me dijo.

En algún momento del verano de 1985, mi padre recibió una visita sorpresa de Paul Archambault. Este había ido a Edmonton a ver a su hermano Michael y decidió dejarse caer por la Asamblea Legislativa de Alberta. Imagino a Paul contemplando embelesado —como lo contemplé yo la primera vez que visité a mi padre— el edificio de piedra de finales del siglo XIX, con su alta bóveda acampanada y sus majestuosas alas con columnas. En su interior, la asamblea es aún más imponente, con una intimidatoria rotonda revestida casi por entero de resplandeciente mármol blanco. El suelo brilla como el hielo mientras caminan apresuradamente sobre él hombres y mujeres de semblante serio con trajes oscuros en medio del eco producido en el amplio espacio por el taconeo de sus zapatos.

En el centro de la rotonda hay una enorme fuente circular, y el sonido del agua que cae en cascada se propaga por todas partes. Paul debió de quedarse boquiabierto mientras alargaba el cuello para ver las recargadas galerías sostenidas por enormes columnas de mármol de más de treinta metros de altura que se alzaban hacia el techo azul claro. Es probable que hasta ese momento no hubiera pensado en mi padre más que como otro de los supervivientes. Posiblemente se preguntó entonces, vacilante, si hacía bien en presentarse así sin más ante él.

«Llámame», había dicho mi padre, y Paul lo había hecho así en varias ocasiones. Sus conversaciones habían sido fluidas y jocosas. Cuando volvieron a coincidir en la investigación, mi padre le dio su tarjeta de visita e invitó a Paul a visitarlo cuando fuera a Edmonton.

Paul subió a la amplia entreplanta del cuarto piso, desde donde se veía todo el vestíbulo, y la circundó hasta encontrar el ala de despachos que buscaba. La puerta con el número 403, grande, de madera maciza y oscura, ocultaba las oficinas asignadas al Ministerio de la Vivienda y su personal. Paul la abrió y entró en una espaciosa cámara exterior con varios escritorios y una pequeña zona con asientos. Una mujer atractiva de cabello castaño lo miró y, con recelo, preguntó:

—¿Sí?

—He venido a ver a Larry —dijo Paul.

La mujer enarcó las cejas. En la oficina y en la Asamblea Legislativa, todo el mundo, excepto sus colegas electos, lo llamaba «señor Shaben», «ministro Shaben» u «honorable Larry Shaben».

—¿Está esperándolo?

—Claro.

Al oír la respuesta de Paul, otras dos mujeres sentadas en mesas cercanas alzaron la vista. Mientras él, nervioso, empezaba a desplazar el peso del cuerpo de una pierna a la otra, un pelirrojo delgaducho de su misma edad, bien vestido con traje y corbata, salió de un despacho: Randy Wright. La recepcionista le lanzó una rápida mirada inquisitiva.

Erik Vogel, como piloto de aerotaxi a los 21 años, sentado en lo alto de un
«arrastracola» C-185 cuando volaba para Simpson Air en el norte de Canadá.

Larry Shaben estrecha la mano al *premier* Peter Lougheed durante la toma
de posesión del cargo en la Asamblea Legislativa de Alberta en 1975. En la
mesa puede verse el Corán de Larry.

La familia Shaben en el jardín de su casa de High Prairie, en 1979. Carol Shaben, la autora de este libro, aparece en el centro.

Un helicóptero Chinook suspendido en el aire sobre el lugar del accidente. A la derecha está la «canoa azul», el vientre vuelto hacia arriba del avión. A su izquierda, aparecen los restos ennegrecidos de la fogata en torno a la que los supervivientes pasaron la noche. A la derecha de la fogata hay dos técnicos SAR que, tras recuperar los cuerpos de los fallecidos, se preparan para ser izados a bordo del Chinook.

El Piper Navajo Chieftain accidentado de Wapiti Aviation, después de haber sido enderezado. Erik Vogel iba sentado en el asiento delantero izquierdo o del piloto, y Larry Shaben en el asiento inmediatamente posterior al suyo. Los pasajeros en los otros asientos visibles no sobrevivieron al accidente.

Una foto nunca antes publicada del avión caído. La compuerta abierta y la ventanilla rota por la que escapó Paul Archambault están a la derecha.

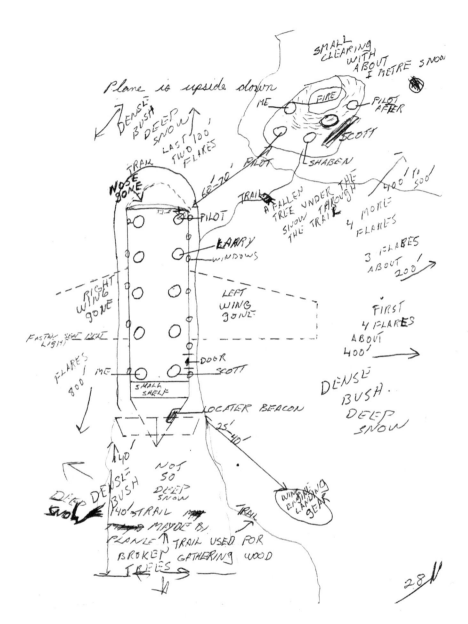

Mapa del lugar del accidente dibujado a mano por Paul Archambault, procedente de su manuscrito inédito «Me llamaron héroe», 1985. En el mapa se detalla la posición en la que quedó el avión (boca arriba); los espesores de la nieve y de la maleza cercanas; la posición de cada pasajero y también del piloto tras el accidente; la situación de las bengalas luminosas de emergencia, y los diferentes senderos por los que se aventuraban los supervivientes para buscar leña o para hallar una salida.

Scott Deschamps, al ser
trasladado al Hercules
que esperaba en Slave
Lake para transportarlo
a un hospital de
Edmonton.

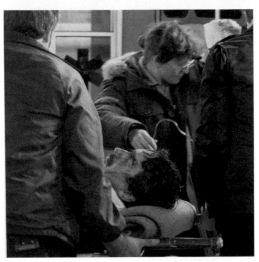

Erik Vogel poco después
del rescate.

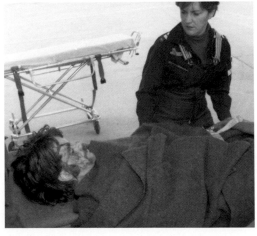

Paul Archambault
cuando lo sacaron del
helicóptero Chinook a
su llegada a Slave Lake.

Byron Christopher, periodista de la CBC, entrevista a Paul Archambault frente al juzgado de Grande Prairie después de ser exonerado el 22 de octubre de 1984. Bajo el brazo, Paul lleva en una bolsa de basura todas sus pertenencias.

Paul Archambault en la investigación del accidente realizada por la Comisión de Seguridad Aérea Canadiense, en el Golden Inn de Grande Prairie, el 26 de febrero de 1985. Sus compañeros supervivientes lo recuerdan con su manuscrito inacabado, titulado «Me llamaron héroe».

Juntos, Larry Shaben y Paul Archambault disfrutan de un cigarrillo durante un descanso en las sesiones de investigación del accidente.

Paul Archambault (de pie) posa para las cámaras junto a Erik Vogel, durante la investigación del accidente llevada a cabo en 1985 por la Comisión de
Seguridad Aérea Canadiense.

Los supervivientes, juntos por primera vez desde el accidente, durante la
investigación llevada a cabo por la Comisión de Seguridad Aérea
Canadiense. De izquierda a derecha: Erik Vogel, Scott Deschamps, Paul
Archambault y Larry Shaben.

Scott Deschamps observa a Paul Archambault mientras este recibe el premio por salvar vidas, en Grande Prairie, el 1 de marzo de 1985.

Paul Archambault y Sue Wink en Grande Prairie en tiempos más felices, en el año 1985.

Erik Vogel y Scott Deschamps al final de su excursión de cinco días por el Sendero de la Costa Oeste, en 1985.

Scott Deschamps y su hermanastra, Joanne Deal, delante de la casa de Scott, en la única visita de esta a Canadá, en1998.

Erik Vogel en el cuartel de bomberos en sus primeros días como bombero. Última fila, de izquierda a derecha: Tom Chapman, Kris Andersen, Erik Vogel (centro), Norm King, John Titley. Sentados, de izquierda a derecha: capitán Bob Zetterstron, teniente Brian Davis.

Erik Vogel (derecha) y su compañero Brent Mclean, piloto de West Coast, en el patín de un De Havilland DHC-6 Twin Otter, durante los últimos días de Erik como piloto comercial.

La autora en su casa con los supervivientes en su reunión de octubre de 2004, veinte años después del accidente. De izquierda a derecha: Erik Vogel, Larry Shaben, Carol Shaben y Scott Deschamps.

—Me dijo que me pasara por aquí en cualquier momento —explicó Paul.

—¿Cómo se llama? —preguntó la mujer.

—Paul Archambault.

De pronto todos los presentes lo reconocieron y, sorprendidos, lo miraron sin disimulo, pero es muy posible que Paul, violento como se sentía, no se diera cuenta.

—Tome asiento, señor Archambault, por favor —dijo la recepcionista con amabilidad—. Avisaré al señor Shaben de que está usted aquí.

Paul, tenso, se dejó caer en una silla y jugueteó distraídamente con la correa de su reloj, muy holgada en torno a la muñeca, como acostumbraba hacer cuando se sentía incómodo o alterado. Al cabo de un momento se abrió una puerta al fondo de la cámara y salió mi padre. Randy recuerda cómo se le iluminó el semblante al ver a Paul. Se acercó a él y le rodeó los hombros con un brazo. Pidió a la recepcionista que no le pasara llamadas antes de acompañar a Paul a su despacho privado y cerrar la puerta. No recibía a mucha gente de tal modo.

241

Mi padre recordaba esa primera visita como un acontecimiento especialmente feliz. Paul sostenía su manuscrito, ya acabado. Mi padre se sorprendió por la extensión: un fajo de papeles de un centímetro y medio de grosor, docenas de páginas escritas a mano con pulcra letra de imprenta. En la página de cabecera se leía: «Me llamaron héroe».

—Deberías dejarme que lo lea —dijo mi padre, lleno de curiosidad.

—No. —Paul pareció avergonzarse—. Aún estoy trabajando en él.

La conversación se desvió hacia una noticia feliz. Pese a su relación a veces tempestuosa, Paul y Sue se habían prometido.

Mi padre no cabía en sí de júbilo. Había conocido a Sue brevemente durante la investigación de la CASB, en la primavera anterior, y enseguida vio que Paul estaba prendado de ella. El sorprendente cambio de fortuna de Paul le infundió ánimo. Las dificultades ensombrecían muchos días en la vida de mi padre. El reciente desplome de la industria del petróleo y el gas, de la que Alberta dependía, había acarreado mucho sufrimiento a la población que lo había elegido. Poco después de su incorporación al Gabinete, en 1982, el mercado inmobiliario había caído en picado al dispararse los tipos de interés hasta por encima del veinte por ciento. La gente que había acudido en masa a la provincia para trabajar en la floreciente industria del petróleo se encontró sin posibilidades de pagar las hipotecas concedidas previo abono de una entrada del cinco por ciento. Muchos sencillamente se marcharon. Las casas fueron abandonadas y un sinfín de locales comerciales quedaron vacíos.

Como director de la Corporación Hipotecaria e Inmobiliaria de Alberta, mi padre se vio asediado por los promotores, que suplicaban ayuda económica, lo perseguían para que aplazara los pagos de sus préstamos o se los condonara sin más. Dos bancos locales habían quebrado, y mi padre parecía siempre a la defensiva.

Había dicho a sus subalternos que nunca engañaran a la gente. Una de las primeras preguntas que sus ayudantes ejecutivos formulaban cuando alguien acudía a ellos en busca de ayuda era: «¿Qué cree que puedo hacer yo para resolver este problema?».

Últimamente, sin embargo, daba la impresión de que había pocas cosas que él o cualquier otro pudiera hacer para introducir un cambio positivo en la vida de los demás. Quizá por eso había recibido a Paul tan efusivamente.

«Estás invitado a la boda», dijo Paul en esa primera visita.

Mi padre le prometió que allí estarían mi madre y él, dondequiera y cuando quiera que fuese la ceremonia.

La difícil situación económica de Alberta no era la única preocupación de mi padre. Estaban produciéndose grandes cambios en el Gobierno. Ese mes de junio, el *premier* Peter Lougheed, el hombre que había inspirado en mi padre el deseo de dedicarse a la política, anunció que no se presentaría a la reelección, abandonando después de dieciocho años desempeñando cargos públicos. Hombre de principios y apasionado, Lougheed inició su ascenso al poder en 1965, cuando accedió al liderazgo del pequeño Partido Conservador de Alberta. En

1967 consiguió arrebatar seis escaños al Partido de Crédito Social, que había disfrutado de una mayoría ininterrumpida durante treinta y seis años. Esgrimiendo un título de Derecho de la Universidad de Alberta y un máster de Harvard, Lougheed arrasó en las elecciones de 1971, en las que consiguió cuarenta y nueve de los setenta y cinco escaños.

Mi padre se había unido a los conservadores a principios de la década de los setenta, atraído por la juventud, la energía y el afán integrador del partido, cualidades encarnadas por su nuevo líder. «Sabía lo que hacía —decía mi padre de su mentor político—. Se dio cuenta de que el rostro de Alberta estaba cambiando por efecto de la inmigración y el carácter multicultural de nuestra provincia, y de que un gobierno eficaz debía integrar a la gente.»

Cuando mi padre fue elegido miembro de la Asamblea Legislativa en 1975, era uno de los sesenta y nueve conservadores que constituían la nueva Administración de Alberta. Increíblemente, el *premier* lo escogió para responder al «discurso desde el trono», la alocución pronunciada por el vicegobernador para inaugurar la legislatura y establecer la agenda del nuevo Gobierno. «Fue un reconocimiento a su potencial», dijo Lougheed cuando se le preguntó por qué había elegido a un recién llegado para ese honor.

Mi padre recordaba ese día con toda claridad. Para la toma de posesión, llevó su Corán, que tenía guardado en el anaquel superior de una de las estanterías de su casa. Pocos se fijaron cuando la Biblia fue sustituida discretamente por el libro sagrado musulmán poco antes de que mi padre saliera a jurar el cargo público. Para el hijo de unos inmigrantes libaneses sin cultura, ese fue un momento que le cambiaría la vida.

Bajo el liderazgo de Lougheed, Alberta encontró su voz. El carismático nuevo *premier* luchó por una mayor presencia de la provincia en la toma de decisiones nacionales y por que la provincia tuviera el control de sus recursos naturales, en especial el petróleo. Se enfrentó al Gobierno centralista de Canadá, encabezado por el primer ministro Pierre Elliott Trudeau, con motivo del Programa Nacional de Energía, una controvertida iniciativa que aumentaba los ingresos del Gobierno federal procedentes de la industria del gas y el petróleo de Alberta, muy rica en esos recursos. Para muchos canadienses del oeste, el programa equivalía a la explotación colonial, y proporcionaba el control de los recursos energéticos de Alberta a políticos instalados a tres mil kilómetros al este. Lougheed respondió aplazando la puesta en marcha de nuevos yacimientos petrolíferos y ordenando recortes en la producción. El resultado final de este conflicto político fue un acuerdo para el reparto de beneficios que, a juicio de muchos, señaló el momento en que el oeste de Canadá se instauró como socio de pleno derecho en la confederación canadiense.

Mi padre también se forjó su propio espacio en la Administración, y, después de una legislatura como diputado novato sin funciones específicas, fue nombrado miembro del Gabinete. Más tarde Lougheed reflexionaría: «Larry tenía la facultad de comprender cuestiones complejas. Poseía una buena percepción tanto de las áreas rurales como de las zonas urbanas de Alberta, y a eso se añadía un talento especial para comunicarse con un amplio espectro del público. Juntando las dos cosas, obtenemos un ministro excepcional».

Pero el poder no llegó sin concesiones. Calladamente orgulloso de su patrimonio étnico y religioso, mi padre iba con pies de plomo en lo tocante a su personalidad pública. Aunque su posición lo había convertido en el político musulmán de mayor nivel en la historia canadiense, era muy discreto respecto a su fe y su identidad árabe, elementos ambos malentendidos y objetos de difamación en Norteamérica. Con la sensación de que debía esmerarse el doble para granjearse la credibilidad y el respeto, mi padre dejó en segundo plano su origen étnico y su religión. Cuando, a principios de los años ochenta, después de la invasión israelí de Líbano, la política se inflamó en Oriente Próximo, las comunidades árabes y musulmanas ejercieron una gran presión en él para que utilizara su influencia política. Incluso yo lo insté a pronunciarse. Mi padre se negó, aduciendo que podía lograr más cosas por medio de conversaciones reflexivas y prudentes con sus colegas. Yo no lo entendí. Por el contrario, pensé que tenía miedo o no deseaba poner en peligro su posición adentrándose en el con-

244

flictivo ámbito de la política del entorno musulmán y de Oriente Próximo.

Volviendo la vista atrás, ahora me doy cuenta de que mi padre no se dedicaba a la política por el poder y la posición, sino porque quería cambiar las cosas. Al igual que Lougheed, deseaba contribuir a crear un país donde hubiera cabida para todos, fuera cual fuese su etnia o su religión, y bajo el liderazgo de Lougheed, mi padre llegó a creer que su Gobierno podría lograrlo. Pero cuando el *premier* se apeó, mi padre ya no supo qué le depararía el futuro político. Aun así, se sentía en deuda con su país, y quizá con Dios, por el inexplicable regalo de seguir viviendo. Así que cuando el año 1985 tocaba a su fin, decidió presentar su candidatura para un mandato más e inició la ardua tarea de hacer campaña para su cuarta elección, programada para la primavera siguiente.

Pasaban de las doce de una cruda noche invernal cuando Paul fue a echar un vistazo a los niños de Sue para asegurarse de que dormían profundamente. A lo largo del último año se había encariñado con ellos. Aunque la relación con Sue era espinosa en algunos momentos, se llevó una gran alegría cuando ella accedió a casarse, y no se imaginaba la vida sin ella. Tras salir de puntillas de la habitación, Paul cogió las llaves del viejo Mustang que había comprado recientemente y se dirigió a la puerta. Soplaba un aire cortante, y la nieve parecía luminiscente bajo una luna brillante. La puerta del coche chirrió cuando la abrió y, aterido de frío, ocupó el asiento envolvente. El motor gimió varias veces antes de arrancar, y Paul se quedó allí inmóvil unos minutos esperando a que el coche se calentara. Puso el ventilador y una ráfaga de aire frío lo hizo estremecer. Finalmente empezaron a aparecer dos cúpulas de cristal despejado en el parabrisas cubierto de escarcha. Paul había tomado unas cervezas, pero tenía la cabeza clara y una firme determinación.

En los últimos meses había empezado a correr entre el personal del Corona Pizza el rumor de que Sue y Scott Thorne tenían una aventura. Aunque nadie hablaba abiertamente de ello en su presencia, conocía esas habladurías igual que cualquier otro. Corroído por los celos, recordó una reciente discusión en la que recriminó a Sue sus manifiestos coqueteos con Thorne y algún otro cliente.

«Lo hago por las propinas», había asegurado ella.

Recientemente Paul había empezado a presentarse en el local por las noches, pero eso no había tenido buenas consecuencias. En su última visita sin previo aviso al salón, encontró a Sue de charla con un cliente y perdió el control. Después de ese incidente, ella le dijo que no se acercara por el salón cuando estaba trabajando.

Aquella noche Paul había procurado mantener la mente ocupada con otras cosas, pero sus pensamientos volvían a Sue y a Thorne tal como la aguja de una brújula señala el norte. Se dirigió al oeste por las calles desiertas de la ciudad y se detuvo junto a la acera cerca del restaurante. El corazón le latía con fuerza cuando se aproximó a la puerta de entrada y abrió. Dentro del pequeño vestíbulo, una escalera descendía al salón. Paul oía la música a todo volumen y el confuso rumor de voces. Hundió las manos en los bolsillos del vaquero y empezó a bajar, posando la vista en la larga barra al fondo del local.

Lo primero que vio fue la espalda de Scott Thorne. Sue se reía de algún comentario de Thorne; apenas unos centímetros separaban sus rostros. Sintió que se le encogía el corazón. En ese momento, ella alzó la vista y lo vio allí parado, con cara de angustia. Apoyó la mano en el brazo de Thorne para inducirlo a callar y le dijo algo al oído en susurros.

Si el hombre que estaba tan cerca de Sue no hubiera sido un policía, Paul le habría dado una paliza de muerte. Pero si algo le aborrecía más que el hecho de que otro hombre tontease con su mujer era la perspectiva de ir a la cárcel. Si siquiera lo tocaba, el policía se aseguraría de que lo encerraran. Así que giró sobre sus talones y subió rápidamente por la escalera, colérico, dolido y traicionado. Durante todo el tiempo que Paul llevaba con Sue, siempre había temido en secreto no ser lo bastante bueno para ella, que Sue pusiera la mira en alguien mejor.

Para cuando llegó al coche, apenas podía respirar y le escocían los ojos por las lágrimas. Enfiló camino a casa y recorrió la ciudad a toda velocidad, derrapando en las esquinas heladas. Cuando llegó, cogió el petate y empezó a llenarlo de ropa. No pensaba; solo reaccionaba como siempre que la vida se volvía contra él: echándose a la carretera.

Saliendo como una flecha de la ciudad, se dirigió al oeste por la autovía oscura y resbaladiza a causa de la nieve. Condujo deprisa. Temerariamente. Iba rumbo al único refugio que conocía: la casa de su tío en Prince George. No consiguió llegar. En algún lugar de un solitario tramo de asfalto más allá de Dawson Creek su coche se estrelló con el contrafuerte de un puente y se salió de la autovía.

Al día siguiente, Sue recibió una llamada del hospital de Dawson Creek para informarla de que Paul estaba grave. Pidió la noche libre, buscó a alguien que se quedara con los niños y subió de inmediato a su coche familiar. Cuando al cabo de dos horas entró en la habitación de hospital donde Paul yacía, se quedó boquiabierta. Parecía un muñeco roto. Encima de su cama había un grueso armazón metálico gris con una serie de cables y poleas unidas a una abrazadera que sostenía en alto la pierna de Paul. Unas varillas de acero inoxidable sobresalían de su piel ensangrentada, sujetas a pinzas prendidas de la estructura. Sue sintió náuseas al ver todo ese metal penetrando en su carne maltrecha. Tenía la cara hinchada y magullada, y un brazo inmovilizado con una escayola en forma de ele que solo dejaba a la vista los dedos.

Los médicos le dijeron que Paul tardaría al menos un mes en salir del hospital. Aunque aturdido por los calmantes, conservaba la lucidez suficiente para armar un alboroto. Quería irse a casa, pero el hospital se negó a darle el alta.

Paul insistió y al final los médicos accedieron a trasladarlo a Grande Prairie. Así y todo, no lo puso fácil.

«No quería ir en ambulancia —dijo Sue—. Prefería volver conmigo.»

Al final, ante la alternativa de quedarse en Dawson Creek o ser trasladado en ambulancia a Grande Prairie, Paul optó por el viaje en ambulancia.

Si bien para él fue un alivio regresar a una ciudad donde la gente lo conocía, sus problemas no habían hecho más que empezar. En los días y semanas posteriores, agobió a los mé-

247

dicos para que le recetaran analgésicos. Le administraron Demerol, pero a diferencia de lo que pasó en el hospital de Edmonton después del accidente de avión, donde los médicos enseguida le habían cortado el suministro, el personal médico de Grande Prairie fue más complaciente. Tras cada inyección, Paul sentía una profunda dicha y sus problemas y su sufrimiento parecían muy lejanos.

Cuando llevaba tres semanas en el hospital, Sue empezó a darse cuenta de que Paul pedía calmantes continuamente.

«¿Qué te están dando?»

Cuando él le dijo que era Demerol, Sue se puso hecha una furia. Había sido testigo del esfuerzo de Paul para vencer sus adicciones antes del accidente de avión y la horrorizó verlo recaer en sus antiguos hábitos.

Al cabo de una semana, cuando los médicos por fin lo mandaron a casa, se marchó con una receta de potentes calmantes. Todavía incapaz de trabajar, se quedó tirado en casa. De vez en cuando, renqueante, se pasaba por el restaurante para saludar. Elpedia recuerda que Paul apareció una tarde con la escayola ennegrecida por la suciedad. La había envuelto en una bolsa de plástico, y cuando se la quitó, tenía el pie mugriento, las uñas muy largas y necesitadas de un toque de tijera.

Cada noche, cuando Sue regresaba del trabajo, encontraba a Paul amodorrado por las pastillas, que desaparecían del frasco a un ritmo alarmante. Escondió el frasco y empezó a administrárselas ella en lugar de permitirle que las tomara él por su cuenta.

Pero un día, al volver a casa, se encontró con que había descubierto el alijo y se las había acabado. Otra noche fue Paul quien llegó tarde a casa. Convencido de que Thorne estaba dentro, rompió una ventana de un puñetazo. Sue salió rápidamente y lo encontró malherido; la mano le sangraba profusamente por los cortes.

En primavera, Paul pudo volver a su empleo en el Corona Pizza, pero también habían vuelto sus adicciones, y eran poderosas. Además de beber y tomar pastillas, había empezado a esnifar cocaína.

En sus meses de baja, el desmoronamiento de la industria

del petróleo y el gas había comenzado a pasar factura al Corona Pizza y a los otros negocios de los Bougiridis. Teddy, que desde hacía tiempo mantenía a su familia en Grecia, se vio incapacitado para proporcionar la ayuda económica de la que sus parientes dependían. Como consecuencia, la relación con su familia fue a peor, y la salud de Teddy se deterioró tanto como su fortuna.

Paul tenía en muy alta estima a Teddy y a Donna. La pareja no solo lo había contratado cuando le iban mal las cosas; había confiado en él y habían cuidado de él como padres que mantienen alejado del cajón de los cuchillos a un hijo propenso a los accidentes. Ahora, con las energías de Teddy y Donna desviadas en otra dirección, y los afectos de Sue depositados, por lo visto, en otra parte, Paul inevitablemente resbaló hacia un precipicio peligroso.

El incidente que lo llevó a despeñarse tuvo lugar en el verano de 1986. Sue estaba cada vez más preocupada por la drogadicción de Paul, y los dos reñían a menudo enconadamente; incluso llegaron a la violencia. Aunque Sue con frecuencia bebía en exceso, no consumía drogas, ni las quería cerca de sus hijos. Hasta ese momento siempre había confiado en Paul, pero empezaba a preocuparle tener que marcharse a trabajar por las noches.

Una noche, cuando Sue volvía a casa del restaurante, iba ya preguntándose en qué estado encontraría a Paul al llegar. La casa estaba en silencio cuando entró. Lo llamó en voz baja, pero él no contestó. Esperó a que su vista se adaptara a la penumbra y luego recorrió el pasillo de puntillas para ver cómo estaban los niños. Los dos dormían profundamente. Con un suspiro de alivio regresó a la sala de estar. Se sobresaltó al descubrir a Paul sentado en el sofá, con la cabeza apoyada en el cojín y los ojos cerrados. Frente a él, en la mesa de centro, había una jeringuilla, una cuchara y demás adminículos relacionados con la heroína.

«Se ha acabado —dijo Sue—. Tienes que irte.»

Pese a sus protestas, la decisión de Sue era firme. Poco después él abandonó el único hogar que había conocido desde hacía más de diez años. Se quedó en Grande Prairie durante un tiempo. Por las mañanas, llegaba cojo al restaurante, para abrir y hacer la limpieza. Elpedia sospechaba que vivía en el hotel York o el Park, establecimientos de copas muy frecuentados con habitaciones sobre las amplias tabernas de la planta baja. Paul telefoneó a Sue y le suplicó que lo dejara volver. Ella accedió, pero al cabo de un tiempo tuvo que pedirle que se fuera otra vez.

En algún momento de ese otoño o principios del invierno, mientras el Corona Pizza se deslizaba hacia el final de sus días —el restaurante cerraría en el verano siguiente—, Sue y la familia Bougiridis perdieron la pista a Paul. Qué hizo o por dónde anduvo en los dos años siguientes no está claro. Lo que sí es seguro, no obstante, es que Sue Wink abandonó Grande Prairie y se instaló en la provincia de New Brunswick, a unos cuatro mil kilómetros de allí, el lugar adonde había sido trasladado Scott Thorne.

Sue no recuerda con orgullo una de las últimas veces que vio a Paul. Fue en algún momento durante las semanas posteriores a su ruptura. Ella se hallaba trabajando en el bar del salón recreativo. Cuando Paul apareció, el salón estaba lleno de clientes asiduos y la música sonaba a todo volumen. Se quedó vacilante al pie de la escalera por unos segundos y la miró. Ella, detrás de la barra, levantó el brazo del tocadiscos para interrumpir la música. En el repentino silencio, las conversaciones se desvanecieron y varios clientes volvieron la cabeza para mirar a Paul. En una ciudad del tamaño de Grande Prairie había pocos secretos, y la ruptura de Paul y Sue no era uno de ellos. Mientras los clientes se revolvían incómodos, Sue cogió otro disco del estante y lo colocó en el plato. Luego bajó la aguja hasta posarla en un surco del vinilo ya deteriorado. La voz vibrante y correosa de Tina Turner se propagó por el salón. La canción era *We Don't Need Another Hero* («No necesitamos a otro héroe»). Al otro lado del salón, Paul pareció desconsolado.

«Lo quité antes de que acabara», recordó veintisiete años después Sue, cuya voz rebosaba arrepentimiento.

En otoño de 1986, la estrella política de mi padre ascendía meteóricamente. En mayo de ese año había ganado sus cuartas elecciones consecutivas, y el nuevo *premier*, Don Getty, lo había nombrado ministro de Comercio y Desarrollo Económico, una de las carteras más importantes y codiciadas del Gobierno. El nuevo cargo de mi padre fue una manera de reconocer su creciente influencia. Como también lo fue que, a petición del *premier*, presidiera dos de las comisiones más poderosas del Gobierno: la del Tesoro y la de Prioridades y Planificación.

Conforme lo absorbían sus crecientes responsabilidades, el accidente fue quedando entre las sombras. Pronto, sin embargo, dos incidentes reavivarían súbitamente las revueltas emociones de Larry. El primero fue una visita imprevista de Paul en algún momento de ese otoño o principios del invierno. Larry y Paul no hablaban desde antes del accidente de coche de Paul, y mi padre recordaba que quedó atónito al ver su aspecto, muy poco abrigado para el tiempo que hacía y muy deteriorado desde su último encuentro. Tenía la mano surcada de verdugones y cicatrices, y caminaba con una acusada cojera. Tenía veintinueve años y acababa de llegar a Edmonton, donde vivía provisionalmente con su hermano menor, Michael.

Mi padre se entristeció al conocer la ruptura entre Paul y Sue. Aunque Paul intentó quitarle hierro a la separación, mi padre sospechó que estaba muy afectado. «Era un hombre muy necesitado —me dijo mi padre—. Necesitaba a alguien que lo valorara como ser humano.»

En su vehemente deseo de hacer algo con su vida, Paul no se diferenciaba mucho de mi padre. Pero desde el punto de vista de las cartas que el destino les había repartido, los dos eran mundos aparte. Mi padre preguntó a Paul si necesitaba algo en particular, cualquier cosa que él pudiera hacer para ayudarlo. Paul negó con la cabeza. Al final de su encuentro, mi padre sacó la cartera y extrajo cincuenta dólares, que puso en la mano maltrecha de su amigo.

«Él los cogió —recordó mi padre—, pero no era eso a por lo que venía.»

El segundo incidente tuvo lugar unos meses después, en una invernal noche a principios de diciembre. Mis padres viajaban en coche de Edmonton a High Prairie. El 17 de abril de ese año, después de meses de ininterrumpida vigilancia e investigación, el Gobierno federal había cerrado Wapiti Aviation. La aerolínea demandó inmediatamente al Departamento de Transporte para exigir una indemnización, poniendo en tela de juicio la legalidad de la decisión ante los tribunales. Si bien un juez federal devolvió a Wapiti el certificado de actividades al cabo de un mes, el cierre pasó factura al tráfico regular de pasajeros de la compañía, y los servicios a comunidades menores como High Prairie se redujeron. Como consecuencia de ello, mi padre se vio obligado a realizar de nuevo el viaje de cuatro horas por carretera desde Edmonton todos los viernes por la noche y luego regresar el domingo por la tarde.

Esa noche, para su satisfacción, contaba con la compañía de su mujer. Como siempre después de una apretadísima agenda entre semana, estaba agotado, así que pidió a mi madre que condujera. Circulaban por un tramo aislado de carretera al este de High Prairie cuando mi padre detectó una señal de socorro.

252

«Vimos los faros de un coche encenderse y apagarse un par de veces, y, por el ángulo de los haces, se deducía que estaba en la cuneta», dijo.

Mi madre quiso pasar de largo.

«¡Alma, para! —recuerda ella que dijo mi padre—. Para el coche. Necesitan ayuda.»

Cuando mi madre se detuvo en el arcén, mi padre se sorprendió al ver que los dos automovilistas en apuros eran jóvenes. Se ofreció a relevar a mi madre ante el volante y abrieron las puertas para cambiar de asiento.

«Hablé con el hombre durante unos instantes —recordaba mi padre—, e hice ademán de abrirle la puerta de atrás.»

Entre tanto, mi madre permanecía sentada, inquieta, en el asiento del conductor, observando al otro hombre rodear el coche y dirigirse hacia su lado.

De repente un puño impactó contra el lado izquierdo de la cara de mi padre. La fuerza del golpe lo derribó en el asfalto y le rompió las gafas, que salieron volando y cayeron en la nieve. El dolor estalló en su cabeza al sentir que una bota le asestaba un puntapié en el pómulo. Al otro lado del coche, mi madre gritó mientras el segundo hombre la agarraba por el pelo e intentaba sacarla a tirones del coche. Ella, asustada, se agarró con fuerza al volante y sintió también un puñetazo en la cabeza. De algún modo, mi padre consiguió ponerse de pie y se abalanzó al asiento delantero del coche. Su agresor intentaba sacarlo de nuevo, pero mi padre logró agarrar por los brazos al atacante de mi madre, que intentaba aún obligarla a salir del coche tirándole del pelo. A través de la bruma del terror que se había adueñado de ella, sintió que su agresor la soltaba y oyó exclamar a mi padre: «¡Corre, Alma! ¡Corre!».

Sin pensárselo, ella obedeció. Se escabulló bajo los brazos del hombre que mi padre sujetaba y saltó al asfalto. Se echó a correr por la línea central de la carretera oscura y nevada, agitando los brazos histéricamente a los coches que venían.

«Nadie paraba», rememoró mi madre. Se estremece solo de acordarse de la voz tranquila y razonable de su agresor detrás de ella cuando el primer coche redujo la velocidad.

«No le haga caso. Está borracha.»

Cuando el conductor aceleró, mi madre miró al joven por encima del hombro, y luego, más allá de él, hacia su coche. Dentro no vio ni rastro de su marido, pero sí la silueta oscura del otro agresor, descargando un puñetazo tras otro. La asaltó entonces la fría certidumbre de que si ella no se controlaba, Larry no sobreviviría. Tras tomar aire en una larga y entrecortada inhalación, consiguió calmarse y se encaminó de nuevo hacia el tráfico que venía.

Esta vez, cuando un coche aminoró y el conductor bajó la ventanilla, le habló con toda la claridad que le permitió su voz agitada.

—Soy Alma Shaben —dijo, pronunciando nítidamente su apellido, bien conocido en la región.

Ahora otros coches empezaban a reducir la velocidad en la carretera. Pese a su inmensa superficie, el norte era una comunidad pequeña, y Alma confiaba en que alguien en uno de los vehículos reconociera el apellido de su representante electo en la Asamblea.

—Mi marido, Larry Shaben, está en el coche —dijo, esta vez en voz más alta—. Lo están matando.

—¡Esa es la mujer de Larry! —oyó gritar a un hombre

253

desde la ventanilla abierta de una camión, y la recorrió una sensación de alivio. Este duró poco. En cuanto la puerta de la camioneta se abrió, el agresor de mi madre se marchó corriendo. Horrorizada, lo vio llegar al lado del conductor de su coche y sentarse al volante. Pisó el acelerador y el auto se alejó a toda velocidad por la carretera, con mi padre todavía dentro.

Mi padre estaba en un serio aprieto. El agresor no solo le había dado repetidos puntapiés, sino que además le había hundido la cabeza y los hombros entre los asientos, inmovilizándole los brazos para que no pudiera defenderse. Después el joven había intentado prenderle fuego en el pelo, y le había mordido la mano con tal fuerza que le había dejado una gran herida en los nudillos. Mi padre había luchado desesperadamente, empleando todas sus fuerzas para quitarse de encima al chico. El miedo se adueñó de él cuando sintió que el coche empezaba a moverse.

254

«Sabía que si se alejaban por la carretera conmigo dentro, sería el fin —me dijo—. Estaría muerto.»

Con la mitad superior del cuerpo inmovilizada, mi padre levantó los pies y los encajó en el volante, trabando los tacones. Oyó maldecir al conductor cuando el coche empezó a virar. A continuación mi padre sintió bruscas sacudidas mientras el automóvil se salía de la carretera y caía en la cuneta llena de nieve. Fue entonces cuando, según recuerda mi padre, los dos hombres se enfurecieron de verdad. Se le echaron encima, y estaban dándole una paliza de muerte cuando un grupo de camioneros los apartaron.

Mientras mi padre se recuperaba en el hospital durante los días siguientes, pensó mucho en su vida, y en cómo Dios lo había salvado por segunda vez en veintiséis meses. Fue la sensación de insondable providencia lo que al final lo encarriló por un camino totalmente nuevo.

Expiación

Hola, Erik:

Te escribo una breve nota para decirte que sigo apoyándote en todos los sentidos.

Estoy muy bien, y también lo están mi padre y los niños. ¿Y a ti cómo te va? Espero que el futuro pinte bien. Las cosas pronto volverán a su cauce y entonces podrás seguir con tu vida. Te lo mereces.

Espero que os vaya bien a ti y a tu novia. Solo Dios sabe que vosotros dos y vuestra familia sois personas muy especiales y mereceréis todos una vida mejor que la que se os ha concedido. Quería que supieras que todavía me importa lo que te pase. Hagas lo que hagas, no pierdas la esperanza. Todavía deseo volar como miembro de tu tripulación cuando seas capitán.

No te sientas culpable de nada porque todo ocurre por alguna razón. Ten eso *in mente*. Bueno, tengo que dejarte. El avión aterriza dentro de unos veinticinco minutos. Dile a tu padre de mi parte que tiene un hijo muy valioso del que debería estar orgulloso.

Cuídate y recuerda que todos tenemos nuestras esperanzas puestas en ti y siempre las tendremos. Y que te apreciamos como a un hermano y te deseamos lo mejor.

CARLA BLASKOVITS

Erik volvió a meter la carta en el sobre y lo puso dentro de una vieja bolsa de vuelo que había ido llenando de recortes de periódico y documentos jurídicos desde el accidente. La carta de Carla significó mucho para él. Carla era muy joven el día que ella y su hermana entraron corriendo en el aeropuerto de Slave Lake para descubrir que su madre, Patricia, había muerto en el accidente. Más tarde había encontrado trabajo en una compañía aérea, y Erik no podía evitar preguntarse si la muerte de su madre tenía algo que ver con esa decisión. Había conocido a Carla durante la investigación de la CASB, y luego habían permanecido en contacto. Para él fue toda una lección de humildad ver la capacidad de perdón de la chica, sobre todo teniendo en cuenta que Erik era incapaz de perdonarse a sí mismo.

La pregunta a la que aún debía encontrar respuesta, años después, era por qué había descendido por debajo de la altitud de seguridad antes de que girase la aguja de su radiogoniómetro que debía indicarle que estaba sobre el aeropuerto. No pasaba ni un solo día sin que pensara en eso, y sus incesantes batallas legales no simplificaban las cosas. En 1989 recibió una citación para comparecer como testigo en un proceso contra el Departamento de Transporte, derivado de una acción interpuesta por Sally Swanson y Virginia Peever, que demandaban al Gobierno federal por negligencia. La reclamación de las viudas alegaba, en parte, que durante los cinco años previos al accidente, el Gobierno canadiense estaba enterado de que Wapiti violaba repetidamente la normativa de seguridad; sin embargo, no tomó medidas. Erik también fue nombrado en un pleito por difamación entablado por Wapiti Aviation contra la CBC con motivo de un documental sobre el accidente en el que él, junto con otros varios pilotos de Wapiti, había participado.

Estas querellas lo persiguieron mientras intentaba iniciar su nueva carrera en el cuerpo de bomberos. En el futuro sería inflexible en cuestiones de seguridad, y en su empeño de salvar vidas, pero en una ocasión, durante sus primeros tiempos como bombero, su determinación de impedir a toda costa que algo malo ocurriera en su turno quizá le ofuscó la mente.

El incidente tuvo lugar durante un incendio. Cuando llegaron los bomberos, el dueño de la casa no estaba localizado y un espeso humo negro salía del edificio. La adrenalina fluía por las venas de Erik cuando cruzó la puerta de entrada. Sin que el equipo lo supiera, el sótano estaba en llamas y era inminente la combustión súbita generalizada: el momento más peligroso de un incendio, cuando los gases combustibles calentados dentro de una estructura se prenden repentinamente. El bombero que iba detrás de Erik se dio cuenta del peligro y se echó atrás, pero Erik —pese a que se le había enseñado que su propia seguridad era lo primero— estaba tan absorto en salvar a las posibles víctimas que se adentró a gatas en la casa aún más. Fuera sonó una vez la sirena del camión de bomberos, luego en una segunda ocasión —la señal de que debían abandonar el edificio—, pero Erik no la oyó en medio del rugido del fuego. Sentía el calor de las llamas bajo las manos y las rodillas, y a través del traje de bombero, y corría el riesgo de que lo atrapara la combustión súbita cuando otro bombero lo agarró por detrás y lo sacó de allí.

Erik también necesitaba encontrar la manera de salir del pozo económico al que lo habían llevado sus actos y sus batallas jurídicas. Tomó un segundo empleo al volante de un camión. Empezó con camiones de la basura y de la lavandería de un hospital, pero poco a poco ascendió y acabó siendo conductor de tráileres de alto tonelaje.

La otra deuda que creía tener era con Carla y las otras víctimas del accidente: debía asegurarse de que desastres como el suyo no volvieran a ocurrir. En los años posteriores al accidente, Erik siguió obsesivamente las noticias de siniestros de pequeños aviones similares al suyo. A finales de 1986 se hicieron públicos los datos recogidos tanto por la CASB como por la Investigación Provincial de Accidentes con Resultado de Muerte. Además de identificar las posibles lagunas de seguridad en que había incurrido la dirección de Wapiti, ambos informes apuntaban a factores humanos como elementos coadyuvantes. Erik empezó a estudiar informes de accidentes en los que habían intervenido factores como la fatiga y la ansiedad del piloto. Gradualmente la respuesta a la pregunta que lo perseguía —¿por qué?— quedó clara. Los pilotos de compañías menores a menudo trabajaban más de la cuenta, cansados, bajo presión o simplemente con miedo. Como consecuencia de ello, se amontonaban los cadáveres, y nadie hacía nada para remediarlo.

257

Erik empezó a hacerse oír. Se ofreció a dar charlas para los pilotos en academias de vuelo, a prevenirlos de los riesgos potenciales. En sus dos años de formación en un centro de aviación de primera línea, sus instructores nunca le habían explicado cómo era el verdadero mundo de los vuelos: que, en ausencia de una red de seguridad fiable, los pilotos eran la última línea de defensa. Y, sin embargo, todo el mundo se negaba a escuchar. El propietario de una academia de vuelo a quien se dirigió Erik adujo que una charla suya sería contraproducente para el negocio. En una cruel ironía, los alumnos de las academias con los que intentó hablar desoyeron sus consejos, afirmando que a ellos nunca les pasaría una cosa así.

Erik lo entendió. Cuando él se enteró del accidente de Duncan Bell, reaccionó de la misma manera. Así y todo, no se rindió. Resuelto a convertirse en un ejemplo, publicó cartas en boletines de seguridad aérea. Una, titulada «A mí no me pasará», detallaba los efectos de la fatiga del piloto, que, como comprendía ahora, habían sido la causa de su fatal decisión la noche del accidente de Wapiti:

258

- Una mayor predisposición a aceptar niveles bajos.
- Una interrupción en las pautas de comprobación de los instrumentos.
- Errores cometidos en acciones rutinarias.
- Pérdida de la capacidad de concentración.
- Y, sobre todo, una atención canalizada con pérdida de la conciencia situacional.

En el proceso de convertirse en un declarado defensor de la seguridad, Erik tomó conciencia de otra cosa. Todavía deseaba volar. Así que, pese a que ascendía en el escalafón de una nueva carrera y conducía camiones como pluriempleo, empezó a buscar un camino de vuelta al asiento del piloto.

En la primavera de 1989, Scott Deschamps se hallaba en medio de la aglomeración humana de la plaza de Tiananmen de Pekín. Hacía calor, y el sudor le humedecía el pecho. A su izquierda se alzaba la imponente fachada con columnas del Gran Salón del Pueblo, y ante él, el monumento a los Héroes del Pueblo, un plinto de piedra labrada de treinta y ocho metros de altura, horadaba un cielo azul claro. Alrededor, a lo largo y ancho de la colosal plaza, se congregaban decenas de miles de personas.

Desde el 15 de abril, habían surgido en las ciudades de toda China concentraciones como esa, espoleadas por la muerte de Hu Yaobang, un funcionario del Gobierno que había sido expulsado del Partido Comunista por su apoyo a las reformas democráticas. En Pekín, estudiantes y obreros habían acudido gradualmente a la plaza de Tiananmen hasta reunirse casi cien mil personas. Al principio se respiraba en la plaza un ambiente casi como el de un concierto. Se oía música y los estudiantes esgrimían estandartes alusivos a hitos históricos pintados de vistosos colores. Pero, a medida que se acercaba el día del funeral de Hu, los manifestantes adquirían un tono decididamente más duro.

Scott había estudiado mandarín en Canadá durante los dos años previos a su viaje, y ahora, después de cuatro meses en China, lo hablaba con cierta fluidez. Su conocimiento del idioma lo había llevado a disfrutar más de la milenaria historia del país, así como de su exótica cultura, y despertaba curiosidad y entusiasmo en las personas con quienes se cruzaba. En el caso de muchos de ellos, Scott era uno de los primeros occidentales que conocían capaces de hablar mandarín.

Y allí estaba él, en medio de la plaza más grande del mundo, en el centro de una ciudad, en el país más poblado del planeta, presenciando un cambio radical en la historia de la nación. Tenía treinta y tres años y se consideraba una persona totalmente distinta de quien había sido a los veintiocho, cuando había subido a bordo de aquel vuelo de Wapiti. En los últimos cinco años, con singular y firme determinación, había ido tachando puntos de su lista de deseos.

Después del verano que vivió con Erik y en que recorrió el Sendero de la Costa Oeste, se marchó de White Rock y fue a la localidad turística de Whistler para esquiar durante el invierno en aquel espectacular paisaje. Allí, siguió estudiando en la universidad a distancia para obtener su título y se mantuvo con un trabajo de gorila en un bar local. En los años posteriores pasó mucho tiempo al aire libre, tomó clases de vela y navegó, aprendió otro idioma y viajó a Australia, a Europa y ahora a China. Ninguna de sus recientes decisiones se había basado en las cosas que en otro tiempo eran tan importantes para él: la imagen, el dinero, los bienes materiales y la trayectoria profesional. Ahora a Scott no lo impulsaba nada de eso, sino algo mucho más importante: buscaba comprender.

«Hablé con psiquiatras, médicos, filósofos, sacerdotes —me contó Scott en una entrevista varios años más tarde—. Una de las personas con las que conversé atendía a pacientes terminales en un hospital. Me comentó sus experiencias con pacientes que de pronto miraban hacia un rincón de una habitación y veían un ángel. Algo muy parecido había experimentado yo. Él preguntaba a sus pacientes: "¿Por qué sonríe usted si está a punto de morir?". He investigado los ángeles, los milagros, la religión, todas esas cosas. Se la llame como se la llame, para mí era una presencia espiritual, y me proporcionó lo que necesitaba en ese momento. Fue algo que alteró mi vida.»

260

Con todo, Scott no entendía aún a quién o qué había visto esa noche, ni por qué lo había elegido a él. Solo sabía que cuando pasó, él no se sintió asustado ni solo; era como si estuviera en contacto con algo más grande que él. Y pese a todo lo que había conseguido desde el accidente, nunca más había vuelto a experimentar aquella sensación de conexión.

En la plaza de Tiananmen las consignas de la multitud se intensificaron. Scott empezó a desplazarse hacia el perímetro. Mientras se abría paso entre el gentío, los rostros cobraban forma ante él. Cientos de rostros. Personas con quienes no tenía ninguna conexión en este mundo.

En realidad, aparte de su madre, Pauline Robbins, era poca la gente de su vida con quien Scott había mantenido una conexión estrecha. Uno de los objetivos incluidos en su lista de deseos era tener hijos, pero se alegraba de que Mary y él no se hubieran precipitado en eso después del accidente. Quería una oportunidad para averiguar antes cuáles eran sus necesidades.

En lo que se refería a su familia paterna, Scott apenas mantenía el contacto, pero sí tenía preguntas. Desde su juventud, Scott había oído rumores de un secreto familiar. Su padre, Joe, había estado al frente de una base de las fuerzas aéreas en Zimbabue durante la Segunda Guerra Mundial; se decía que allí se había casado y había tenido un hijo. Por lo visto, después de la guerra, Joe había regresado a Canadá, y había abandonado a la mujer y al niño. Si se daba crédito a esos rumores sobre una segunda familia, el padre de Scott no era el hombre que aparentaba ser. Significaba asimismo que él tenía un hermanastro en algún lugar de África.

Su padre se había criado en Rossland, un pintoresco pueblo de la región montañosa de Kootenay, en el sur de Columbia Británica. El único familiar vivo de su padre que podía saber algo de su pasado era su hermana, Jeanette, ya octogenaria. Decidió que iría a ver a su tía cuando regresara a Canadá.

Los gritos de protesta llenaban el aire cuando Scott recorrió la calle circundante del lado oeste de la plaza. Un pequeño camión blanco avanzó lentamente hacia el sur, y de él salía, por un megáfono, la voz monótona e ininterrumpida de una mujer. Al principio sus palabras quedaron ahogadas por los gritos de la muchedumbre. Pero cuando el camión se acercó, Scott comprendió perfectamente lo que decía: «Desalojen la plaza —los instaba—, vuelvan a sus casas».

Nadie sabe bien dónde residió Paul Archambault ni cómo sobrevivió durante los años posteriores a su ruptura con Sue, pero a partir de los comentarios de aquellos con quienes permaneció en contacto se deduce que vagó por el norte de Alberta. Una de esas personas fue el periodista Byron Christopher, que había cubierto la información del accidente, la posterior vista de Paul en el juzgado y la investigación de la CASB en Grande Prairie. Los dos entablaron amistad y se vieron unas cuantas veces. Durante el breve periodo en que Paul vivió en Edmonton, Byron lo invitó a cenar a su casa de Spruce Grove, un pueblo a veinte kilómetros al oeste de la ciudad. Byron y su mujer, Hardis, habían invitado también a otras dos personas esa noche, Vivian y Jack Murrell. La joven pareja sobrellevaba un suplicio inimaginable: más de una década antes, su hija de seis años, Tania, había sido secuestrada en el camino de vuelta a casa desde el colegio a dos manzanas de distancia. Nunca la encontraron.

«Esa misma noche, Paul acercó su vaso de Bailey's a nuestra cocker spaniel, que come cualquier cosa, excepto el pienso para perros. El caso es que la perra se emborrachó tanto que salió de la cocina haciendo eses con una plácida expresión en la cara. Paul se desternilló de risa. Todos nos reímos tanto que nos corrieron lágrimas por las mejillas. Dios, qué divertido fue. Las mujeres entraron de la sala de estar y preguntaron: "¿Qué pasa aquí?". Paul contestó: "Esa maldita perra me ha robado la copa".»

Byron nunca había visto a los Murrell reírse tanto.

En otro encuentro, fue el lado serio de Paul lo que quedó grabado en la memoria del periodista.

«Una noche Paul nos habló a Hardis y a mí de sus tiempos en prisión, de lo mucho que detestaba la cárcel. Habló durante tres horas, pero tuve la sensación de que no habían pasado más de veinte minutos. Aquella conversación me causó una honda impresión. Paul era el primer expresidario que conocía. Era en esencia un buen hombre, y gracias a él comprendí que probablemente había entre rejas miles de Paul Archambault. Empecé a ver a los reclusos de otra manera.»

Otra persona en la que Paul causó una perdurable impresión fue Irene Jorgensen, una cocinera con quien trabajó en un campamento petrolero durante el invierno de 1989. El campamento se encontraba en un paraje inhóspito y remoto a cuatro horas por carretera al noroeste de Grande Prairie. Irene recordaba claramente la primera vez que puso los ojos en Paul, contratado como ayudante en el campamento.

«De camino a Michigan Hills, un rincón perdido, paramos durante diez minutos para comer. Paul pidió un café, y mi ayudante y yo, un bocadillo y sopa. Cuando llegó la comida, las raciones eran enormes. Pero además algo en Paul me llamó la atención, tal vez la tristeza de su mirada. No sé muy bien. El caso es que dije: "Esto es demasiado para comérmelo en diez minutos". Así que le di a Paul mi gran tazón de sopa y la mitad del bocadillo. Sin duda él estaba famélico, porque la comida voló en un santiamén.»

En los dieciocho años que llevaba trabajando en campamentos, Jorgensen había conocido a mucha gente, pero Paul ocupaba un lugar destacado en su memoria.

«Paul era un buen trabajador —explicó—; siempre estaba haciendo algo. Un día peló y troceó media caja de manzanas. No quería que se echaran a perder, y me pidió que preparara tartas con ellas. Ese no era su trabajo. Lo hizo sin más.»

Irene habló también de la lealtad de Paul. «Si lo tratabas bien, era capaz de dar la vida por ti —dijo—. Pero si lo contrariabas, cuidado.» Al igual que Byron Christopher, oyó contar muchas anécdotas a Paul.

«Cuando le apetecía hablar, contaba las cosas más diversas», recordó Jorgensen.

«Dijo que, de niño, si derramaba un vaso de leche, recibía una paliza. Nunca podía tener contento a su padrastro. Yo no sé qué tenía Paul Archambault —comentó Irene—, pero cuando lo conocías, no lo olvidabas. Creo que tenía un gran corazón que había sufrido graves heridas en la juventud.»

263

Mi padre perdió otra vez el contacto con Paul después de su segunda visita, y sé que sufría por no poder hacer nada más para ayudarlo. Pero él tenía sus propias preocupaciones. La situación económica de la provincia no había mejorado, y sus días eran un aluvión interminable de largas reuniones y decisiones difíciles. Había empezado a inquietarle la manera en que el Gobierno tomaba esas decisiones. También el estilo de hacer política estaba cambiando. El honor, el respeto mutuo, la imparcialidad y la transparencia —principios que mi padre había acogido con plena convicción— daban paso al partidismo y los intercambios de favores políticos.

«No mucho después del accidente, lo que yo hacía se convirtió en algo difícil —me explicó mi padre—. Dejé de disfrutar con la política. La mayor parte tenía que ver con problemas que se repetían una y otra vez. La gente debería haber cuidado de sí misma, no esperar que lo hiciera el Gobierno.»

Cuando se acercaba el final de su cuarto mandato, se debatió ante la decisión más difícil de su vida: ¿debía retirarse? Don Getty, después de un solo mandato como *premier*, ya había anunciado su intención de abandonar. Se sugirió que mi padre se presentara como cabeza de lista, pero, según Lindsay Cherney, su ayudante ejecutiva por entonces, él consideraba que el Gobierno necesitaba sangre nueva.

«Si de verdad creo eso —le dijo—, ¿por qué habría de alargarlo?»

Mi hermano Larry recuerda algo muy parecido. Una vez le comentó: «La mayor trampa en la política es pensar que lo importante eres tú. Cumples con tu cometido y te tratan como a un VIP. La gente extiende ante ti la alfombra roja. Pero en cuanto empiezas a creerte que la razón eres tú y no tu cargo, estás perdido».

«Aun así, quería seguir aportando algo —explicó Cherney—. Me dijo: "Solo me quedan unos años para devolver algo a la comunidad, y si sigo aquí, en el Gobierno, perderé la oportunidad de marcharme y trabajar en el sector privado".»

Cuando el Gobierno fijó la fecha de las elecciones, el 20 de marzo de 1989, mi padre decidió que después de dieciséis años en la política, y cuando se hallaba en la cúspide de su carrera, era momento de darla por concluida. Esas elecciones coincidían con su cumpleaños. Cumpliría cincuenta y cinco.

Recibió ofertas de nombramientos políticos: suculentos cargos en compañías estatales y cargos políticos en el extranjero. Fiel a su palabra de no «alargarlo», las rechazó y empezó a buscar la manera de trazar su propio rumbo. Como ministro de Comercio y Desarrollo Económico, había conocido a muchos individuos con productos innovadores que carecían del capital necesario y la experiencia gestora para sacarles provecho. Le entusiasmaba la perspectiva de ayudar a salir adelante a esas personas y sus proyectos, y veía con optimismo su futuro en los negocios.

Entre tanto, la promesa de Scott de llevar una vida impulsada por los sueños y los logros en lugar del dinero y los posesiones se había topado con una dificultad claramente material: estaba en la ruina. Cuando regresó de China, alquiló un apartamento cerca del mar en la zona oeste de Vancouver, muy diversa y densamente poblada. No había realizado aún dos de los deseos más importantes de su lista. A los treinta y cuatro años no estaba más cerca que antes de crear su propia familia. Tampoco había encontrado a su hermanastra. Sin embargo, a finales del verano de 1990, alguien lo encontró a él.

Un domingo por la mañana, temprano, oyó el timbre del portero automático de su apartamento.

—¿Quién es? —preguntó.

—Paul.

—¿Qué Paul?

—Paul de Grande Prairie —respondió la voz.

Scott pulsó el botón del interfono. Cuando abrió la puerta del apartamento, le complació ver a su antiguo detenido y salvador allí de pie, en el umbral.

«Había encontrado mi nombre en el listín telefónico —explicó Scott—. Lo habían contratado para el mantenimiento de una feria ambulante local. Se lo veía avejentado. Se había roto una pierna por mil sitios en un accidente de coche. Cojeaba de mala manera. No tenía ropa, pero no me pidió nada.»

Scott llevó a su viejo amigo a comer, y recuerda que Paul tenía el mismo sentido del humor endemoniado con el que había disfrutado durante el largo día y la larga noche que habían pasado juntos hacía seis años. «Fue un placer estar con él; un poco tosco, grosero y apestoso, pero era mi amigo.»

Scott también recuerda que Paul estaba preocupado porque no tenía botas: un requisito para su trabajo en la feria. Él lo llevó a comprar un par y un poco de ropa de faena. Más tarde los dos se encaminaron hacia un bar local donde, según Scott: «Paul contó alguno más de aquellos chistes tontos suyos. Y después se marchó».

Scott se echó a reír al recordar aquel breve encuentro. «Le dije que viniera a verme si pasaba por la ciudad. Se despidió, y ya está.»

Sería la última vez que Scott, o cualquiera de los supervivientes, viera a Paul o tuviera noticias de él.

Y

Andrew McNeil mide bastante más de uno ochenta y tiene esa buena apariencia desenfadada que no quedaría fuera de lugar en el plató de una película del Oeste. Lleva muy corto su cabello espeso, antes castaño y ahora salpicado de canas, y tiene los ojos de un intenso azul grisáceo. Una sombra de barba oscurece su prominente mandíbula, y sus labios, en reposo, forman un trazo fino y severo que parece decir: «Más vale que no te metas conmigo».

McNeil es el propietario de Alberta Pipefinders Inc., una pequeña y próspera compañía de mantenimiento de oleoductos en Grande Prairie, y vive en un pulcro bungaló de colores crema y blanco con el jardín mejor cuidado de la manzana. Sin embargo, a finales de los ochenta y principios de los noventa, no tenía casa.

Por entonces, el albergue Wapiti era lo más parecido a un techo permanente que conocía. El ruinoso edificio de estuco de dos plantas era un refugio para hombres situado a unos minutos a pie al noreste del centro urbano, junto a las vías del ferrocarril próximas al hospital. Construido como residencia de enfermeras en la década de 1940, este albergue insulso con azotea fue también el lugar donde Andrew coincidió por primera vez con Paul Archambault a finales del verano de 1989. Los hombres, que se convirtieron en compañeros de copas, se conocieron a través de un amigo común instalado de manera estable en el albergue.

McNeil recuerda claramente la primera vez que vio a Paul, a quien su amigo presentó como un héroe.

—¿Cómo? —recuerda haber preguntado McNeil.

—Es un héroe —confirmó su amigo—. Salvó a aquella gente del accidente de avión, ¿no lo sabías?

McNeil sí había oído hablar de aquello.

—Fue en 1984; sí, me acuerdo —dijo—. Paul me pareció asombroso. Puso su vida en peligro para salvar a otro hombre.

Cuando lo conoció, otros lo llamaban ya por su apodo, Héroe, pero en su mayoría no compartían la sensación de asombro de McNeil.

«Al principio, ese mote, Héroe, se usó como algo bueno. La gente estaba orgullosa de él. Pero eso cambió. De pronto, cuando lo llamaban "Héroe", era como llamar a alguien "negrata". Creo que eso lo corroía, que todo el mundo se burlara de él.»

Recuerda que Paul frecuentaba los hoteles York y Park, tabernas locales donde se reunían los amigos todas las noches para beber. Esos establecimientos olían a tabaco y cerveza rancia, y su clientela estaba compuesta por leñadores, trabajadores de los yacimientos petrolíferos y no pocos alcohólicos. Según McNeil, en aquella época los borrachos abundaban en Grande Prairie. Sospechaba que varios ya padecían beriberi, el término lego para una forma de deterioro del sistema nervioso central común en los bebedores arraigados y que se manifestaba por la manera de arrastrar los pies y a menudo por el habla incoherente.

Paul no era uno de esos. Por el contrario, McNeil y él se hallaban entre los sin techo operativos: hombres que normalmente trabajaban de día e iban al bar por la noche. Por esas fechas, el Corona Pizza había cerrado y, para Paul, el trabajo pasaría a ser esporádico.

«Venían unos hombres al albergue a las ocho de la mañana en busca de jornaleros para distintos trabajos —recordaba McNeil—, pintar paredes, enyesar, tareas de fontanería, electricidad, albañilería. Pagaban en efectivo y, por lo general, siempre eran los mismos los que levantaban la mano.»

Su rutina diaria era sencilla: trabajar si podían, volver al albergue a cenar entre las 16.30 y las 17.30, ducharse y luego salir a beber. Pero había normas. El albergue cerraba sus puertas a las 23.00, y, a menos que uno pagara su habitación en el albergue Wapiti, su estancia allí era temporal.

«Te permitían quedarte unos días cada vez —explicó McNeil—, y entonces venía el ordenanza y te decía: "Hoy es tu último día; ya puedes largarte".»

Los hombres tenían que buscarse otro sitio donde dormir durante varios días antes de poder regresar. A veces se instalaban en casa de algún conocido. Elpedia Palmer recuerda una noche que Paul se presentó muy borracho en casa de su padre, que estaba a un paso del albergue en la misma calle. Teddy le permitió quedarse allí esa noche. En otras ocasiones, los hombres se dirigían hacia el parque Muskoseepi, una

267

larga franja verde que bordeaba el lado oeste de la ciudad. Allí se reunían con amigos que frecuentaban la zona de chabolas del otro lado del río. La destartalada colección de lonas y plataformas toscamente labradas se conocía afectuosamente como el «hotel de la reina», y en verano era un sitio tan bueno como cualquier otro para dormir. A menudo crepitaba allí una hoguera cálida y corría whisky barato suficiente para ayudar a un hombre a olvidar sus penas. El único problema era la policía. Cada tanto, la Policía Montada organizaba allí una batida y echaba a todo el mundo. Los hombres se dispersaban durante unos días antes de plantar el campamento en otra arboleda un poco más lejos de los caminos que serpenteaban junto al arroyo.

McNeil recuerda que vio a Paul en el parque más de una vez. En cuanto a sus problemas, no parecían de esos que se ahogaban fácilmente con una botella.

«Estaba atormentado», dijo McNeil, que añadió que ni siquiera imaginaba los niveles de desesperación con los que luchaba Paul.

268

«Si algo así me hubiese sucedido a mí y hubiese intentado usarlo como trampolín para cambiar mi vida, y la gente se hubiese unido y recaudado dinero…, y si luego no hubiese salido adelante por mi propia cuenta, en fin…, todos me considerarían la escoria de la sociedad. Daba igual cuánta gente o quiénes dijeran a Paul que era un buen hombre; ninguna cantidad de dinero, prestigio o cobertura en los medios bastaría, porque él no tenía autoestima suficiente para ver su propia bondad.»

Grande Prairie no era un lugar especialmente benévolo para un hombre sin techo permanente durante los últimos meses invernales de 1990. Las temperaturas oscilaron entre los diez y veinte grados bajo cero, y en algunos casos descendieron por debajo de los cuarenta. Más de trece centímetros de nieve cayeron en la ciudad en noviembre y diciembre, y en ocasiones los vientos racheados alcanzaban los cincuenta y cinco kilómetros por hora.

Nadie sabe con certeza qué fue de Paul Archambault, pero McNeil se lo imagina. Cree que Paul y un amigo común se fueron a beber juntos una noche, y cuando regresaban al albergue por las vías del tren, en algún punto, se separaron. Quizá Paul había rebasado su cuota de noches en el albergue, o quizá decidió seguir bebiendo un rato más, y al llegar encontró las puertas cerradas.

«Como el albergue daba de comer a los borrachos —explicó McNeil—, eran muy severos con esas cosas. Cerraba las puertas a las once, y si no estabas allí, te quedabas fuera. La mayoría de los ordenanzas, exresidentes que se habían ganado la confianza de la administración, llevaban solo uno o dos meses sobrios, pero se daban muchos aires, como si no hubieran probado el alcohol en su vida.»

El hermano menor de Paul, Daniel Archambault, que vive en Ottawa, declaró que él tampoco sabía cómo ni cuándo había desaparecido Paul. Lo que sí sabía era que no andaba bien hacia el final de su vida. «La última vez que vino de visita tenía hepatitis y cirrosis», explicó. Aunque su hermano nunca se quedaba mucho tiempo en ningún sitio, Daniel cree que sus problemas de salud fueron la razón que llevó a Paul de regreso al oeste.

«Siempre había dicho que, cuando muriese, quería estar en el monte, que era donde la Madre Naturaleza tenía previsto que muriese un hombre.»

Si bien el centro de Grande Prairie no podría considerarse precisamente el monte, existe allí un pasillo de tierra agreste, paralelo a las vías del tren, al este de donde antes se hallaba el albergue Wapiti. Allí el terreno se hunde en la ligera depresión de una torrentera y la nieve crea profundos y suaves pliegues a lo largo de sus contornos. La torrentera se halla al abrigo de un espeso bosquecillo de sauces, cuyas ramas se entrecruzan en una deshojada maraña nudosa y marrón. Finos tallos amarillos de salvia se enroscan en torno a sus pies. Cerca de allí, a la izquierda, los raíles yacen bajo la nieve recién caída, líneas de acero helado que siguen hacia el norte como un paralelogramo infinito.

En una noche fría un hombre podía caminar a lo largo de las vías sin que nadie lo viera; su aliento se elevaba en nubes traslúcidas hasta disiparse en la negrura. Sus botas crujirían en la nieve apilada por el viento, y a lo lejos oiría el zumbido del tráfico o el traqueteo de los vagones de mercancías al engancharse y desengancharse en el apartadero del ferrocarril a un kilómetro de las vías. Por encima, si era una típica noche de invierno septentrional, titilarían en el cielo millones de estrellas, y si uno mantenía la vista fija en ese abismo el tiempo suficiente, vería la pálida mancha de la Vía Láctea. Cabe imaginar que si ese hombre hubiera bebido lo suficiente, o no tuviera un sitio donde dormir, o estuviera enfermo o, sencillamente, afligido, se acomodaría en el borde de esa plácida espesura. Quizá mientras yacía en la nieve, indiferente como siempre al frío, y contemplaba el borde de su propia galaxia, alcanzara a ver su lugar en la agreste inmensidad del universo. Si se sentía triste, podía reflexionar sobre su perra suerte y sobre su fracaso, pese a sus esfuerzos, por dar la vuelta a las cosas: crear una vida de la que él y otros pudieran estar orgullosos. Y aunque todo el mundo sabía que ese hombre era un superviviente, alguien que nunca se rendiría, es posible que se dejara vencer momentáneamente por el cansancio, cerrara los ojos y dejara que el sueño lo transportara a un lugar más feliz.

270

Cuando nieva mucho en las vías del ferrocarril que atraviesan el norte de Alberta, transitan por los raíles enterrados locomotoras con palas quitanieves. A su paso, la nieve sale volando de las vías en grandes géiseres blancos que trazan un arco hacia el cielo y luego caen formando una «C», ya lejos de las vías. Dejan la nieve apilada en grandes ventisqueros espesos y redondeados a ambos lados de los raíles. Andrew McNeil cree que una de esas quitanieves despejó las vías de Grande Prairie la noche que Paul murió, y lo enterró en una tumba de nieve.

Poco después del deshielo de primavera del año siguiente, el 7 de mayo de 1991, una locomotora de los Ferrocarriles Nacionales Canadienses recorría lentamente el centro poco frecuentado de Grande Prairie. Era ya de noche —las 22.30 horas, según el artículo publicado en la prensa a la mañana siguiente— cuando los faros del tren iluminaron un cuerpo que flotaba en una zanja inundada a unos quince metros al sur de las vías. La descomposición del cadáver inducía a pensar que llevaba allí mucho tiempo. Más tarde se sabría que el fallecido tenía prendida en la solapa de la cazadora vaquera una amapola roja, que se lucía normalmente durante las jornadas previas al Día de los Caídos, el 11 de noviembre, para conmemorar a los veteranos de guerra canadienses. En el bolsillo trasero llevaba un viejo y deslustrado billetero. Contenía la identificación del difunto. Era Paul Richard Archambault, un hombre en otro tiempo elogiado en la localidad y en toda la nación por su heroísmo. Tenía treinta y tres años.

«Ciertamente, cuando aparece un cadáver, uno no descarta la posibilidad de una muerte sospechosa —declaró en su día Ian Sanderson, agente de la Policía Montada—, pero por el momento no hemos encontrado ningún indicio de juego sucio.»

Trasladaron el cadáver al depósito forense de Edmonton para establecer la causa de la muerte. La autopsia determinó que había muerto por congelación meses antes. Nadie había denunciado su desaparición.

271

Scott Deschamps se enteró de la muerte de Paul cuando un periodista de Edmonton lo localizó para pedirle un comentario. Instalado todavía en Vancouver, trabajaba para la policía de tráfico; cuando conoció la noticia, acudieron a su mente terribles y vívidos recuerdos de sus tiempos en la Policía Montada en el implacable norte.

«En los cinco años en la Policía Montada de Grande Prairie, vi los restos enmarañados de coches y camiones en muchos accidentes de tráfico —recordó—. Me adentraba en el monte y encontraba los restos congelados.»

Aunque muy alterado por la noticia, Scott no se sorprendió. «No podía acabar de otra manera.»

Otros no lo aceptaron tan bien. Elpedia recuerda que su madre, Donna Bougiridis, la llamó hecha un mar de lágrimas: «Paul ha muerto». Las dos pensaron que su muerte no había sido accidental.

«Paul era un superviviente —dijo Donna—. Si quieren saber mi opinión, alguien le dio un golpe en la cabeza. Así se lo dije a la policía.»

Un cuarto de siglo más tarde, al hablar del tosco pagaré hallado en el billetero de Paul cuando apareció su cadáver, los ojos se le llenaban de lágrimas. En el documento ponía: «A Donna, te debo 50 dólares».

En el billetero de Paul, la policía también encontró un papel en el que había anotado otro nombre: Sue Wink. Aunque la relación de esta con Thorne había terminado, vivía aún en Saint John, New Brunswick, cuando la Policía Montada local llamó a su puerta. Ella no había tenido noticia de Paul desde que se marchó de Grande Prairie hacía cuatro años, y lo había visto solo una vez antes de trasladarse al este: un día lo vio haciendo autoestop en la carretera. Sin embargo, en las semanas anteriores a la muerte de Paul, ella intentó localizarlo.

«En octubre de 1990 falleció mi tío —explicó Sue—. Volví a Grande Prairie para el funeral y busqué a Paul. Entré en el hotel, fui de aquí para allá por la ciudad, en coche. Estuve atenta por si lo veía durante todo el tiempo que pasé allí.»

Vive atormentada por una terrible convicción. «Si lo hubiera encontrado, no habría muerto —me dijo—. Todavía sueño con él.»

272

Regreso

El 2 de octubre de 2000, Erik Vogel ocupaba el asiento del copiloto de un Havilland DHC-6 Twin Otter en vuelo. Después de una década de esfuerzos había vuelto a abrirse camino en el sector de la aviación, y ahora volaba a tiempo parcial para West Coast Air, una compañía con una flota pequeña que ofrecía servicio de pasajeros entre el puerto interior de Vancouver y las islas circundantes. Erik miró por la ventanilla de la cabina de mando y contempló la asombrosa vista. Era un día despejado y limpio, y el estrecho de Georgia resplandecía bajo él en el sol vespertino. Al frente, las islas del Golfo se sucedían como una colonia de amebas verdes gigantescas, sus contornos formados a veces por escarpadas rocas, a veces por suave arena.

Apartó las manos de los controles por un momento para aliviar la rigidez en los dedos, en los que había desarrollado artritis. Habían empeorado gradualmente desde que se las destrozó en el accidente del avión de Wapiti. Se resentía sobre todo cuando recorría largas distancias en camión, como a menudo ocurría cuando no trabajaba en el cuartel de bomberos. O cuando no volaba. Pero Erik no se quejaba. Era un precio pequeño que pagar.

Sintiendo en su cuerpo la vibración del motor, se le henchía el pecho de la emoción. En abril había cumplido cuarenta años. Estaba muy unido a sus padres y se había casado con Lee-Ann, con la que tenía tres hijos: un niño y dos niñas. A su primogénito le había puesto Duncan. Algún día le hablaría de su tocayo, el piloto que se había presentado junto a su cama en el hospital el día que lo ingresaron.

En apariencia, la vida de Erik Vogel apenas se diferenciaba de la de muchos otros que habían alcanzado una cómoda existencia de clase media. Su familia y él vivían en una modesta finca de Langley, una zona residencial a cuarenta y cinco minutos al este de Vancouver por carretera. Su casa, un amplio chalet beis, se hallaba al final de un estrecho camino en el que un discreto cartel, un pequeño rectángulo metálico escrito en letras verdes de imprenta, anunciaba: «La familia Vogel se enorgullece de mantener en condiciones esta calle». Unos postes desgastados y alambre de espino delimitaban un lado del camino como los puntales de una cerca rústica, y una zanja herbosa y llena de agua bordeaba el otro lado.

A la entrada de la finca, un segundo cartel, grande y pintado a mano, anunciaba paseos en poni. Un camino de grava dividía una espaciada arboleda tras la que se extendía una amplia porción de césped donde había un trepador infantil, una enorme cama elástica negra y varias mesas de picnic. A lo lejos, al final del camino de acceso, se alzaba un pequeño establo rojo. Desde abril hasta octubre, todos los fines de semana invadían la finca de los Vogel los invitados a fiestas de cumpleaños. Por medio de canjes, trueques y reformas, Erik había convertido aquello en un lugar donde entretener a los niños. También había construido gallineros donde no solo había instalado gallinas, sino varios pavos y un pavo real. La principal atracción era, no obstante, *Peaches*, el poni de color café de los Vogel. En las fiestas de cumpleaños, montaba en él a sus emocionados jinetes, uno por uno, a lo largo de un camino a través de los árboles en el ángulo sudoeste de la finca. El camino, en un principio creado allí por azar, al final se había convertido en una obra fruto del amor.

«Antes yo venía aquí a vaciar los cubos del establo —explicó Erik—. Allané el suelo a fuerza de pasar entre la maleza, y me adentraba cada vez más en la arboleda para vaciar los cubos. Un día llegué aquí y me di cuenta de que había estado abriendo un camino. Y me dije: ¿por qué no continuarlo?»

Erik recordaba cada una de las tormentas que había azotado la finca, las cercas y los árboles que habían tumbado. Él mismo había reparado o despejado la mayoría de los daños, pero había un enorme árbol caído que seguía aún allí, con sus grandes raíces a la vista para enseñárselas a los niños.

El camino era un país de las maravillas sembrado de todos aquellos cachivaches y artefactos extraños e interesantes que Erik había reunido a lo largo de los años. Había gnomos de cerámica con gorros blandos y narices bulbosas, una vieja manguera de bombero en un soporte metálico rescatada de un edificio antes de su demolición, una antigua carretilla de madera, e incluso un cerdo de plástico con un bikini de topos.

Lo que quizá no supieran quienes paseaban junto a Erik por su idílica finca era que había trabajado en tres empleos a la vez, además de ofrecer las fiestas con el poni, para ganar dinero suficiente con el que mantener la granja. Tenía su trabajo principal, con el departamento de bomberos de Burnaby, y aparte realizaba una ruta con un camión de alto tonelaje cada dos semanas. El tercero había sido su primer amor: volar.

Al principio Erik mantuvo su certificación de piloto y horas de vuelo a fuerza de rogar tiempo en la cabina de mando, pedirlo prestado o —cuando era absolutamente inevitable— pagarlo, volando en pequeños aviones en aeropuertos cercanos. Erik había hecho partícipe a Scott de su sueño de volver a volar, y fue Scott quien al final puso en contacto a Erik con su primer puesto pagado en un avión desde el accidente. Scott le habló de un amigo en Tundra Helicopters que buscaba a un piloto de avión para trasladar a los pilotos de helicóptero y el equipo hasta los lugares de trabajo. La compañía tenía alquilado un Cessna 206, pero no disponía de nadie apto para pilotarlo. Erik voló esporádicamente para Tundra durante un año, y después empezó a ofrecerse voluntario a CASARA, la Asociación Aérea Civil de Búsqueda y Rescate de Canadá.

«Para mí fue una recompensa —escribió Erik acerca de sus cinco años al servicio de CASARA—. Enseguida descubres que localizar un avión pequeño en medio del bosque sin ELT es casi imposible.»

Aunque inicialmente se formó como localizador a bordo de un Hercules, más tarde obtuvo permiso de Tundra para utilizar el C-206, con una tripulación de cuatro hombres y su equipo, en misiones de búsqueda y rescate. Ese privilegio

—considerado demasiado caro por la compañía— al final acabaría, al igual que poco después su contrato. No obstante, su deseo de pasar horas en la cabina de mando no hizo más que intensificarse. Durante un breve tiempo, pilotó una avioneta fumigadora. Finalmente, poco antes de cumplir los treinta y ocho años, consiguió un puesto de copiloto en West Coast Air, una compañía comercial con vuelos regulares. Aunque pequeña y relativamente nueva, WCA prosperaba con el fluido tráfico de aerotaxis desde los puertos centrales de Vancouver y Victoria hasta las comunidades insulares circundantes de mayor tamaño. A Erik le encantaba.

La oportunidad le llegó por mediación de un antiguo compañero aviador que se lo recomendó al piloto jefe de la compañía. Aunque lo contrataron como copiloto, el piloto y él se turnaban a los mandos. Los días que tenía vuelos programados, se marchaba de casa temprano y viajaba por carretera a través de Lower Mainland hasta Coal Harbour, en Vancouver, donde se hallaban la modesta terminal y los muelles de la compañía. Con una camisa blanca bien planchada y una corbata azul marino, se encaminaba al muelle para recibir a los pasajeros. A menudo eran políticos que iban y venían entre Vancouver y la Asamblea Legislativa provincial, sita en Victoria.

Eran jornadas largas, que a veces se prolongaban hasta catorce horas, y la paga era escasa. En un turno normal, Erik podía realizar entre tres y ocho recorridos, y recibir por ello unos ciento treinta y cinco dólares diarios. No le hablaba a Lee-Ann de sus bajísimos sueldos. En aquella época, los dos luchaban por llegar a fin de mes, y Erik temía que su mujer lo obligara a renunciar a su puesto de copiloto si se enteraba de lo poco que ganaba. Para él no era cuestión de dinero. Todo era por el placer de volar. En la columna de comentarios de su libro de navegación, escribió repetidamente: «¡Un día fabuloso!». También lo hacía por llegar a ser un piloto más seguro y sensato que el joven que había sucumbido a la fatiga y el miedo. Por hacer las cosas bien.

En lo referente a seguridad aérea, se habían producido avances desde el accidente del vuelo de Wapiti. El 6 de febrero de 1990, el Tribunal Federal de Canadá falló en el caso de Swanson y Peever contra Canadá, dictaminando que la Corona era responsable en una tercera parte de las víctimas mortales. En su sentencia de cuarenta y siete páginas, la juez Allison Walsh escribió:

> El Departamento de Transporte de Canadá estaba en conocimiento de las graves deficiencias en las actividades aéreas y las prácticas de mantenimiento de la compañía y sabía que Wapiti Aviation Limited había incumplido reiteradamente las normas de seguridad durante al menos un año y medio antes de la fecha del accidente. Pese a que el Departamento de Transporte de Canadá tenía motivos suficientes para creer que las operaciones de Wapiti no eran seguras y que se justificaba una vigorosa acción para exigir el cumplimiento, no se emprendió ninguna acción hasta después del accidente del C-GXUC [el avión implicado en el accidente]. Si el Departamento de Transporte de Canadá hubiese ejercido su responsabilidad legislativa por medio de una actuación oportuna y eficaz para corregir las deficiencias en las operaciones de Wapiti Aviation, el siniestro del C-GXUC muy probablemente se habría evitado.

El fallo estableció un precedente legal. Era la primera vez en la historia del país que unos particulares demandaban con éxito al Gobierno canadiense por negligencia en el cumplimiento de sus obligaciones y responsabilidades regulatorias.

Durante un tiempo, Erik albergó grandes esperanzas. Wapiti había cerrado de manera definitiva, y pensó que el fallo daría lugar a una nueva era en seguridad aérea. Se incorporó a West Coast Air henchido de un renovado optimismo.

Al empezar en su empleo de copiloto dos años y medio antes, la instrucción ofrecida por la compañía era excelente y los niveles de seguridad altos. Pero ahora, desde hacía unos meses, el piloto jefe que en su día contrató a Erik se había retirado y las cosas empezaban a deteriorarse.

«Comenzaba a tener otra vez las mismas sensaciones que con Wapiti», escribiría Erik más tarde.

En los muelles, veía la avidez en los ojos de los jóvenes que repostaban los aviones; todos ellos pilotos comerciales con licencia a la espera de una oportunidad para entrar en la cabina de mando. Veía asimismo que la compañía empezaba a hacer recortes en lo referente a seguridad, y percibía el zumbido cansado de los motores viejos necesitados de una puesta a punto.

Y cada pocos meses le llegaba la noticia de un nuevo accidente de un avión pequeño. En la mayoría de los casos, los detalles eran inquietantemente familiares: fatiga del piloto, fallo técnico y la presión para volar pese a las inclemencias del tiempo. Durante años, Erik llevó a cabo él solo una cruzada para proteger a los pilotos escribiendo artículos y cartas, y hablando a otros de la lamentable falta de seguridad en el sector. Pero se había desilusionado, y de un tiempo a esa parte empezaba a preguntarse si seguir volando merecía el esfuerzo teniendo en cuenta el creciente riesgo y la escasa paga de su empleo como piloto. Cayó en la cuenta de que, como le había ocurrido con el camino trazado sin querer en el bosque detrás de su casa, había creado algo maravilloso por lo que valía la pena luchar: una familia que quería y una carrera satisfactoria como bombero.

Erik volvió a apoyar las manos en la palanca de mando. Ese día ya había realizado nueve viajes y se sentía contento con cómo habían ido los vuelos. Los despegues y amerizajes habían sido suaves. El oleaje de dos días atrás había amainado y el mar estaba en calma; los vientos eran ligeros y la visibilidad ilimitada. Había disfrutado tanto del día que, en lugar de darlo por concluido después de su octavo recorrido programado, se ofreció a efectuar un último vuelo de ida y vuelta desde Vancouver a una de las islas cercanas. Ahora, mientras se acercaba al puerto de Vancouver por última vez, contempló las montañas en torno a él y los destellos de la luz vespertina reflejada en las ventanas de los bloques de oficinas del centro. Con delicadeza, tiró de la palanca del gas y empujó la de mando, para llevar el avión hacia el agua. Cuando estaba a tres metros de altura, mantuvo firmes los controles y lentamente echó atrás las palancas del gas para permitir que el aparato se posara suavemente en la superficie. A continuación avanzó despacio hacia el muelle, apagó el motor y salió al flotador. En el muelle, un ansioso y joven futuro piloto esperaba para amarrar el avión. Una vez que los pasajeros se apearon, Erik cogió su diario de navegación azul de tapa dura y lo abrió por la última página de entradas. Sacó un bolígrafo del bolsillo de la camisa e introdujo los detalles del vuelo: el mes, el día, el tipo de aparato y el nombre del piloto. Bajo el del copiloto, escribió «Yo». Luego, bajo la columna titulada «Observaciones», Erik puso su última anotación: «¡Un último día fabuloso!».

Más o menos en la época de la muerte de Paul, Scott Deschamps empezó a buscar en serio a su hermanastra. Para entonces, había confirmado que los rumores acerca de la primera esposa de su padre en Sudáfrica y la hija que habían tenido juntos eran ciertos.

Su tía, de ochenta y dos años, sabía que la hermanastra de Scott se llamaba Joanne, y que vivía en Bulawayo. Pero sus esfuerzos por encontrar a una Joanne Deschamps en Bulawayo, la segunda ciudad más grande de Zimbabue, no dieron fruto. Sin embargo, mientras se afanaba por encontrar un lazo significativo por medio mundo, inesperadamente surgió uno delante de sus propias narices. En 1996, durante un curso de apreciación de la música clásica en Vancouver, conoció a Heidi Petrak, la mujer con quien fundaría su propia familia.

«Ella había viajado por todo el mundo, le encantaba la vela, tenía licencia de piloto, trabajaba en la patrulla de esquí —dijo Scott—. El matrimonio no era importante para ella, pero quería tener un hijo.»

Se fueron a vivir juntos, y en 1997 Heidi se quedó embarazada. Ese año, Scott la llevó a Rossland en busca de las raíces de su familia.

«Cuando llegué, fui a la legión y busqué al hombre más viejo —recordó Scott—. Le pregunté si sabía algo de la familia Deschamps.»

Lo que ocurrió a continuación le sorprendió. Todos los ancianos se apretujaron junto a una ventana y señalaron una casa en una colina cercana. «Esa es la antigua vivienda, allá arriba», le dijo uno de ellos, señalando la casa donde el padre y el abuelo de Scott habían vivido.

Scott visitó el museo de la ciudad. Recuerda haber preguntado por Joe Deschamps al conservador del museo, un hombre mayor llamado Jack McDonald. «Yo era el mejor amigo de Joe», contestó.

«Lo sabía todo sobre mi padre —dijo Scott acerca de McDonald, con quien entablaría una estrecha amistad—. Los Deschamps fueron una de las familias fundadoras de Rossland. Mi abuelo se crio allí y era el dueño de todos los molinos de la zona.» Scott me contó después que había descubierto que él era un canadiense de duodécima generación y que su familia había llegado de Normandía a principios del siglo XVI.

Buscando entre los papeles en casa de su madre, encontró un antiguo certificado de matrimonio de su padre donde también constaba el nombre de Rita Wren. Para entonces, Scott no solo se había puesto en contacto con la hermana de su padre, Jeannette, sino con los hijos y los nietos de esta. Con la ayuda de un primo genealogista, empezó a seguir el rastro a la hija de Rita Wren.

280

«En tres días surgieron tres posibilidades —recordó—. Di en el blanco con una de ellas. Le escribí.»

Al cabo de varias semanas recibió una carta de la mujer, Joanne Deal. Scott había encontrado a su hermanastra.

En septiembre de 1998, Scott y sus primos hicieron un fondo común y le compraron un billete de avión a Joanne para que viajara a Canadá. Reunirse con su hermanastra era el único deseo no realizado de su lista. A los cuarenta y dos años, Scott había sido padre. Su hija, Jozi, todavía era un bebé cuando Heidi y él fueron en coche al aeropuerto internacional de Vancouver para recibir el vuelo de Joanne. Scott conservaba un vívido recuerdo del momento en que vio a Joanne: «La miré y fue como ver la cara de mi padre, como si estuviera mirando directamente a mi padre. ¡Era increíble! No veía a mi padre desde que murió cuando yo tenía once años, y el parecido era asombroso. Era profundo».

Durante esa visita, Scott llevó a su hermana a Rossland y le enseñó la vieja casa de su padre y la ciudad donde se crio. «Tuvo la valentía de venir —dijo Scott de su hermana—. Nunca había salido de África; nunca había salido de Bulawayo, y vino aquí.» Aunque los separaban doce años y vivían en continentes distintos, la relación floreció. «Fue extraordinario —dijo—. Nos entendimos bien y acabamos muy unidos.»

Scott supo por Joanne que, pese a los ruegos de Joe, su madre se había negado a abandonar África, y que su padre había pagado religiosamente el mantenimiento de su hija hasta que cumplió los dieciocho años. Esa información disipó las inquietantes dudas acerca de la personalidad de su padre que lo habían atormentado durante años. También descubrió a toda una familia nueva que acogería con los brazos abiertos a su «hermano» canadiense.

«No es solo mi relación con Joanne —reflexionaría más adelante—, sino la de nuestras grandes familias en el futuro. Se trata de eso. Es la conexión de esta gran familia. Nunca había experimentado esa conexión antes.»

La última pieza del rompecabezas en la vida de Scott no encajaría tan fácilmente. La comprensión completa de lo sucedido la noche del accidente, incluida la presencia del Viejo, siguió escapándosele. En 1999 completó un máster en Humanidades, durante el cual ahondó en los fenómenos de los milagros y los ángeles. Pese a no ser religioso, en un trabajo que serviría de fundamento a su tesina, escribió:

281

En último extremo, la interpretación y comprensión de ciertos sucesos se reduce realmente a una cuestión de fe. Para mí, la exploración de esta profundísima experiencia flota en los límites de lo científico y lo sobrenatural. ¿Fue un «milagro» lo que experimenté? No estoy seguro. La combustión espontánea del fuego podría haberse debido sencillamente a que una ráfaga de viento inflamó un ascua invisible. La abertura en las nubes sobre el lugar del accidente podría haber sido fácilmente un «ojo» meteorológico de alta presión aislado. Es posible que nunca llegue a entender plenamente algunos fenómenos o que no se me permita entenderlos. Eso no significa que no hayan sucedido. Ni significa que no fuera un milagro, al menos para mí.

En los años posteriores a esta experiencia, Scott solo en una ocasión tuvo la sensación de que quizás había vuelto al reino de los milagros. Ocurrió un verano mientras navegaba en un velero por el remoto paso interior del norte de la isla de Vancouver. En 1992, por fin había ganado el pleito interpuesto contra Wapiti después del accidente, y con la indemnización compró el *Tanoo*, un velero de veintiocho pies de eslora.

Un viento suave hinchaba las velas. Scott cazó la vela mayor y el foque, y, con satisfacción, sintió que el *Tanoo* cobraba velocidad y cabeceaba. Se hallaba rodeado de la escabrosa belleza de la ensenada de Blackfish: sobrecogedores picos nevados y aguas azules con crestas blancas. Mientras el velero volaba impulsado por el viento, Scott lanzó una mirada hacia la popa. Allí, avanzando deprisa y directamente hacia él, vio la aleta dorsal de una orca, que asomaba unos dos metros por encima de la superficie. La enorme cuchilla negra de la orca surcaba el agua, acercándose rápidamente hasta hallarse a no más de tres metros de la popa. De pronto la aleta se sumergió. Scott contuvo la respiración. Al cabo de un momento, la orca salió a la superficie a un metro a babor del barco. Durante varios largos segundos, la orca y Scott se miraron a los ojos. Luego, con un enorme azote de la cola, la orca se sumergió, salpicando a Scott a la vez que desaparecía en las profundidades.

Mientras permanecía allí, atónito, no pudo evitar la sensación de que el Viejo acababa de hacerle una visita en forma de orca. ¿Y por qué no? Los indios de las primeras naciones de la costa oeste hablaban de la unicidad de las criaturas de la Tierra y creían que los animales podían cambiar sobrenaturalmente de aspecto a voluntad para adoptar una forma humana y viceversa. Lo único que Scott sabía con certeza era que lo invadió la misma sensación de paz que había sentido aquella noche de invierno, hacía mucho tiempo, cuando la vida empezó de nuevo.

Los esfuerzos de mi padre por empezar de nuevo no serían tan fáciles. Fiel a su palabra, había roto sus lazos con la política y se trasladó a una modesta oficina al oeste del centro urbano de Edmonton. Con varios socios, fundó una consultora y se dispuso a hacer lo mismo que había hecho en el Gobierno con tanto éxito: llevar a efecto posibilidades. Sin embargo, la empresa se tambaleó desde el principio.

«Se sintió privado de oportunidades como ciudadano particular —dijo su antigua ayudante ejecutiva, Lindsay Cherney, que se mantuvo en estrecho contacto con mi padre tras abandonar este la política—. Intentó ayudar a otros e impulsar sus ideas para que despegaran, pero descubrió que no podía hacer en los negocios lo que había podido hacer como miembro del gabinete ministerial.»

Mi hermano Larry recuerda también ese periodo de lucha. «Su objetivo era crear valor más que ganar dinero —dijo, añadiendo que los valores de nuestro padre a menudo chocaban con los de otros implicados en sus empresas comerciales—. Cuando conectaba con alguien, su compromiso era inquebrantable. Si las cosas se complicaban, perseveraba, y cuando otros no le correspondían, se sentía decepcionado.»

Al cabo de unos años, muchos de aquellos con quienes mi padre creyó que podía contar le habían fallado, y los seguidores y conocidos que en otro tiempo reclamaban su atención habían seguido su camino. Recuerdo que lo visité una vez en su modesta y apartada oficina. Contenía un escritorio de aspecto barato, un par de sillas de respaldo recto de metal y piel, un archivador y una pila de cajas de cartón antiestéticas. Las paredes estaban deprimentemente desnudas. Cuando sonaba el teléfono, contestaba él mismo. «Empresas Internacionales Shaben.» Por entonces no tenía ordenador, y escribía las cartas a mano con letra vacilante, resultado de un acusado temblor que había desarrollado; luego enviaba su correspondencia por fax a una mecanógrafa que trabajaba desde casa. Verlo era desalentador.

Corría el año 1994 y mi padre atravesaba una mala situación económica. Aunque nunca lo habría admitido, se hallaba sumido en una profunda desilusión. Fue en esa época, según Cherney, cuando empezó a abrir las cajas que se había llevado al irse de la Asamblea Legislativa hacía seis años. Contenían carpetas viejas, recuerdos de sus dieciséis años en la política y fotografías de su familia. Mientras abría las cajas y empezaba a cribar el material que había guardado allí, empezó a hacer balance de su vida.

Reflexionó sobre la década transcurrida desde el accidente. ¿Qué había hecho para devolver a Dios el don de la vida? Entre los objetos que sacó de las cajas estaban las fotografías de su mujer, de sus hijos y de su padre, Albert, que había llegado a Canadá hacía casi un siglo siendo un joven inmigrante musulmán. Pese a que no hablaba inglés al llegar, había acabado siendo líder de su comunidad. Mi padre comprendió que los valores que mi abuelo le había inculcado, y que aún lo guiaban —la caridad, la tolerancia, la búsqueda del consenso en la toma de decisiones, incluso el rechazo a cobrar intereses por el dinero prestado a otros—, estaban profundamente arraigados en su fe. Su religión, su familia y sus raíces en la comunidad árabe eran una parte esencial de él. ¿Por qué, pues, había dejado todo eso de lado?, se preguntaba.

Recuerdo que un viernes por la tarde, no mucho después de aquel día, mi padre me contó que había asistido a las oraciones del viernes en la mezquita Al-Rashid de Edmonton. Me quedé estupefacta, ya que no recordaba la última vez que él había puesto los pies en una mezquita. La que visitó no era el sobrio edificio de obra vista donde, en su juventud, celebraba los días sagrados y aprendía a bailar el *dabke* en el sótano. Esta era una estructura resplandeciente, de aspecto muy actual, con un altísimo minarete blanco y líneas limpias y modernas. Durante el tiempo que mi padre vivió en High Prairie y se dedicó a la política, la comunidad musulmana de Edmonton había crecido, pasando de un puñado de familias en su mayor parte libanesas a más de veinte mil miembros muy diversos. Allí había muchas caras que mi padre no reconoció, pero numerosos miembros sí lo reconocieron a él cuando entró en la amplia zona de oración abierta y se arrodilló en la alfombra. La luz del sol se filtraba por las altas ventanas circundantes y el canto melodioso del imán flotaba en el aire mientras mi padre, junto a los demás, se agachaba para rezar. Al concluir las oraciones, muchos de los hombres reunidos en la sala se acercaron a saludarlo. Un discreto murmullo corrió por la mezquita al conocerse su presencia. Los hombres le estrecharon la mano, le dieron la bienvenida y le pidieron consejos. Mi padre se sintió como si hubiera llegado a casa.

Durante los años siguientes continuaría asistiendo a las oraciones de los viernes —incluso realizó el Haj, la peregrinación sagrada del islam a la ciudad santa de La Meca, en Arabia Saudí— y reflexionando profundamente sobre la finalidad de su vida. Pero serían acontecimientos externos, más que su devoción religiosa y sus calladas reflexiones, lo que lo llevarían a encontrar su camino final.

A las dos de la madrugada de la noche de Halloween del año 2000, Sol Rolingher, el rector entrante de la sinagoga Beth Shalom de Edmonton, recibió una llamada telefónica de la policía. La noticia era alarmante: había un incendio en el interior de la mayor sinagoga de Edmonton. Rolingher se apresuró a vestirse y partir hacia el edificio.

«En las calles, los niños corrían de aquí para allá disfrazados. Había un gran griterío y muchas fiestas», recordó.

Para cuando Rolingher llegó, los bomberos habían extinguido el incendio, y él le quitó importancia al incidente, atribuyéndolo a un acto de vandalismo indiscriminado por parte de algún gamberro en las celebraciones de Halloween, hasta que la policía descubrió un cóctel molotov no encendido en el suelo, junto al edificio. Era evidente que alguien había pretendido lanzar un segundo artefacto incendiario cuando algo salió mal.

Dejándose llevar por una corazonada, la policía empezó a buscar en los servicios de urgencias de los hospitales locales. En uno de ellos encontraron a un muchacho de cabello oscuro con graves quemaduras en un brazo. El joven árabe, que apenas hablaba inglés, había llegado recientemente a Canadá de Oriente Próximo. La policía presentó cargos. Lo pusieron en libertad bajo fianza. Posteriormente desapareció.

«Se armó un gran revuelo en la comunidad judía», contó Rolingher, que acudió a la policía. Allí, para tranquilizarlo, le dijeron que probablemente el acusado había huido del país, pero la comunidad no se apaciguó. Abogado de profesión, Rolingher estaba acostumbrado a resolver problemas. Sin embargo, esta vez no sabía qué hacer.

«Yo no conocía a la comunidad musulmana de Edmonton

285

—explicó—, pero sí a Larry Shaben.» Los dos habían coincidido en varios actos políticos. Rolingher cogió el teléfono.

—No sé a quién recurrir —le dijo a mi padre.

—Veré qué puedo averiguar —prometió Larry.

Y al año siguiente, en una pequeña mezquita del norte de la ciudad, mi padre encontró al mismísimo acusado. Él y otros miembros de la comunidad musulmana lo llevaron a una reunión con Rolingher en junio de 2001. Rolingher recuerda que mi padre le dijo al joven, quien se había criado en medio de la violencia y el odio de Israel y los Territorios Palestinos Ocupados: «Puede que sea así como se hacen las cosas allí, pero no es como las hacemos en Canadá». Después el joven, de veintiún años, se disculpó ante la comunidad judía, pagó los daños y afrontó los cargos.

«Mi comunidad tiene una deuda de gratitud con usted —dijo Rolingher a mi padre después de la reunión—. Cuente conmigo para lo que sea.»

Al cabo de tres meses, mi padre le tomó la palabra.

El 11 de septiembre de 2001, dos aviones de línea se estrellaron contra el World Trade Center en Nueva York. Mi padre supo de inmediato que la reacción contra la comunidad musulmana sería rápida y devastadora. Ya antes los medios solían retratar a los musulmanes desde una óptica negativa, y las acciones de unos cuantos radicales, como el insensato joven al que mi padre había contribuido a llevar ante la justicia, no habían ayudado. Ahora, con un grupo terrorista musulmán identificado como culpable de una inefable atrocidad, mi padre se temía lo peor.

Rolingher comprendió enseguida las repercusiones.

«No puedo ni imaginar la situación por la que van a pasar ustedes», le dijo a mi padre aquella tarde. Los dos acordaron redactar una declaración para entregar a los medios al día siguiente. Para sorpresa de ambos, todos los medios de la ciudad se interesaron por su escrito, que condenaba los atentados y ofrecía condolencias a las víctimas. Además, los líderes judíos y musulmanes se comprometieron a «respetar los respectivos credos, tradiciones e instituciones y seguir trabajando en colaboración». Concluía así: «Con este fin, los presentes han llegado al acuerdo de reunirse regularmente para desarrollar un diálogo orientado al apoyo mutuo y la paz». El comunicado de prensa lo firmaron los rectores de las dos sinagogas de Edmonton, el rector de la mezquita mayor y un ciudadano particular, Larry Shaben. A raíz de estas acciones, Edmonton se convertiría en una de las pocas grandes ciudades de Canadá que tras el 11-S no padeció una reacción significativa contra los musulmanes. Mi padre descubriría asimismo una manera de aplicar sus valores y de cumplir su compromiso de incidir positivamente en su entorno durante los años de más que se le habían concedido.

El diálogo que mi padre y Sol Rolingher iniciaron entre sus comunidades se propagaría rápidamente hasta incluir a la Unidad de Delitos por Discriminación de la policía, así como a la comunidad católica de la ciudad. Las cuatro partes constituyeron pronto la Sociedad Multirreligiosa Phoenix, cuya meta era fomentar la comprensión y el respeto a todos los credos y eliminar los estereotipos negativos, la parcialidad y los prejuicios. La iniciativa recibiría generalizados elogios, y con el tiempo captaría la atención del Servicio de Policía Internacional, que más tarde otorgó al departamento de policía de Edmonton un premio por su compromiso con los derechos civiles.

Para mi padre el diálogo interreligioso era importante, y sabía que dentro de su comunidad también era necesario llevar a cabo un diálogo a fondo. La comunidad musulmana de Edmonton, formada en sus comienzos por un puñado de familias libanesas con una única mezquita que acogía a todo el mundo, incluidos los griegos, los judíos y otras minorías, ahora rendía culto en media docena de mezquitas dispersas por toda la ciudad. Sus seguidores, de más de cincuenta orígenes étnicos distintos, pertenecían a diversas sectas, a menudo abiertamente hostiles entre sí.

Mi padre comprendió que si quería combatir el racismo y los estereotipos contra los musulmanes, primero tenía que conseguir la unidad en su fragmentada comunidad. A finales de 2001, invitó a los líderes de las distintas mezquitas de Edmonton y las comunidades musulmanas a una reunión que ahora se considera legendaria. Es probable que un hombre de menor valía no hubiera conseguido conciliar a semejante

287

grupo de musulmanes. Es casi seguro que nadie más habría conseguido imponer las reglas de juego que mi padre dictó ese día.

«Dejen su ego en la puerta —les dijo—. Trátense unos a otros con el máximo respeto y resistan la tentación de sermonear.»

Esa conversación señaló el inicio de lo que se convertiría en el Consejo de las Comunidades Musulmanas de Edmonton, una organización que aglutinaba las mezquitas, los grupos y las comunidades musulmanas cuya misión era erradicar los actos de racismo contra los musulmanes y fomentar una comprensión más profunda del islam. Sus valores encarnaron el sueño de una sociedad mejor, que aspirara a la humildad, el respeto, la no violencia, el honor, la diversidad, la integridad, la honradez, la justicia, el trabajo en equipo y la colaboración.

Tales valores se basaban en el propio islam, y llegaron de la mano de un hombre que comprendía lo que era posible cuando la gente dejaba de lado sus diferencias y trabajaba colectivamente. Era una lección que mi padre había aprendido de su familia, de su fe y de sus compañeros supervivientes.

288

Epílogo: supervivientes

*E*n octubre de 2004, Larry Shaben descendió por una escalera mecánica a la zona de llegadas del aeropuerto internacional de Vancouver. En el bolsillo de la camisa llevaba plegada una copia de un correo electrónico de Erik Vogel que había recibido hacía una semana. «No temas no reconocernos —decía—, seremos los que lleguen sonriendo como idiotas.»

Casi exactamente veinte años después del accidente del vuelo 402 de Wapiti Aviation, Larry organizó una de las reuniones más importantes de su vida: un encuentro entre los supervivientes.

«Tenía la sensación de que era algo que debía hacerse», dijo.

Pronto cumpliría setenta años y exhibía una orla de cabello gris en torno a la cabeza calva. Sus facciones se habían suavizado hasta adquirir cierta redondez carnosa y su piel aceitunada presentaba ahora manchas de la edad. Los ojos castaños se veían enormes detrás de las gruesas lentes de las gafas, y tenía una sonrisa cálida y fácil. Larry parecía haberse adaptado al apodo que le había puesto Paul Archambauld en privado hacía muchos años: Mister Magoo.

Vestía unos vaqueros descoloridos y una camisa de algodón de color azul claro, indumentaria muy distinta de los imponentes trajes de sus tiempos de político de alto nivel. Un abultado vientre sobresalía por encima de su cinturón marrón bien apretado, prueba de la buena cocina de su mujer. Larry abandonó con cuidado la escalera mecánica y se encaminó hacia la puerta automática que daba paso a la zona de recogida de equipajes.

—¡Larry! —exclamó una voz al abrirse las puertas de cristal esmerilado.

Entonces los vio: Erik Vogel y Scott Deschamps, los otros únicos supervivientes que quedaban de aquella trágica noche de hacía tanto tiempo. El piloto, al que Larry recordaba como poco más que un niño, era alto y aún apuesto. Había engordado un poco desde entonces, y ya no se veía en su cara sonriente la expresión atormentada que recordaba. Parecía un hombre al que uno podía confiar su vida. Vestía unos vaqueros negros y un polo verde con la insignia del departamento de bomberos de Burnaby claramente visible en su ancho pecho. Llevaba corto el pelo castaño y lucía un poblado bigote.

A su lado, y una cabeza más bajo, estaba Scott Deschamps. Erik lo había recogido un rato antes en la terminal del transbordador, y juntos habían ido en coche al aeropuerto para recibir a Larry. Scott y Erik se habían mantenido en contacto en el transcurso de los años. No mucho después de que Scott abandonara la ciudad, telefoneó a su amigo para que le hiciera un favor en el último momento:

—Estoy organizando una fiesta de cumpleaños para mi hija y necesito un poni.

—¿Cuándo? —preguntó Erik.

—Mañana.

El expiloto no vaciló.

—¿A qué hora?

—A las once y media.

Al día siguiente, según Scott, Erik detuvo el coche ante su casa con un remolque en el que transportaba a su poni, *Peaches*.

El día del reencuentro, Scott vestía unos chinos de color beis y una camisa verde oscuro. Aunque ya no era el Adonis que Larry recordaba, a los cuarenta y ocho años Scott aún se veía joven y en forma. Tenía salpicado de gris el espeso pelo rojizo y le brillaban los ojos. Conforme a su promesa, los dos sonreían como idiotas.

Se acercaron a Larry como si hubieran pasado dos días y

no un par de décadas. «No surgió el menor asomo de incomodidad», recordó Larry.

Sin vacilación alguna, los tres intercambiaron abrazos en lugar de apretones de manos. La maleta de Larry apareció por la rampa y Erik la recogió diestramente de la cinta. La conversación se desarrolló con toda fluidez mientras salían de la terminal en dirección al coche de Erik. Fueron a un restaurante cercano, donde se apretujaron en torno a una mesa pequeña. Mientras pedían las bebidas y esperaban la comida, bromearon sobre los cambios que el tiempo había forjado en su físico y sus vidas.

«Cada uno de nosotros estaba interesado en lo que los otros dos habían vivido, y los tres habíamos tenido experiencias muy distintas», recordaría Larry más tarde.

Para entonces, Erik tenía a las espaldas dieciocho años en el cuerpo de bomberos y acababa de alcanzar el rango de teniente. Sacó una pequeña insignia metálica en forma de corneta y se la entregó a su amigo. Se la habían concedido el día de su ascenso. Aquel gesto conmovió a Larry.

—En el cuartel de bomberos me he convertido en el «Señor Seguridad» —dijo Erik, quitando solemnidad al momento—. La mayoría de mis compañeros piensan que soy totalmente anal.

Había alcanzado el nivel más alto posible en primeros auxilios industriales y, como primer rescatista, tenía el título de instructor de reanimación cardiopulmonar, tanto el que emitía la organización St. John Ambulance como el de Cruz Roja, y había realizado el curso de formación de lucha contra incendios desde embarcaciones, que ofrecía la Guardia Costera y el Departamento de Bomberos de Vancouver. También había realizado cursos de rescate en altura, que lo habían preparado para recuperar heridos o víctimas atrapados en entornos tales como grúas torre, puentes o huecos de ascensor y escarpadas pendientes. En sus horas libres, Erik aún conducía camiones de alto tonelaje.

—Ahora tengo la licencia para conducir coches, aviones y barcos —bromeó, añadiendo—: nunca hay suficiente.

Scott se había reincorporado a las fuerzas del orden y trabajaba para el Departamento de Justicia.

—Sigo haciendo lo mismo que antes —explicó—, porque me preparé para eso. Pero lo hago de manera distinta. Ya no soy el policía rígido que era, un hombre obsesionado con su carrera, que lo veía todo en blanco y negro y no concebía más que la patada en la puerta.

En 2002, Scott y su familia habían abandonado las frenéticas aglomeraciones de la ciudad a cambio de la tranquila costa de la isla de Vancouver.

—No vivo agobiado en Vancouver —dijo, y calificó su vida de plácida.

Scott había estrechado la relación con su hermanastra a lo largo de los años y hablaban por teléfono cada dos semanas. No mucho después de la visita de Joanne a Canadá, Scott viajó a Bulawayo, donde conoció a sus sobrinas y a los cuatro hermanastros de Joanne, que lo llevaron de caza a la sabana africana. Desde entonces estaba muy unido a las hijas de Joanne, con quienes mantenía correspondencia con regularidad.

Un año después del reencuentro de los supervivientes, Joanne enfermó. Una de sus hijas telefoneó a Scott, y él regresó a África, esta vez para estar junto al lecho de su hermana durante sus últimos días. «La tuve durante cinco años —dijo con gratitud en la voz—. Pero aún mejor que la relación que tuve con ella es mi relación con sus hijas y nietas. Tengo sobrinas nietas de la misma edad que mis hijos.»

Larry había seguido dedicándose a la labor filantrópica y voluntaria. Ahora era un puntal de la comunidad musulmana, alguien que trabajaba por la comprensión y la tolerancia interreligiosas, y un incansable defensor de las futuras generaciones de musulmanes. Había contribuido a recaudar dinero para construir una escuela islámica en Edmonton, y más adelante desempeñaría un papel decisivo en la creación de la primera cátedra académica de estudios islámicos en Canadá, en la Universidad de Alberta, puesto concebido para aumentar el conocimiento del rico patrimonio intelectual y cultural del islam y su relación con otras sociedades y credos. Por medio de su labor con el Consejo de Comunidades Musulmanas de Edmonton, también estableció una cena anual celebrada después del Ramadán, el mes del calendario islámico durante el que los musulmanes de todo el mundo se abstienen de comer y beber durante las horas del día y se concentran en realizar obras de caridad. La cena no era para dar de comer a los miembros de la comunidad musulmana, sino para proporcionar una comida familiar gratis a mil residentes necesitados del centro de Edmonton.

Larry no restringió sus actividades voluntarias a su propia comunidad. Participó en los consejos de administración de numerosas sociedades sin ánimo de lucro dedicadas a mejorar la vida de los desfavorecidos. Una de ellas era Homeward Trust, una organización con un objetivo que significaba mucho para él: proporcionar un techo a quienes no lo tenían. Tan decisivos fueron los esfuerzos de Larry para crear viviendas seguras y asequibles para los sin techo de Alberta que la organización crearía después un premio en su memoria. Llamado «Premio Larry Shaben por un Destacado Liderazgo en el Sector de la Vivienda», este galardón anual reconoce el trabajo de individuos «muy comprometidos con la labor en el sector de la vivienda, que fomentan o promocionan viviendas o servicios afines, y que viven con pasión lo que hacen».

Para cuando llegó la comida, la conversación del reencuentro había pasado del presente a la larga noche que aquellos hombres compartieron dos décadas antes.

—Tú no te sentaste en todo el tiempo —dijo Erik a Larry—. ¿Por qué?

—Me dolía la rabadilla. —Larry no precisó que se la había roto, como si esos detalles fueran, en cierto modo, triviales.

Erik y Scott le recordaron su intención de alejarse monte a través aquella noche, y que solo habían podido impedírselo la contención física de Paul y las dotes de persuasión de todos ellos. Ahora podían reírse del hecho de que Larry no habría tenido la menor posibilidad de sobrevivir si hubiese abandonado el lugar del accidente esa noche.

Scott recordó la sarta de chistes subidos de tono que Paul soltó para entretenerlos durante aquel tormento. Aunque no hablaron de su muerte, el final trágico del hombre que los había ayudado a mantenerse con vida flotaba en el ambiente. Paul era quien se hallaba más cerca del fondo del abismo y, por tanto, quien tenía por delante más distancia que ascender. Su espectacular salto al heroísmo había dado a los demás esperanza durante los difíciles años en que la vida fue una lucha para todos ellos, prueba de que algo verdaderamente bueno podía surgir de una tragedia espantosa. Ahora los supervivientes sabían que sus vidas eran a la vez un viaje de descubrimiento y un privilegio. Entre ellos se daba también la tácita comprensión del hecho afortunado que suponía estar allí juntos.

Hacia el final de la comida, Larry les recordó a Erik y Scott la pregunta que él les había formulado en la hora más oscura de la noche, cuando los supervivientes creyeron que los aviones de rescate los habían abandonado: ¿qué desearían si ahora mismo pudieran tener cualquier cosa en el mundo?

Para Erik había sido una bebida fría; para Larry, un baño caliente. Recordó que Paul había deseado un porro. Al recordarlo, se echaron a reír.

Scott había olvidado su deseo de aquella noche, pero Larry le refrescó la memoria.

—Dijiste: «Querría tener a mi mujer entre mis brazos y pedirle disculpas y decirle que sí, que podemos tener un hijo».

Scott, que ahora tenía dos hijos más importantes para él que nada en el mundo, sabía que la noche del accidente había sido un renacer.

—Toda mi vida cambió en un instante —declaró—. Cuando me desoriento, o pierdo de vista mis prioridades, o me supera el estrés, o siento decepción o me encuentro mal, solo tengo que retrotraerme a ese momento y lo veo todo claro. La claridad de pensamiento llega cuando uno está tendido en una montaña, moribundo. Entonces es cuando eres sincero, auténticamente puro en tus pensamientos. No mucha gente ha pasado por esa experiencia.

Erik y Larry lo comprendieron. Cada uno a su manera, ambos habían seguido honrando esa experiencia. Cada 19 de octubre, Erik se tomaba el día libre en el trabajo. Larry enviaba un mensaje de correo electrónico a los otros supervivientes para hacerles saber que pensaba en ellos y les recordaba lo afortunados que eran de estar vivos.

—Todos los años en esa fecha me pregunto qué buenas acciones he realizado durante los años de más que se me ha concedido vivir —dijo Larry.

Para todos los supervivientes, esa era la marca indeleble de aquella noche: no las hundidas cicatrices en las espinillas de Larry (allí donde el metal del asiento se le había hincado en la carne), ni el bulto en la cabeza de Scott (que nunca había desaparecido), ni las manos artríticas de Erik. La verdadera marca de esa tragedia era aquello en lo que se habían convertido y cómo habían vivido sus vidas todos y cada uno de sus días.

La conversación se apagó cuando la camarera llegó para recoger los platos. La taza de Larry repiqueteó contra la mesa cuando la dejó con sus manos ahora temblorosas.

—Esto ha sido una buena idea —dijo—. Debemos repetirlo.

Erik secundó la propuesta. Aunque no lo admitió en ese momento, ese reencuentro lo había inquietado. «Fue mucho menos incómodo hablar de aquello de lo que yo imaginaba», le escribió dos días después a Larry en un correo electrónico.

El reencuentro a los veinte años del accidente de avión sería la última vez que coincidieran esos tres hombres. Cuatro años más tarde, antes de tener oportunidad de cumplir la promesa de reencontrarse, Larry Shaben, a los setenta y tres años, murió de cáncer. Dos días antes de su muerte, Erik le escribió un último mensaje:

PARA LARRY:

Te escribo con el corazón pesaroso desde mi nuevo «trabajo de mesa». La única razón por la que esperaba con ilusión el 19 de octubre era que recibiría una nota tuya recordándonos que tenemos suerte de estar vivos y lo bien que va la vida. Siempre me arrancaba una sonrisa… Tú has sido un héroe en mi «nueva» vida, Larry, y he intentado darte razones para enorgullecerte de nuestro tiempo extra en este mundo. Esperaba darte una nueva aguja de corbata para acompañar la corneta que te regalé. Esta es mi nueva corneta de capitán, que me entregaron cuando me ascendieron. Sé que no es más que un empleo, pero este trabajo me ha ayudado a redimirme ante ti y muchos otros. Te echaré de menos, amigo mío. Y ahora tengo que explicarle a mi jefe, que está sentado al otro lado de la sala, por qué un capitán de bomberos de un metro ochenta y siete llora en su mesa.

Cada 19 de octubre, el día del aniversario del accidente del vuelo 402 de Wapiti Aviation, Erik Vogel sigue tomándose el día libre. Escribe un *e-mail* a Scott Deschamps, y si el día es cálido y soleado, piensa no solo en la tragedia, sino también en los supervivientes, en sus vidas transfiguradas y en ese memorable encuentro veinte años más tarde. Ese día de finales del otoño, cuando Erik, Larry y Scott por fin salieron del restaurante, el cielo era de un azul luminoso y quebradizo, y el sol les calentaba el rostro. Aunque no se veía desde allí, no muy lejos al oeste estaba el aeropuerto de Vancouver. Por encima del zumbido del tráfico urbano, Erik distinguía el característico ruido de los potentes motores al arrancar. Lentamente se revolucionaban hasta cobrar vida. El sonido pasaba de un susurro a un gemido. Al final, llegaba el rugido, cuando el avión aceleraba por la pista con un ruido atronador, se separaba de la tierra y alzaba el vuelo.

Notas

EPÍGRAFE INICIAL
Diane K. Osbon, *Reflections on the Art of Living: A Joseph Campbell Companion*, Harper Collins, Nueva York, p. 24.

INTRODUCCIÓN
Página 18: «En palabras de Campbell». Diane K. Osbon, *Reflections on the Art of Living: A Joseph Campbell Companion*, Harper Collins, Nueva York, p. 22.

Pág. 20: «Un destacado informe elaborado a partir de la investigación de incidentes aéreos en Canadá entre 2000 y 2005». Robert Cribb, Fred Wallace Jones, Tammsim McMahon, «Collision Course», *Toronto Star*, 3 de junio de 2006.

PRIMERA PARTE
Epígrafe: Lucio Anneo Séneca, traducido de *Epistolae Morales ad Luculum*, carta 70, número 14.

1. La salida

Pág. 26: «¿Algún pasajero con destino a High Prairie?». Entrevista a Larry Shaben, 10 de octubre de 2004.

Pág. 29: «Te diré lo que haremos… si no podemos aterrizar». Ibíd.

Pág. 30: «Gordon tenía previsto volver a casa en autobús». Entrevista a Bob Nazar, 11 de junio de 2012. Nazar llevó a Gordon a Edmonton el día del accidente.

Pág. 31: «Fíjese». Entrevista con Scott Deschamps, 5 de diciembre de 2007.

Pág. 32 «si crea algún problema, la Policía Montada se le echará encima con toda su fuerza.» Ibíd.

Pág. 36: «Wapiti 402 —chirrió una voz por los auriculares». D. L. Abbott, Comisión de Seguridad Aérea, División de Investigación, grabación de la torre del Control del Tráfico Aéreo Municipal de Edmonton, 6 de noviembre de 1984, 2.

Pág. 36: «Erik se sentía obligado a llegar a su destino». En un fallo dictado en 1990 del Tribunal Federal de Canadá, la juez Allison Walsh concluyó: «Existían numerosas pruebas para establecer que Wapiti Aviation Limited ejercía considerable presión sobre sus pilotos para obligarlos a volar en condiciones meteorológicas al límite, volando bajo las Reglas de Vuelo Visual por la noche cuando las condiciones meteorológicas exigían que se realizasen bajo Reglas de Vuelo Instrumental, que requieren un segundo piloto o al menos un piloto automático en buen estado de funcionamiento». Fallo de la Actuación Judicial N. T-1637-85 entre Sally Margaret Swanson y Su Majestad la Reina, 6 de febrero de 1990, 13.

Pág. 39: «Por desgracia, solo funcionaba uno de los dos radiogoniómetros del avión». Informe de Incidencia número 84-H400006 de la Comisión de Seguridad de la Aviación Civil Canadiense, *Wapiti Aviation Ltd., Piper Navajo Chieftain PA-31-350 c-GCUC*, 18 de diciembre de 1986, 21.

Pág. 40: «Puede permanecer en esta frecuencia». D. L. Abbott, grabación de la torre de control aérea, 3.

Pág. 40: «En ese vuelo, el avión había atravesado la capa de nubes dos mil pies por encima del aeropuerto». Comisión de Seguridad de Aviación Canadiense, *Actas de la Investigación de Wapiti Aviation Ltd. H400006*, Grande Prairie, Alberta, 26 de febrero-1 de marzo de 1985, 1985, 54.

Pág. 41: «que Dale le preguntara a qué altitud lo había intentado». Ibíd, 128.

Pág. 44: «Acaban de comunicarme que Wapiti tenía una plaza para mí». Entrevista a Larry Shaben, 10 de octubre de 2004.

Pág. 44: «Tengo suerte de estar vivo». John Geiger, «Bizarre Omen Before a Crash: Notley Killed Elk 2 Months to the Day of His Death», *Edmonton Sun*, 22 de octubre de 1984, 13.

Pág. 45: «vuelo cuatro cero dos de Wapiti procedente del sudeste descendiendo». Transcripción de grabación de la Estación del Servicio Aéreo de Whitecourt, Torre Municipal de Edmonton, 6 de noviembre de 1984, 2.

Pág. 45: «¿Por qué no gira la aguja?». Entrevista a Erik Vogel, 21 de octubre de 2003.

2. Impacto

Pág. 48: «El aparato finalmente se detuvo boca arriba a doscientos ocho metros del lugar donde se había producido el primer impacto contra los árboles». Informe de Incidencia número 84-H400006 de la Comisión de Seguridad de la Aviación Civil Canadiense, 8.

Pág. 48: «voy a morir». Paul Archambault, «Me llamaron héroe», manuscrito inédito, 1985, 21.

Pág. 49: «¡Será imbécil, ese capullo de mierda!». Entrevista a Larry Shaben, 10 de octubre de 2004.

Pág. 50: «Un extremo estaba húmedo, así que lo arrancó». Paul Archambault, «Me llamaron héroe», 34.

SEGUNDA PARTE

Epígrafe: Leonardo da Vinci, *Codex Forster III, 66v.*

3. Vuelo

Pág. 62: «si sobreviviste un verano en La Ronge, debes de valer». Correspondencia de la autora con Vogel, 20 de septiembre de 2007.

Pág. 64: «Los pilotos de aerotaxi tienen el índice de mortalidad más alto entre los pilotos comerciales». CNN Money, «America's Most Dangerous Jobs», 26 de agosto de 2011.

Pág. 66: «Dile que se vaya». Entrevista a Vogel. 8 de noviembre de 2011.

Pág. 69: «nos sería imposible seguir en el negocio». Ted Grant recuerda que su antiguo socio, Paul Jones, experimentado piloto de aerotaxi, expresó opiniones parecidas. Entrevista a Ted Grant, 21 de junio de 2012.

4. Wapiti

Pág. 74: «Dale Wells subiera al avión y lo obligara a repetir el vuelo». The Canadian Broadcasting Corporation, *The fifth estate*, 1985-1986, episodio 20: «Dead Reckoning».

Pág. 74: «Catorce pilotos se habían marchado o habían sido despedidos de la aerolínea en los seis meses anteriores». Fallo en la acción judicial N. T-1637-84 entre Sally Margaret Swanson y Su Majestad la Reina, 6 de febrero de 1990, 15.

Pág. 75: «no someterlos a las inspecciones de aeronavegabilidad obligatorias». Informes del Departamento de Transporte de Canadá sobre el estado de los aparatos de Wapiti Aviation Ltd., 2 de octubre de 1984.

Pág. 75: «Tenía la impresión de que aquel no era un sitio donde me apeteciera quedarme mucho tiempo». *Investiga-*

ción número 84-H400006 *Wapiti Aviation Ltd.*, Comisión de Seguridad de la Aviación Civil Canadiense.

Pág. 76: «acepta este vuelo o no habrá más». Fallo en la acción judicial N. T-1637-84 entre Sally Margaret Swanson y Su Majestad la Reina, 6 de febrero de 1990, 15.

Pág. 79: «Tengo un vuelo a McMurray y no me vendría mal un copiloto». Entrevista a Erik Vogel, 21 de octubre de 2003.

Pág. 80: «los pilotos que incumplían las normas». Registro telefónico del Departamento de Transporte de la conversación entre Jim Powell y Dave McCracken, 15 de octubre de 1984. Por cortesía de Dale Wells.

Pág. 80: «conectó el piloto automático de su avión, y este respondió de manera poco estable». Entrevista a Vogel, 21 de octubre de 2003.

Pág. 82: «práctica de la compañía de rescindir el contrato de los pilotos antes de su nonagésimo día de empleo para no tener que dar el preaviso de dos semanas ni la paga de vacaciones». Fallo de la Actuación Judicial N. T-1637-85 entre Sally Margaret Swanson y Su Majestad la Reina, 6 de febrero de 1990, 14.

Pág. 84: «Está helando de lo lindo allá arriba». Entrevista a Vogel, 21 de octubre de 2003.

Pág. 84: «Apenas he conseguido despegar». Entrevista a Vogel, 12 de mayo de 2009.

Pág. 85: «A mil pies, nubes abundantes; a dos mil, totalmente cubierto; a ochocientos pies, parcialmente cubierto». ***** Informe de Incidencia número 84-H400006 de la Comisión de Seguridad de la Aviación Civil Canadiense, 5.

Pág. 87: «se dé apoyo a Wapiti Aviation para la creación de

un servicio aéreo regular por el cual la compañía pueda dejar de aterrizar en las localidades en caso de que no haya tráfico confirmado». Acta de una reunión celebrada en el Edificio Provincial de Fairfiew para tratar la posibilidad de establecer un servicio de vuelos regulares desde Grande Prairie hasta Edmonton haciendo escala en Fairview, Peace, River, High Prairie y Slave Lake, 2 de marzo de 1982. Por cortesía de Dave Wells.

Pág. 88: «Doy mi total apoyo a la idea en su conjunto». Larry Shaben, ministro de Servicios Públicos y Telefonía de Alberta, correspondencia con Ike Lawrence, presidente de la Comisión del Aeropuerto de High Prairie, 1 de abril de 1982. Por cortesía de Dave Wells.

Pág. 88: «la Policía Montada había remitido a Dale una carta en la que lo acusaba de transgredir la normativa». Real Policía Montada Canadiense, Memorándum 1413-83, 1 de febrero de 1983. Por cortesía de Dave Wells.

Pág. 89: «Estas tonterías tienen que acabar». Carol Picard, «Pilot Admits Flight Unsafe», *Edmonton Sun*, 17 de octubre de 1985.

TERCERA PARTE

5. Umbral

Pág. 93: «Se produjo un largo y ensordecedor chirrido». «Terrible Crack Signalled Disaster», *Calgary Herald*, 22 de octubre de 1984.

6. Enterrado

Pág. 98: «El mundo en torno a él era una mezcla de blanco amortiguado y lúgubres sombras». Scott Deschamps, «Once Upon an Angel: The Story of Flight 418», Simon Fraser University, tesina para la maestría en Humanidades, 2009, 1.

Pág. 100: «¿Por qué no encuentro las ventanillas?». Entrevista a Vogel, 21 de octubre de 2003.

Pág. 101: «Tengo que salir de aquí ahora mismo. ¡No puedo respirar!». Comisión de Seguridad de la Aviación Civil Canadiense, *actas de la investigación de Wapiti Aviation Ltd. 84-H400006, 229.*

Pág. 102: «el herido tenía la mandíbula aplastada, como si fuera de pulpa o goma». Archambault, «Me llamaron héroe», 23.

7. Fuego

Pág. 104: «Paul tuvo la impresión de que Larry y Erik no tenían nada en la cabeza o tal vez es que estaban muy aturdidos». Archambault, «Me llamaron héroe», 25.

Pág. 105: «Me alegro de que esté usted aquí». Ibíd, 26.

Pág. 106: «¿Dónde está su amigo?». Entrevista a Vogel, 21 de octubre de 2003.

Pág. 107: «Recorrió el avión tocando a cuantos pudo, pero estaban todos muertos». Archambault, «Me llamaron héroe», 23.

Pág. 108: «Tenía el brazo derecho metido en la bolsa de vuelo del piloto». Ibíd.

8. Desaparecidos

Pág. 110: «En los últimos días, el tiempo venía siendo verdadero motivo de preocupación». Luella Wood, diario personal, 21 de octubre de 1984.

Pág. 111: «Edie, ¿ha llamado alguien?». Entrevista con Luella Wood, 20 de julio de 2011.

Pág. 112: «No podía explicarlo, pero algo no iba bien». Diario de Wood, 21 de octubre de 1984. Wood señaló después que «apenas había un piloto de Wapiti que al pasar por High Prairie no estuviera preocupado» por problemas mecánicos o un posible accidente: entrevista a Wood el 25 de junio de 2012.

Pág. 112: «del vuelo 594 de Pacific Western Airlines». Informe de Incidencia de Aviación Civil número 84-H40006 de la Comisión de Seguridad Aérea Canadiense, 9.

Pág. 113: «No puede ser». Entrevista a Wells, 22 de diciembre de 2007.

Pág. 114: «está aquí la Policía Montada, y el ejército ha iniciado una búsqueda». Diario de Wood, 21 de octubre de 1984.

Pág. 115: «Y averigüe si viajaba en el avión algún otro miembro la Asamblea residente en la zona norte». Entrevista a Bob Griffin, 2 de junio de 2011.

Pág. 115: «Grant se había quedado en Edmonton porque no había plazas en el vuelo de Wapiti». Ibíd.

Pág. 117: «había sufrido un retraso debido a un problema mecánico». Peter Stockland, «Notley Kids Broke News», *Edmonton Sun*, 22 de octubre de 1984.

Pág. 117: «Desde entonces Del no quería subirse a un avión». Entrevista a Wells, 22 de diciembre de 2007.

Pág. 118: «había exhibido una gran destreza aeronáutica, la capacidad de pensar con rapidez y una buena noción de lo que ocurría en torno a él». Comisión de Seguridad Aérea Canadiense, *Actas de la Investigación de Wapiti Aviation Ltd.*, H40006, 315.

Pág. 118: «Durante el control del pasaje, Dale se había planteado por un momento pilotar él mismo el vuelo». Entrevista a Wells, 22 de diciembre de 2007.

Pág. 118: «pilotos con ínfulas que habían pasado por la compañía en el transcurso de los años». Ibíd.

Pág. 119: «Lo querían todo en bandeja». Ibíd.

Pág. 119: «Estoy en las inmediaciones y voy a intentar localizar la señal ELT». Diario de Wood, 21 de octubre de 1984.

Pág. 120: «Menuda la que se ha armado». Entrevista a Marvin Hopkins, 14 de junio de 2011.

Pág. 121: «No os estrelléis». Entrevista a Dave Heggie, 13 de junio de 2011.

9. Confesión

Pág. 124: «Se había diagnosticado su propio estado como tórax inestable». Entrevista a Deschamps, 5 de diciembre de 2007.

Pág. 125: «dentro hay cuatro galletas de chocolate». Entrevista a Vogel, 21 de octubre de 2003.

Pág. 126: «Va a matarme por estrellar el avión». Ibíd.

Pág. 126: «no vamos a abandonarlo. El rescate llegará pronto». Archambault, «Me llamaron héroe», 27.

Pág. 127: «¿No considera el Gobierno que existe una obligación, si no legal, sí al menos moral, de compensación?». Alberta Hansard, Asamblea Legislativa de Alberta, 19 de octubre de 1984, 1219.

Pág. 128: «Veía que Erik sufría física y emocionalmente». Entrevista a Larry Shaben, 10 de octubre de 2004.

10. Búsqueda

Págs. 130-131: «el techo de nubes oscilaba entre quinientos

pies y cero, y la visibilidad entre una milla y un octavo de milla». Informe de la Misión de Búsqueda y rescate 84000448, SAR Vogel, 19-20 de octubre de 1984. Obtenido a través de la solicitud de acceso a información A-2011-00242, Library and Archives Canada.

Pág. 131:«Paul comentó lo guapos que estaban, tan maltrechos y ensangrentados». Archambault, «Me llamaron héroe», 27.

Pág. 135: «la señal era débil y llegaba distorsionada, desapareciendo a menudo como si abajo la obstruyera algo invisible». Peter Stockland, «Shaban Describes Nightmare», *Edmonton Sun*, 23 de octubre de 1984.

Pág. 136: «tenía la certeza de que eso había sido el alma de aquel hombre al abandonar el cuerpo». Entrevista a Daniel Archambault, 1 de abril de 2009.

Pág. 137: «*Aeropuerto 77*». Archambault, «Me llamaron héroe», 11.

Pág. 137: «¿Qué posibilidades tendría yo de llegar a ser policía?». Ibíd, 14.

Pág. 137: «Pero lo habían rechazado porque solo tenía un riñón». Entrevista a Daniel Archambault, 1 de abril de 2009.

11. Misión abortada

Pág. 142: «Ya vienen». Entrevista a Vogel, 21 de octubre de 2003.

Pág. 143: «¿Por qué la lanzan allí?». Ibíd.

Pág. 144: «¿Está encendido? —preguntó Paul con cierto tonillo sarcástico». Deschamps, «Once Upon an Angel», 5.

Pág. 145: «decidieron apagar el motor defectuoso, el número dos, para reservar combustible». Entrevista a Everett Hale, 10 de junio de 2011.

12. Delincuente

Pág. 148: «Hay demasiado silencio —apunntó—. Esto no me gusta». Deschamps, «Once Upon an Angel», 6.

Pág. 148: «Si no funciona, intentaremos arreglarlo». Archambault, «Me llamaron héroe», 33.

Pág. 148: «Cuidado con esos huskies que rondan por ahí, y no se coma esa nieve amarilla». Frank Zappa, «Don't Eat the Yellow Snow», 1974, Munchkin Music. Un agradecimiento a Gail Zappa y la Fundación de la Familia Zappa.

Pág. 149: «la pérdida de la conciencia situacional es la causa hasta del quince por ciento de los accidentes fatales». Richard Leland, «Night VFR: An Oxymoron?», *Journal of Aviation/Aerospace Education and Research*, vol. 9, n. 1 (otoño 1999), 13-15, Embry-Riddle Aeronautical Industry.

Pág. 151: «La fatiga es con diferencia el factor fisiológico más común en los percances de aviación». Ibíd.

Pág. 151: «Voy a desmayarme». Archambault, «Me llamaron héroe», 34.

Pág. 152: «El muy capullo fuma como un carretero». Entrevista a Larry Shaben, 10 de octubre de 2004.

Pág. 153 :«alguien entró por la fuerza en el club y robó diez mil dólares». Jack Aubry, «Quebec Court Gives Hero Probation for Beak and Enter», *Ottawa Citizen*, 9 de enero de 1985.

Pág. 153: «bajaba las revoluciones de todos los coches de policía que llevaban a reparar». Entrevista a Daniel Archambault, 1 de abril de 2009.

Pág. 156: «Lo encerraron en una habitación de cemento sin ventanas, donde durmió en el suelo». Archambault, «Me llamaron héroe», 4.

Pág. 156: «Soy un ser humano como vosotros». Ibíd.

13. Hielo

Pág. 158: «Cerró los ojos e intentó invocar a un Dios olvidado hacía ya tiempo». Deschamps, «Once Upon an Angel», 8.

Pág. 159: «no iba a salir de allí con vida». Ibíd, 9.

Pág. 160: «había descartado la idea de los hijos, considerándolo solo un anacrónico impulso biológico». Ibíd, 10.

Pág. 148: «supo con absoluta certeza que estaba viendo el rostro de una presencia ultraterrena: Dios, un ángel o un espíritu benévolo». Ibíd, 11.

Pág. 161: «Larry se colocó detrás de Paul y lo envolvió en un estrecho abrazo». Archambault, «Me llamaron héroe», 31.

Pág. 161: «Paul, incluso de niño, había percibido la permanente desaprobación de su padre». Entrevista a David Archambault, 1 de abril de 2009.

Pág. 162: «convenció a su médico de que le permitiera volver a casa antes para estar con su marido y sus hijos». Tom Barrett, «Father and 14 Children Fear Future», *Edmonton Journal*, 23 de octubre de 1984, 1.

Pág. 164: «abajo alguien tenía que estar vivo y alternaba la posición del interruptor». Entrevista a Hazen Codner, 28 de junio de 2011.

Pág. 165: «Tenía vívidamente grabadas en la mente las imágenes de cadáveres congelados e inertes en los accidentes de tráfico a los que había acudido durante su época de agente de la Policía Montada en el norte de Alberta». Deschamps, «Once Upon an Angel», 7.

Pág. 166: «disparaba un par de tiros, tal vez atraería de vuelta a los aviones». Archambault, «Me llamaron héroe», 37.

Pág. 166: «por temor a que el fuego se propagara y devorara el fuselaje». Ibíd, 33.

Pág. 166: «¡Estamos vivos! ¡Estamos aquí!». Ibíd, 31.

Pág. 166: «Mi billetero. Todavía está en el avión». Entrevista a Larry Shaben, 10 de octubre de 2004.

Pág. 166: «Si tuvieran un deseo que pudieran hacer realidad ahora mismo». Ibíd.

Pág. 167: «Le pediría perdón a mi mujer». Ibíd.

Pág. 167: «Cuando esto acabe, nos reuniremos y tomaremos unas copas». Archambault, «Me llamaron héroe», 33-36.

Pág. 168: «Es usted un quejica, ¿sabe?». Ibíd, 36.

Pág. 169: «¡Hoguera en tierra!». Entrevista a Hazen Codner, 28 de junio de 2011.

14. Rescate

Pág. 171: «A la luz del día lo veía todo con horripilante detalle». Archambault, «Me llamaron héroe», 38.

Pág. 171: «Una esfera de hielo del tamaño de una pelota de raquetbol colgaba de su boca». Ibíd.

Pág. 172: «¡Larry, despierte!». Deschamps, «Once Upon an Angel», 13.

Pág. 172: «Debe de estar colocado o algo —dijo Paul». Archambault, «Me llamaron héroe», 38.

Pág. 172: «Van a encontrarnos aquí, así que nos quedaremos juntos». Ibíd, 35.

Pág. 173: «No vamos a durar mucho más». Deschamps, «Once Upon an Angel», 15.

Pág. 175: «"Qué raro". Intentó entender qué hacía una canoa en medio del bosque». Entrevista a Bill Burton, 23 de septiembre de 2011.

Pág. 176: «Son los que están en el suelo quienes necesitan su ayuda». Entrevista a Brian Dunham, 19 de julio de 2011.

Pág. 176: «¿No llevarán por casualidad un termo de café en la mochila?». Archambault, «Me llamaron héroe», 39.

Pág. 178: «de tan segura como estaba de que Grant era uno de los supervivientes». Peter Stockland, (Notley Kids Broke News», *Edmonton Sun*, 23 de octubre de 1984, 12.

Pág. 178: «Creo que ya lo sospechaba, porque los agentes de la Policía Montada habían apagado la radio». Allan Kellog, «Knocking on the Door of the Dome», *Edmonton Journal*, 14 de abril de 2007.

Pág. 179: «¿Qué hace con esa navaja? Deshágase de ella». Archambault, «Me llamaron héroe», 30.

Pág. 179: «No puede dejárselo porque lleva dentro la pistola y las esposas». Ibíd, 57.

Pág. 180: «Fue la sensación más maravillosa del mundo». Ibíd, 40.

CUARTA PARTE

15. Héroe

Pág. 184: «Me ha salvado la vida». John Colebourn, «Prisoner Saves Officer», 21 de octubre de 1984, 21.

Pág. 184: «Larry quiso salir del helicóptero por su propio pie». Entrevista a Giffin, 2 de junio de 2011.

Pág. 185: «Tengo grabado en la memoria el recuerdo de esas dos chicas al pasar junto a mí, llorando. Es como si hubiera ocurrido ayer». Entrevista a Byron Christopher, 8 de octubre de 2011.

Pág. 187: «¿Ha muerto o no?». Entrevista a Hopkins, 14 de junio de 2011.

Pág. 187: «Grant nos ha dejado». Ibíd.

Pág. 189: «me encadenan a la cama como a un animal». Archambault, «Me llamaron héroe», 44-45.

Pág. 189: «Le salvó la vida a Deschamps». Larry Shaben, 10 de octubre de 2004.

Pág. 190: «Duncan le cogió la mano a Erik y se la sostuvo durante tanto rato que Erik se sintió incómodo». Entrevista a Vogel, 21 de octubre de 2003.

Pág. 192: «No soy un violador ni un chivato. ¿Por qué, pues, el aislamiento?». Archambault, «Me llamaron héroe», 48.

Pág. 192: «Paul Archambault hizo un trabajo digno de mención». Tom Barrett, «Shaben Thankful Number Not Called», *Edmonton Journal*, 22 de octubre de 1984, 1.

Pág. 193: «Solo hice lo que consideré que tenía que hacer». Gary Poignant, «Prisoner Downplays "Hero" Role», *Edmonton Sun*, 22 de octubre de 1984, 21.

Pág. 193: «Aguantó unas horas». Darcy Henton, «Dying Man's Moans Haunt Air Crash Hero», *Edmonton Journal*, 23 de octubre de 1984.

Pág. 194: «Era discreto y respetuoso». Entrevista a Kenneth Staples, 14 de octubre de 2011.

Pág. 195: «A continuación, el juez lo autorizó a abandonar la sala». Canadian Press, «Charges Dismissed, Crash Hero Freed», *The Globe and Mail*, 23 de octubre de 1984.

Pág. 195: «Apestaba todo a humo». Archambault, «Me llamaron héroe», 51.

Pág. 195: «ni siquiera tenía unas monedas para llevar a la lavandería su ropa con olor a humo». Canadian Press, «Charges Dismissed, Crash Hero Freed», *The Globe and Mail*, 23 de octubre de 1984.

Pág. 196: «Así mantengo los pies en el suelo y disfruto de la vista». Gary Poignant, «Prisoner Downplays "Hero" Role», *Edmonton Sun*, 22 de octubre de 1984, 21.

Pág. 196: «O sea, antes les importaba un carajo quién era yo, y de pronto me convierto en una persona importante». Havard Gould, «Archambault Here», CBC Newsday, imágenes de televisión, Ottawa, 4 de enero de 1984.

Pág. 196: «Yo no hice nada que no hubiera hecho casi cualquier otra persona en esa misma situación». Citizen Staff and News Servicesz, «Hero of Crash Wants to be Left Alone», *Ottawa Citizen*, 23 de octubre de 1984.

Pág. 196: «No quiero que me persigan». Ibíd.

Pág. 197: «esperaba que los ciudadanos de Alberta interesados en hacer una aportación a un fondo para él "no enloquecieran"». Agnes Buttner, «Brighter Prospects for Hero», *Edmonton Journal*, 26 de octubre de 1984, A12.

16. Investigación

Pág. 198: «¿En qué demonios estabas pensando?». Entrevista a Vogel, 21 de octubre de 2003.

Pág. 199: «Van a utilizar cualquier declaración que haga para presentar cargos». Ibíd.

Pág. 200: «Si persisten en su actuación durante mucho más tiempo, casi con toda seguridad ocurrirá una desgracia». Memorándum del inspector Griffiths: Wapiti Aviation Ltd., 17 de agosto de 1984. Por cortesía de Dale Wells.

Pág. 202: «la compañía no sometía a parte de su flota al control de mantenimiento regular». Administración del Transporte Aéreo Canadiense, declaración a los medios, 22 de octubre de 1984. Por cortesía de Dale Wells.

Pág. 202: «lo consideraba un piloto cuidadoso y concienzudo». Registro de la conversación telefónica entre Dave Klippenstein y Dave Wells, 22 de octubre de 1984.

Pág. 203: «había demandado a Wapiti aduciendo "un proceder arbitrario y temerario"». Carta de Leighton Decore, Decore and Company, 17 de noviembre de 1984. Por cortesía de Dale Wells.

Pág. 203: «Además, Dale perdería su posición como ingeniero jefe». Carta a Wapiti Aviation Ltd. de D.A. Davidson, director regional, Normativa Aérea para los Ministerios de Transporte, 18 de diciembre de 1984. Por cortesía de Dale Wells.

Pág. 203: «no conoce suficientemente las complejidades de las operaciones actuales para permitirle asumir de manera

competente sus obligaciones como director de operaciones».
Carta a Wapiti Aviation Ltd. de L. A. Klein, director regional
de Operaciones de Compañías Aéreas, Departamento de
Transporte de Canadá, 19 de diciembre de 1984, por gentileza
de Dale Wells. En un fallo de 1990 del Tribunal Federal de Canadá, la juez Allison Walsh observó: «Contrariamente a lo
que ocurre con Delbert Wells, todos los testigos hablan favo-
rablemente del trabajo y la competencia de su hijo, Dale
Wells. Este ejercía varias funciones: piloto jefe, ingeniero jefe
de mantenimiento, instructor jefe de vuelo y examinador en
la evaluación de aptitudes de vuelo. En marzo y abril de 1983,
el Departamento de Transporte, por mediación de su supervisor regional de Ingeniería Aeronaútica y su supervisor regional de Compañías Aéreas, dio el visto bueno a los formularios
en los que Delbert Wells aparecía formalmente como director
de operaciones de vuelo, y Dale Wells como director de mantenimiento, piloto jefe e instructor jefe de vuelo. Si bien Dale
Wells estaba preparado para los puestos que ocupaba, conforme creció la aerolínea asumió demasiadas obligaciones
para una sola persona. Las aptitudes de Delbert Wells para actuar como gestor de operaciones (director de operaciones de
vuelo) nunca se verificaron debidamente». Fallo de la Acción
Judicial N. T-1637-85 entre Sally Margaret Swanson y Su
Majestad la Reina, 6 de febrero de 1990, 16-17.

Pág. 205: «Siento que mi vida podría dar un giro. Quiero
dejar el pasado atrás, a partir de hoy». Jack Aubry, «Quebec
Court Gives Hero Probation for Break and Enter», *Edmonton Journal*, 9 de enero de 1985, B1.

Pág. 206: «No señalaremos con un dedo acusador a nadie». Comisión de Seguridad Aérea Canadiense, *Actas de la
Investigación de Wapiti Aviation Ltd. H400006*, 163.

Pág. 207: «¿Tuvo ocasión de dormir?». Ibíd, 201.

Pág. 209: «Le dieron las gracias por decir la verdad». Entrevista a Vogel, 21 de octubre de 2003.

314

Pág. 209: «Lo quemé en la hoguera». Ibíd, 305.

Pág. 213: «Creí que estaba más adelante». Ibíd, 201.

Pág. 202: «¿ha rechazado su jefe de operaciones alguna vez una solicitud de copiloto por parte de un piloto?». Comisión de Seguridad Aérea Canadiense, *Actas de la Investigación de Wapiti Aviation Ltd.* H400006, 263-64. Delbert Wells no prestó declaración en la investigación. Un informe médico presentado al inicio de la sesión declaró que en su estado de salud no debía someterse a las posibles dificultades de una declaración.

Pág. 214: «En ningún momento le he dicho a ningún piloto que baje a ochocientos pies a echar un vistazo». Ibíd, 305.

Pág. 215: «No veo ninguna razón para esa posible falta de sueño». Ibíd, 330.

Pág. 217: «Solo hice lo que tenía que hacer». Douglas Sweet, «Plane Crash Hero "Did What I Had to Do"», *Edmonton Journal*, 2 de marzo de 1985.

Pág. 217: «Quizás ahora se enorgullezca de mí». Entrevista a Christopher, 30 de septiembre de 2011.

Pág. 217: «había madurado mucho». «Crash Hero», *Midday*, fragmento D, imágenes de televisión de CBC, 16 de abril de 1985.

17. Vida después de la muerte

Pág. 219: «Esa experiencia cambió definitivamente mi visión de las cosas, en el sentido de que ahora aprecio más la vida». Maureen Bucholz, «Survivor Changed», *The Peace Arch News*, 1 de diciembre de 1984.

Pág. 220: «Así que si uno no ha hecho las cosas que siempre ha querido hacer, ya es hora de hacerlas». «Deschamps

Quits», imágenes de televisión de CBC, *Edmonton Newsday*, 27 de febrero de 1985.

Pág. 220: «¿Qué hago aquí, perdiendo el tiempo?». Entrevista a Deschamps, 5 de diciembre de 2007.

Pág. 222: «en la Tumba del Pacífico ha naufragado un barco por cada milla de costa». Cementerio del Pacífico, Museo Virtual de Canadá, www.mueseevirtuel-virtualmuseum.ca.

Pág. 225: «Este es el hombre que pilotaba el avión». Entrevista a Vogel, 14 de octubre de 2011.

Pág. 225: «No me toques nunca mientras duermo, o te daré un puñetazo». Correspondencia de la autora con Vogel, 9 de noviembre de 2011.

Pág. 226: «tus servicios se requerirán aproximadamente hasta el 11 de octubre de 1985». Erik Vogel, archivos personales.

Pág. 227: «Corona Mafia». Warren Michaels, «Archambault Pizza», imágenes de televisión de CBC, *Edmonton Newsday*, 2 de julio de 1985.

Pág. 228: «Parecía un Grizzly Adams». Entrevista a Elpedia Palmer, 19 de noviembre de 2011.

Pág. 228: «Paul tenía una relación cercana con todo el mundo y era muy leal». Entrevista a Donna Bougiridis, 11 de noviembre de 2011.

Pág. 229: «Me esfuerzo por ser mejor para mí mismo —mental, física y moralmente—, y tampoco estoy haciéndolo tan mal». Warren Michaels, «Archambault Pizza», imágenes de televisión de CBC, *Edmonton Newsday*, 2 de julio de 1985.

Pág. 230: «Ed Sullivan, habían salido en el programa».

Paul salió en *Front Page Challenge* de la CBC el 4 de mayo de 1985.

Pág. 230: «así iba yo por la vida». Entrevista a Sue Wink, 20 de octubre de 2011.

Pág. 232: «¿Se considera usted un hombre valiente?». Imágenes de *Front Page Challenge*, 4 de mayo de 1985.

Pág. 234: «No es más que un buen amigo». Entrevista a Wink, 20 de octubre de 2011.

Pág. 234: «pero no hay día que no piense en ello». Canadian Press, «Pilot to Tell Story at Fatality Inquiry», *Edmonton Sun*, 9 de noviembre de 1985.

Pág. 235: «¿tiene usted algún asunto pendiente con la ley?». Correspondencia de la autora con Vogel, 27 de octubre de 2011.

Pág. 235: «Sencillamente fue así». Periodista del *Herald*, «Pilot to Tell Story at Fatality Inquiry», *Daily Herald Tribune*, Grande Prairie, 9 de noviembre de 1985.

18. Destino

Pág. 238: «No se atrevió a examinar el contenido de la caja». Entrevista a Randy Wright, 6 de enero de 2011.

Pág. 238: «Tenía que demostrarme que no había perdido el valor». Ibíd.

Pág. 241: «No recibía a mucha gente de tal modo». Ibíd.

Pág. 242: «¿Qué cree que puedo hacer yo para resolver este problema?». Entrevista a Lindsay Cherney, 8 de diciembre de 2010.

Pág. 243: «un gobierno eficaz debía integrar a la gente».

Jim McQuite, productor, «Generations: A Hundred Years in Alberta», documental de la CBC sobre las familias musulmanas en Alberta, 28 de diciembre de 2005.

Pág. 244: «Juntando las dos cosas, obtenemos un ministro excepcional». Keith Gerein, «Cancer Claims Larry Shaben», *Edmonton Journal*, 7 de septiembre de 2003, A3.

Pág. 246: «Lo hago por las propinas». Entrevista a Wink, 4 de diciembre de 2006.

Pág. 247: «Prefería volver conmigo». Entrevista a Wink, 20 de octubre de 2011.

Pág. 248: «Cuando él le dijo que era Demerol, Sue se puso hecha una furia». Ibíd.

Pág. 250: «el lugar adonde había sido trasladado Scott Thorne». Donna Bougiridis recuerda haber recibido un par de cartas de Sue, donde le cuenta que vivían juntos. Entrevista a Palmer, 15 de abril de 2012.

Pág. 251: «Necesitaba a alguien que lo valorara como ser humano». Entrevista a Larry Shaben, 10 de octubre de 2004.

Pág. 252: «La aerolínea demandó inmediatamente al Departamento de Transporte para exigir una indemnización, poniendo en tela de juicio la legalidad de la decisión ante los tribunales». La demanda de Wapiti al Departamento de Transporte nunca llegó a los tribunales.

Pág. 252: «Vimos los faros de un coche encenderse y apagarse un par de veces y, por el ángulo de los haces, se deducía que estaba en la cuneta». Randy Hardisty, «Robbers Attack Shaben», *Calgary Herald*, 8 de diciembre de 1986.

Pág. 252: «Para el coche. Necesitan ayuda». Entrevista a Alma Shaben, 8 de diciembre de 2010.

Pág. 252: «hice ademán de abrirle la puerta de atrás». Hardisty, «Robbers Attack Shaben».

Pág. 253: «No le haga caso. Está borracha». Entrevista a Alma Shaben, 8 de diciembre de 2010.

19. Expiación

Pág. 255: «Hola, Erik: Te escribo una breve nota para decirte que sigo apoyándote en todos los sentidos». Correspondencia entre Erik Vogel y Carla Blaskovits, mayo de 1986. Por cortesía de Erik Vogel.

Pág. 256: «Wapiti violaba repetidamente la normativa de seguridad; sin embargo, no tomó medidas». Fallo de la Actuación Judicial N. T-1637-85 entre Sally Margaret Swanson y Su Majestad la Reina, 6 de febrero de 1990.

Pág. 256: «Wapiti Aviation contra la CBC con motivo de un documental sobre el accidente en el que Erik, junto con otros varios pilotos de Wapiti, había participado». La demanda nunca llegó a los tribunales.

Pág. 258: «una atención canalizada con pérdida de la conciencia situacional». Boletín del Programa de Seguridad de los Pilotos de Helicópteros Profesionales, volumen 7, n. 1, 1995.

Pág. 260: «Fue algo que alteró mi vida». Entrevista a Deschamps, 5 de diciembre de 2007.

Pág. 260: «Quería una oportunidad para averiguar antes cuáles eran sus necesidades». Ibíd.

Pág. 262: «Esa maldita perra me ha robado la copa». Carta de Byron Christopher a Gayle Archambault después de la muerte de Paul. 14 de mayo de 1991.

Pág. 262: «Empecé a ver a los reclusos de otra manera».

Ibíd. Después Byron Christopher se dedicó al periodismo criminalista e inició una larga correspondencia con Richard Lee McNair, uno de los reclusos más buscados de Estados Unidos. Dicha correspondencia dio paso a una serie de reportajes periodísticos galardonados con un premio, y constituyó la base de una biografía de McNair que Christopher está escribiendo actualmente.

Pág. 263: «Sin duda él estaba famélico, porque la comida voló en un santiamén». Correspondencia de la autora con Irene Jorgensen, diciembre de 2006.

Pág. 263: «Ese no era su trabajo. Lo hizo sin más». Correspondencia de la autora con Irene Jorgensen, 10 de diciembre de 2006.

Pág. 263: «Creo que tenía un gran corazón que había sufrido graves heridas en la juventud». Ibíd.

Pág. 263: «La gente debería haber cuidado de sí misma, no esperar que lo hiciera el Gobierno». Entrevista a Larry Shaben, 10 de octubre de 2004.

Pág. 264: «Pero en cuanto empiezas a creerte que la razón eres tú y no tu cargo, estás perdido». Entrevista a Larry Shaben, hijo, 29 de noviembre de 2011.

Pág. 264: «perderé la oportunidad de marcharme y trabajar en el sector privado». Entrevista a Cherney, 8 de diciembre de 2010.

Pág. 265: «pero no me pidió nada». Entrevista a Deschamps, 5 de diciembre de 2007.

Pág. 265: «Se despidió, y ya está». Ibíd.

Pág. 266: «Puso su vida en peligro para salvar a otro hombre». Entrevista a Andrew McNeil, 5 de diciembre de 2010.

Pág. 267: «Creo que eso lo corroía, que todo el mundo se burlara de él». Ibíd.

Pág. 269: «quería estar en el monte, que era donde la Madre Naturaleza tenía previsto que muriese un hombre». Entrevista a Daniel Archambault, 1 de abril de 2009.

Pág. 271: «no hemos encontrado ningún indicio de juego sucio». John Ludwick, «Police Investigate Man's Death», *Daily Herald Tribune*, 8 de mayo de 1991, 1.

Pág. 271: «Me adentraba en el monte y encontraba los restos congelados». Entrevista a Deschamps, 5 de diciembre de 2007.

Pág. 272: «Si quieren saber mi opinión, alguien le dio un golpe en la cabeza». Entrevista a Bougiridis, 11 de noviembre, de 2011.

Pág. 272: «Todavía sueño con él». Entrevista a Wink, 20 de octubre de 2011.

20. Regreso

Pág. 274: «me di cuenta de que había estado abriendo un camino». Entrevista a Vogel, 21 de octubre de 2003.

Pág. 275: «localizar un avión pequeño en medio del bosque sin ELT es casi imposible». Correspondencia de la autora con Vogel, 27 de octubre de 2011.

Pág. 277: «el siniestro del C-GXUC muy probablemente se habría evitado». Sentencia del Tribunal Federal de Canadá en la Acción Judicial n.º T-1637-85 entre Sally Margaret Swanson y Su Majestad la Reina, 6 de febrero de 1990. La juez Walsh cita al testigo en aviación Walter Gadzos, antiguo miembro del Departamento de Transporte, que colaboró con el juez Charles Dubin en la Comisión de Investigación de Seguridad Aérea de 1979.

Pág. 279: «Su tía, de ochenta y dos años, sabía que la hermanastra de Scott se llamaba Joanne». Entrevista a Deschamps, 5 de diciembre de 2007.

Pág. 279: «Le pregunté si sabía algo de la familia Deschamps». Ibíd.

Pág. 281: «Nunca había experimentado esa conexión antes». Ibíd.

Pág. 281: «Ni significa que no fuera un milagro, al menos para mí». Deschamps, «Once Upon an Angel», 17.

Pág. 283: «no podía hacer en los negocios lo que había podido hacer como miembro del gabinete ministerial». Entrevista a Cherney, 8 de diciembre de 2010.

Pág. 283: «Si las cosas se complicaban, perseveraba, y cuando otros no le correspondían, se sentía decepcionado». Entrevista a Larry Shaben hijo, 29 de noviembre de 2011.

Pág. 284: «el rechazo a cobrar intereses por el dinero prestado a otros». En el islam, se permiten las ganancias, pero se prohíben los intereses.

Pág. 284: «bailar el *dabke* en el sótano». El *dabke* es una popular danza folclórica de Oriente Medio.

Pág. 285: «Había un gran griterío y muchas fiestas». Entrevista a Sol Rolingher, 29 de noviembre de 2011.

Pág. 287: «desarrollar un diálogo orientado al apoyo mutuo y la paz». Comunicado de prensa de las comunidades judía y musulmana de Edmonton, 12 de septiembre de 2001. Por cortesía de Sol Rolingher.

Pág. 288: «Trátense unos a otros con el máximo respeto y resistan la tentación de sermonear». Consejo de las Comunidades Musulmanas de Edmonton, «Larry Shaben: An Embodiment of a True Leader», 10 de septiembre de 2008.

Epílogo: supervivientes

Pág. 289: «No temas no reconocernos —decía—, seremos los que lleguen sonriendo como idiotas». Correspondencia de la autora con Vogel, 23 de octubre de 2006.

Pág. 291: «nunca hay suficiente». Ibíd.

Pág. 292: «Ya no soy el policía rígido que era, un hombre obsesionado con su carrera, que lo veía todo en blanco y negro y no concebía más que la patada en la puerta». Entrevista a Deschamps, 5 de diciembre de 2007.

Pág. 293: «que fomentan o promocionan viviendas o servicios afines y viven con pasión lo que hacen». Página web de Homeward Trust Edmonton: http://www.homewardtrust.ca/programs/rooph-awards.php.

Pág. 294: «Querría tener a mi mujer entre mis brazos y pedirle disculpas y decirle que sí, que podemos tener un hijo». Entrevista a Larry Shaben, 10 de octubre de 2004.

Pág. 294: «No mucha gente ha pasado por esa experiencia». Entrevista a Deschamps, 5 de diciembre de 2007.

Pág. 296: «por qué un capitán de bomberos de un metro ochenta y siete llora en su mesa». Correo electrónico de Erik Vogel a Larry Shaben, 4 de septiembre de 2008.

Bibliografía selecta

BACH, RICHARD. *A Gift of Wings*. Dell Publishing, Nueva York, 1974.

— *Illusions: The Adventures of a Reluctant Messiah*. Publishing Co. Inc., Nueva York, Dell, 1977.

BAUER, HARRY. *The Flying Mystique: Exploring Reality and Self in the Sky*. Delacorte Press, Nueva York, 1980.

BOER, PETER. *Bush Pilots: Canada's Wilderness Daredevils*. Folklore Publishing, Edmonton, 2004.

COBB, ROGER W.; PRIMO, DAVID M. *The Plane Truth: Airline Crashes, the Media and Transportation Policy*. Brookings Institution Press, Washington, 2003.

COLLINS, RICHARD L. *Air Crashes: What Went Wrong, Why and What Can Be Done About It*. Thomasson-Grant, Charlottesville, 1986.

DICKENS, C. H. *From the Ground Up*. Aviation Publishers Company Ltd., Ottawa, 1984.

FLYING MAGAZINE (EDS). *Pilot Error: Anatomies of Aircraft Accidents*. Van Nostrand Reinhald Co., Nueva York, 1977.

GANN, ERNEST K. *Fate Is the Hunter*. Simon and Schuster, Nueva York, 1961.

LANGEWIESCHE, WOLFGANG; STICK AND RUDDER. *An Explanation of the Art of Flying*. McGraw-Hill Inc., Nueva York, 1944.

MARSHALL, DAVID; HAMS, BRUCE. *Wild About Flying: Dreamers, Doers & Daredevils*. Firefly Books, Toronto and Buffalo, 2003.

MONTGOMERY, M. R.; FOSTER, GERALD L. *A Field Guide to Air-*

planes: How to Identify Over 300 Airplanes of North America: Illustrations, Descriptions and Specifications. Houghton Mifflin, Boston, 1984.

OBSON, DIANE K. (ED.). *Reflections on the Art of Living: A Joseph Campbell Companion.* Harper Collins, Nueva York, 1991.

READ, PIERS PAUL. *Viven. La tragedia de los Andes.* Noguer Ediciones, 1983. Traducción de Arturo Sánchez.

SAINT-EXUPÉRY, ANTOINE DE. *Piloto de Guerra.* Ediciones Altaya, 1996. (Traducción de María Teresa López.)

SCHIAVO, MARY. *Flying Blind, Flying Safe.* Avon Books, Nueva York, 1997.

SHERWOOD, BEN. *The Survivors Club: The Secrets and Science That Could Save Your Life.* Grand Central Publishing, Nueva York, 2009.

SMITH, PATRICK. *Ask the Pilot: Everything You Need to Know About Air Travel.* Riverhead Books, Nueva York, 2004.

TAYLOR, JOHN W. R. (ED.). *Jane's Pocket Book of Commercial Transport Aircraft.* Collier Books, Nueva York, 1973.

TRANSPORT CANADA. *Flight Training Manual.* Gage Publishing Ltd., Toronto, 1986.

Agradecimientos

*E*ste libro alzó el vuelo el día que conocí a mi agente, Jackie Kaiser. Meses antes, mi compañero en el máster en Bellas Artes y también escritor Rob Weston me había recomendado a Jackie, pero yo me resistía a ponerme en contacto con ella. Aún me escocían los esfuerzos fallidos por despertar el interés de otros en el libro. Había aparcado mi profesión para escribir, y prácticamente renunciaba ya a mi sueño cuando un artículo sobre seguridad aérea que había escrito para *Walrus* (bajo la talentosa dirección de Jeremy Keehn) obtuvo nominaciones para tres premios de *National Magazine*.

Poco después de las doce de la noche del día que tenía previsto volar a la otra punta del país para la ceremonia de entrega de premios, reuní el valor para enviar a Jackie un breve correo electrónico en el que esbozaba el contenido del libro y solicitaba unos minutos de su tiempo. Su respuesta fue instantánea. Al final de nuestra reunión de dos horas, al día siguiente, sabía que había encontrado no solo a una extraordinaria defensora, sino también los ingredientes de una amistad duradera.

A menudo he visto que los individuos de personalidad ejemplar y entusiasmo ilimitado se rodean de almas afines. Para mi gran suerte, una de esas personas en la órbita de Jackie era mi editora, Anne Collins, de Knopf Random Canada Publishing Group. Al cabo de unas horas de recibir la propuesta, telefoneó a Jackie con una oferta. Desde entonces, el compromiso y el apoyo de Anne con este libro han sido inquebrantables. Su excepcional talento y su visión como editora están presentes en todas las páginas. Anne, ha sido un placer, una inspiración y un privilegio trabajar contigo.

También he tenido la suerte de trabajar con Amanda Lewis, editora adjunta de Knopf Random Canadá. Amanda no solo es una editora experta y con muy buen ojo. Proviene de la costa oeste y de una familia de bomberos, y tanto lo uno como lo otro se sumaron a su atención a los personajes, el escenario y el tema, así como a su comprensión.

Fuera de Canadá, he tenido la buena fortuna de contar con dos editores brillantes que han trabajado perfectamente en colaboración con Anne para ayudarme a crear un libro mucho mejor. Vaya también mi profundo agradecimiento a Jon Butler, de Macmillan Publishers en Londres, y a Helen Atsma, de Grand Central Publishing en Nueva York, por su perspicacia, orientación y entusiasmo.

Permitir que otra persona cuente tu historia, y más una historia con tan trágicas y devastadoras consecuencias personales, requiere una confianza increíble. Erik Vogel depositó en mí esa confianza, e insufló vida a este libro el día que me invitó a su casa en otoño de 2003 para nuestra primera reunión. Desde entonces ha sido un colaborador generoso y sincero. Le expreso mi agradecimiento por su fe, su paciencia y sus esfuerzos hercúleos para responder a mis incesantes preguntas y permanecer conmigo en este viaje extraordinariamente largo. Siento igual gratitud por Scott Deschamps, el otro superviviente vivo de esta historia, por su confianza al dejarme rondar por el territorio delicado y muy personal de su excepcional vida, y hacia Heidi Petrak, que me ayudó a mantener la fe. También doy las gracias a los hermanos de Paul Archambault: Ken, Daniel y Angele, por compartir el manuscrito inédito de Paul y los detalles de su vida; a Sue Wink, por su sinceridad sin límites; y a su tía Myrna Quesnel y a su amigo Andrew McNeil, por responder a los diminutos y apenas visibles anuncios que coloqué en sus periódicos locales. Paul siempre fue un héroe para mí, y espero haber hecho justicia a su noble espíritu.

A la hora de contar la crónica de una vida, ninguna ha sido más difícil que la de mi padre, Larry Shaben. Lo conocí de la manera afectuosa pero limitada que una amantísima hija conoce a un padre. Ahondar en el revuelto terreno emocional de sus años de lucha fue a la vez aterrador y gratificante: aterrador porque no sabía con qué me encontraría ni cómo eso podría alterar mi recuerdo de él; gratificante porque me permitió descubrir en mi padre a un hombre de una personalidad excepcional a quien nunca había valorado plenamente en vida. Por ayudarme a completar su imagen, expreso mi amor y mi gratitud a mis hermanos, Larry, James y Joan, y a mi hermana Linda, por haber sido también mi musa, mi medio de evasión y mi cocinera personal cuando yo estaba demasiado cerca del precipicio.

A mi madre, Alma, le debo muchísimo más que amor y gratitud: le debo lo que soy. Eres la gracia y la generosidad personificadas, mamá, y tu amor me ha ayudado a sobrellevar muchas más cosas que este libro.

La familia en la que nací no es mi única familia. Manifiesto mi amor y mi agradecimiento a Sharon, Baha y Yasmeen Abu-Laban por su inquebrantable fe y devoción. Tampoco podría haber escrito este libro sin el increíble apoyo de mi grupo de amigos, en especial las madres y padres de Dunbar, que me ayudaron a cuidar de mis hijos y me animaron a seguir en el camino. Entre ellos, expreso mi reconocimiento especialmente a Sue Climie por muchas conversaciones y paseos inspiradores; a Stacey Shaw, por ser una amiga y una admiradora incontenible; a Liz O'Malley, por su aliento ininterrumpido y su sonrisa a las seis de la madrugada cuando me sentaba, legañosa y extenuada, en una bicicleta de *spinning*; y a Annette O'Shea, por arrancarme de mi mesa para llevarme a comer una sopa *pho* y acompañarme en la terapia reanimadora consistente en poner las manos en la tierra.

La escritura puede ser una actividad solitaria, y estoy en deuda con quienes han compartido el viaje conmigo en la última década, sobre todo mi querida amiga Cori Howard y mi grupo de escritura, The Lyin' Bastards: Nancy Lee, John Vigna, Denise Ryan, Dina Del Bucchia, Keri Korteling, Judy McFarlane y Sally Breen. Gracias por sostenerme y empujarme y, naturalmente, por las sutiles críticas, el vino barato y la buena comida. También deseo dar las gracias a Andreas Schroeder, sabio y maravilloso, y a los otros muchos escrito-

329

res de talento y profesores del programa de escritura creativa de la Universidad de Columbia Británica que me dieron el impulso inicial. Además, debo mi agradecimiento al incomparable Geoff Le Boutillier, por encender una pequeña llama que se convertiría en un furioso incendio.

En el difícil y complejo camino de la investigación y la reconstrucción de los acontecimientos de un accidente ocurrido décadas atrás y sus secuelas, estoy en deuda con un sinfín de personas, entre las que se incluyen: Rosemary Richards, bibliotecaria extraodinaria de la Comisión de Seguridad en el Transporte de Canadá; la capitana Lisa Evong, jefa del personal del Aire, Asuntos Públicos de las Fuerzas Aéreas, Departamento de la Defensa Nacional de Canadá; Diane Sweet, bibliotecaria jefa de medios de la CBC de Edmonton; Jean-François Coulombe, analista jefe de la Biblioteca y Archivos de Canadá; Debra Dittrick, ayudante de bibliotecaria en el *Edmonton Journal;* y Diana Rinne, directora de noticias y encargos para el *Daily Herald Tribune* de Grande Prairie. En mi pueblo natal de High Prairie, estoy en deuda con Luella Wood por compartir sus nítidos recuerdos e informes personales meticulosamente documentados, y con Kevin Cox y Charlie Goutier de Cox Contracting Ltd., por ayudar a esclarecer y recrear los detalles de la ruta de rescate por tierra.

Por la oportunidad de volar y su confianza al permitirme tomar los controles de su avioneta, expreso mi más sincera gratitud a Lisa Shemko y David Speirs, pilotos, amigos y compatriotas del club de natación Fastlane. Doy las gracias, sobre todo, a Dave, por su impecable atención al detalle al revisar y corregir las secciones técnicas de aviación del libro.

Expreso mi inconmensurable amor a mi hijo, Max, que me permitió desaparecer en mi despacho durante horas, incluso durante interminables días, me consintió perderme incontables excursiones del colegio y partidos de fútbol y hockey, y sobrellevó los vaivenes emocionales de este proyecto con gran madurez y fortaleza. Max, eres mi inspiración a diario. En ti veo la sabiduría, el carácter y la generosidad de tu abuelo, y sé que la mejor parte de él sigue viva en ti.

Por último, a mi marido, Riyad: no puedo siquiera expresar con palabras mi agradecimiento. Este libro existe por tu fe, tu perspicacia editorial, tu resistencia propia de un sherpa, tu paciencia y tu amor. Gracias por ser mi cómplice en el delito y en todas las cosas del corazón.

C. N. S.
Vancouver, Canadá
6 de julio de 2012

331

Créditos de las imágenes

ESTE LIBRO UTILIZA EL TIPO ALDUS, QUE TOMA SU NOMBRE
DEL VANGUARDISTA IMPRESOR DEL RENACIMIENTO
ITALIANO ALDUS MANUTIUS. HERMANN ZAPF
DISEÑÓ EL TIPO ALDUS PARA LA IMPRENTA
STEMPEL EN 1954, COMO UNA RÉPLICA
MÁS LIGERA Y ELEGANTE DEL
POPULAR TIPO
PALATINO

* * *
* *
*

ABISMO SE ACABÓ DE IMPRIMIR
EN UN DÍA DE VERANO DE 2013,
EN LOS TALLERES GRÁFICOS DE RODESA
VILLATUERTA (NAVARRA)

* * *
* *
*